개정판

수 사 학

—이론과 문제—

이 건 수

청목출판사

머리말

저자는 2012년에 '최다 실종 가족 찾아주기' 대한민국 공식 기록으로 등재되었고, 2013년에 10년간 3742명의 헤어진 가족을 상봉시킨 기록을 인정받아 '최다 실종가족 찾아주기'로 세계 공식기록에 등재되었다.
자신이 맡은 분야에서 최선을 다하고, 자신 자신뿐만 아니라 타인에게도 인정받을 만큼 혼과 열정이 필요하다.

범죄수사는 이성적이고 차가운 법집행을 하면서도 따뜻한 가슴이 필요하다. 사소한 단서와 실마리에도 자신의 휴일을 반납한 채 쫓아다니는 일선의 많은 형사들이 있다. 이러한 모습이 바로 국민들에게 깊은 믿음과 솔직한 감동을 주는 것이다.

자신이 맡은 사건에 대해 억울한 한명의 피해자가 없도록 이 책이 이론과 실무를 공부하는 학생들에게 작은 지침서가 되기를 기원한다.

저자 이건수

차 례

제 1 강

수사의 본질과 기본원리

사건사례- '버닝썬' 사건 추리

클럽 내부에서 촬영된 것으로 보이는 성관계 동영상이 온라인상에 유포되고 데이트 강간용 약으로 알려진 소위 '물뽕(GHB)'이라는 마약까지 등장하면서 세간의 이목을 집중시키고 있는 서울 강남의 대표적인 클럽 '버닝썬'

경영에 관여했다는 의혹이 제기되는 톱 아이돌그룹 멤버의 이름이 오르내리고 클럽의 한 직원이 마약을 투약하고 보관한 혐의로 구속되었다.

클럽 관련 사건을 무혐의 처리해 주는 대가로 관내 경찰이 뒷돈을 받았다는 정황까지 포착되면서 버닝썬과 경찰의 유착 의혹은 점점 커졌다.

Ⅰ. 학습목표 및 개요

1. 수사의 본질에서 수사의 개념, 절차적 측면(형식적 의의) 수사와 실체적 측면(실질적 의의) 수사, 수사의 대상, 성질, 수사의 구조, 수사의 조건은 무엇이 있는지 살펴보자.
2. 범죄수사의 기본원리인 범죄수사 가능성, 범죄징표, 수사의 수단, 수사자료, 범죄수사의 추리, 수사선을 확인해 보자.

Ⅱ. 수사의 본질

1. 수사의 의의

1) 수사의 개념

수사는 수사기관이 형사사건에 관하여 범죄혐의 유무를 명백히 하여 공소제기 및 이를 유지·수행하기 위한 준비로 범죄사실을 조사하고 범인 및 증거를 발견·수집·보전하는 활동이다.

즉 수사란 범죄유류품을 수거, 피의자 조사, 특별사법경찰관의 참고인조사, 공소제기 후의 피고인조사, 참고인조사, 임의제출물의 압수 등이다.

2) 절차적 측면(형식적 의의) 수사와 실체적 측면(실질적 의의)의 수사

- **절차적 측면(형식적 의의) 수사** : 어떤 수단과 방법으로 인권보장과 공공복리를 추구하게 되는 합법성을 가지고 수사를 할 것인가? 즉 긴급체포할 것인가, 진술거부권을 고지했는가 등이다.
- **실체적 측면(실질적 의의)의 수사** : 수사를 통해서 합리적으로 실체적 진실발견을 밝힐 것인가?

2. 수사의 대상

1) 사실적인 실체면

범인과 범죄행위를 명확하게 밝혀내는 것이다. 과거의 범행이 재현될 수 있다.

2) 법률적 실체면

범인과 범죄사실에 대하여 범죄가 성립하는지, 된다면 어떠한 범죄가 되는가를 법률적으로 평가하는 것을 말한다.

3. 수사의 성질

1) 범죄사실의 진상을 탐지하고 그 사실에 적용할 형벌 법령을 규명하는 활동이다.
2) 수사는 유죄판결을 지향하는 활동이다. 즉 수사관이 심증을 증거에 의해 증명하지 않으면 안된다.
3) 다양한 수사기법을 활용한 창조적인 수사활동을 통해서 없었던 자료를 발견하고 실체적 진실에 접근해야 한다.

4. 수사의 구조론

1) 규문적(糾問的) 수사관

수사기관과 피의자는 불평등 수직관계이다. 강제처분은 수사기관 고유권능이다.

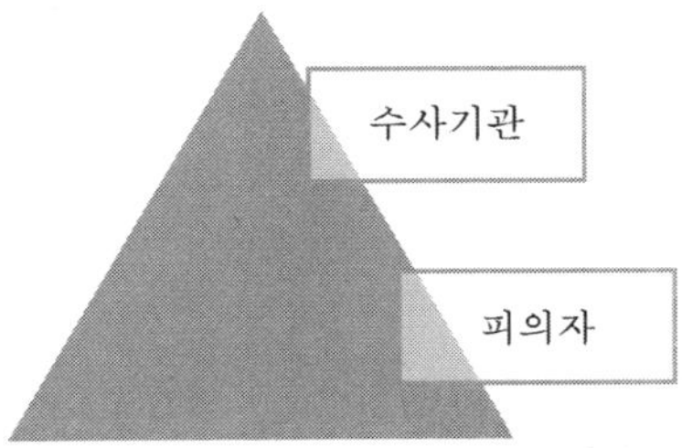

2) 탄핵적(彈劾的) 수사관

법원중심적 수사개념이다. 강제처분은 법원의 고유권한이다.

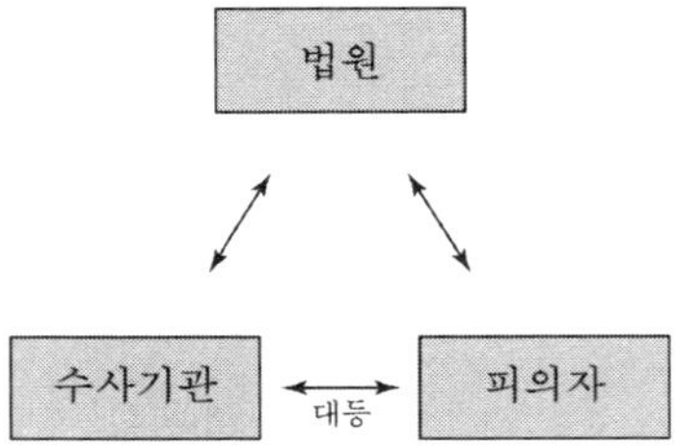

3) 소송적(訴訟的) 수사관

수사를 공판과는 별개의 절차이다. 판단자인 검사를 정점으로 피의자와 사법경찰관은 당사자로서 대등한 수사의 주체이다.

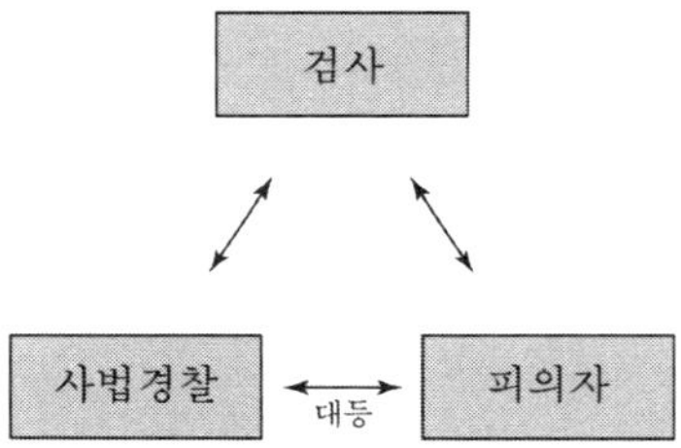

5. 수사의 조건

수사는 필요한 경우에 상당한 방법으로 해야 한다.

1) 수사의 필요성

수사의 목적을 달성함에 필요한 경우에 한해서 허용된다. 현행 형사소송법 제200조는 '검사 또는 사법경찰관은 수사에 필요한 때에는 피의자의 출석을 요구하여 진술을 들을 수 있다'고 수사의 필요성을 수사의 조건으로 명시하고 있다.

- 수사는 수사기관의 주관적 혐의에 의하여 개시한다. 고소나 고발이 있기 전에 수사를 하였다는 이유만으로 그 수사가 위법하다고 볼 수는 없다.

2) 수사의 상당성

수사처분은 그 수단이 수사의 목적을 달성하는데 상당하다고 인정되는 방법으로 할 것을 요한다. 강제수사의 경우에 피의자의 인권침해를 축소시키는 역할을 한다.

- 슈퍼마켓에서 싯가 500원 상당 과자 1봉지 훔친 중학생을 절도 혐의로 입건(수사비례의 원칙), 범의유발형 함정수사는 허용 안된다(신의칙 위반).

Ⅲ. 범죄수사의 기본원리

1. 범죄수사의 가능성

모든 범죄행위는 범죄의 흔적을 남긴다.(지문, 혈액형, 수법, 언어, 인상, 목격자, 족적 등)

2. 범죄징표

범죄에 수반하여 나타나는 내적·외적현상(범죄흔적)을 말한다.

1) **범인의 생물학적 특징에 의한 범죄징표(개인식별 자료)**: 인상, 지문, DNA, 혈액형, 신체불구, 치아의 형태, 귀의 형태, 동작 등이다.
2) **범인의 심리적 특징에 의한 범죄징표**: 범행을 결행함에 있어서 불안, 초조, 갈등이 나타난다. 범행 후 범인은 잠꼬대, 장례식 등에의 참여, 자살, 도주, 증거인멸 준비를 행한다. '범행현장에서 대변을 보면 잡히지 않는다'는 미신을 믿고 현장에 대변을 보는 것은 심리적 특징에 의한 범죄징표이다.
3) **범인의 사회관계에 의한 범죄징표**: 성명, 직업, 가족, 주거, 경력 등이 있다. '범행현장에 범인의 것으로 추정되는 옷에서 짧은 머리카락이 많이 발견되는

경우 범인의 직업은 이발사로 추정된다'. 또한 목격자, 풍설도 해당된다. '수돗물에 악취가 난다는 보도가 빈발하자 경찰에서 수사에 착수했다'

4) **자연현상에 의한 범죄징표**: 일시의 확정은 자연현상(일출, 일몰 등)과 사회적 요소(일기, 신문 등)를 결합하여 이루어져야 한다. '사건당일 0시에서 3시 사이에 비가 내렸는데 범인의 족적에 진흙과 물기가 남아 있다면 범인은 0시 이후에 침입한 것으로 추정된다.

5) **문서에 의한 범죄징표**: 문서의 동일성 확정에는 지질감정, 사용잉크의 감정, 문자의 감정(필적, 활자타이프) 등이 이용된다.

3. 수사의 수단

1) 범죄의 흔적으로서 남겨진 징표를 수사기관이 입수하는 방법을 말한다.
여기에는 폭을 넓혀가는 수사로 범행에 관계 있는 모든 자료의 발견 수집을 목적으로 하는 횡적수사(현장관찰, 미행 및 잠복, 행적수사, 탐문수사가 있으며, 수집된 특정자료의 성질, 특징 등을 깊이 관찰하여 범인에 도달하는 종적수사(유류품, 장물, 수법 수사)가 있다.

4. 수사자료

수사수단에 의해 수집되는 유형·무형의 증거가치 있는 자료와 수사활동에 도움이 되는 모든 자료를 말한다. 수사자료는 공판에서 증거로 제출되고, 수사목적 달성, 사실소명 자료로 제공된다.

5. 범죄수사의 추리

범죄의 결과로 나타난 범죄흔적, 범죄정보 등 각종 수사자료를 수집·종합하여 그것을 관찰·분석·판단하여 범인과 범죄사실을 추리하는 방법으로 수사가 진행된다.

범행수법 잔인 (연역적 추리) → 면식범 수사 → 진범확인 (귀납적 추리)

6. 수사선

단서로서 알게 된 기초사실에 의하여 수사자료가 수집되고 그 자료를 기초로 무수한 추리를 하게 되며 그 추리의 선을 쫓아 진전되는 것이다

Ⅳ. QUIZ 및 정답/해설

1. 범죄수사의 개념에 대한 설명으로 가장 옳지 않은 것은?

   ① 사인(私人)이 현행범을 체포한 행위는 수사가 아니다.

   ② 경찰관의 불심검문은 수사활동이 아니다.

   ③ 형식적 의미에서 내사를 진행하다가 범죄인지서를 작성하고 사건번호를 부여하면 수사로 전환된다.

   ④ 양형 또는 소송조건의 유무에 관한 조사는 수사가 아니다.

☞ 정답: 4번

양형·소송조건을 조사하는 것도 수사사항에 해당한다.

형사소송법 제242조(피의자신문사항) 검사 또는 사법경찰관은 피의자에 대하여 범죄사실과 정상에 관한 필요사항을 신문하여야 하며 그 이익되는 사실을 진술할 기회를 주어야 한다.

수사는 범죄의 혐의가 있다고 인식할 때 개시되는 것으로 그 전에 이루어지는 불심검문, 변사체 검시, 주택가 순찰 등은 수사활동으로 볼 수 없다.

2. 수사의 조건에 대한 설명으로 가장 옳지 않은 것은?

   ① 수사 필요성이란 수사의 목적을 달성하기에 필요한 경우에 한하여 수사할 수 있음을 말한다.

   ② 피의자신문, 참고인조사 등은 수사에 필요한 때에 한하여 허용된다.

③ 소송조건의 결여로 인하여 공소제기 가능성이 없는 때에는 수사의 필요성도 부인된다.
④ 범의유발형 함정수사는 수사의 필요성이 없어 위법하다.

☞ 정답: 4번
범의유발형 함정수사는 수사의 상당성을 갖추지 못하여 신의칙에 반하므로 위법하다.

3. 수사의 조건에 대한 설명으로 가장 옳지 않은 것은?
① 임의수사의 경우 형사소송법은 '수사에 필요한 때' 할 수 있다고 하여 수사의 필요성을 규정하고 있다.
② 강제수사의 경우 압수·수색·검증 또는 체포·구속의 필요성이 조건이다.
③ 수사의 조건이 충족되어야 수사권이 발동되거나 수사를 실행할 수 있다.
④ 범죄로 인한 피해가 극히 경미한 사건에 대한 범죄인지는 수사의 필요성이 없어 위법 또는 부당하다.

☞ 정답: 4번
수사의 상당성이 없어 범죄인지권의 남용에 해당한다.
① (형사소송법 제202조, 제221조) 피의자·피의자 아닌 자의 출석 요구, 감정·통역·번역·위촉 등 임의수사에 대하여 '수사에 필요한 때'에 할 수 있다고 규정하고 있다.

(O·X 문제)

1. 수사란 범죄유류품을 수거, 피의자 조사, 특별사법경찰관의 참고인조사, 공소제기 후의 피고인조사, 참고인조사, 임의제출물의 압수 등이다. (　　)

2. 탄핵적(彈劾的) 수사관은 법원중심적 수사개념이다. 강제처분은 법원의 고유 권한이다. (　　)

3. 소송적(訴訟的) 수사관은 수사를 공판과는 별개의 절차이다. 판단자인 검사를 정점으로 피의자와 사법경찰관은 당사자로서 대등한 수사의 주체이다. (　　)

4. 수사는 수사기관의 주관적 혐의에 의하여 개시한다. 고소나 고발이 있기 전에

수사를 하였다는 이유만으로 그 수사가 위법하다고 볼 수는 없다. (　　　)

5. 범의유발형 함정수사는 허용 안된다. (　　　)

6. '범행현장에서 대변을 보면 잡히지 않는다'는 미신을 믿고 현장에 대변을 보는 것은 심리적 특징에 의한 범죄징표이다. (　　　)

7. **범인의 사회관계에 의한 범죄징표는** 성명, 직업, 가족, 주거, 경력 등이 있다. 예를 들면 '범행현장에 범인의 것으로 추정되는 옷에서 짧은 머리카락이 많이 발견되는 경우 범인의 직업은 이발사로 추정된다' 등이다. (　　　)

8. 수사선은 단서로서 알게 된 기초사실에 의하여 수사자료가 수집되고 그 자료를 기초로 무수한 추리를 하게 되며 그 추리의 선을 쫓아 진전되는 것이다. (　　　)

☞ 정답: 1번~8번 모두 O

Ⅴ. 학습정리

★ 수사란

1. 형사의 범죄유류품 수거, 피의자 조사
2. 특별사법경찰관의 참고인 조사
3. 공소제기 후의 피고인 조사, 참고인 조사, 임의제출물의 압수
4. 공소제기 후 여죄발견시, 검사의 보강수사 지시가 있을 때

★ 범죄징표

1. 범인의 생물학적 특징에 의한 범죄징표(개인식별 자료): 인상, 지문, DNA, 혈액형, 신체불구, 치아의 형태, 귀의 형태, 동작 등이다.

2. 범인의 심리적 특징에 의한 범죄징표: 범행을 결행함에 있어서 불안, 초조, 갈등이 나타난다.
3. 범인의 사회관계에 의한 범죄징표: 성명, 직업, 가족, 주거, 경력 등이 있다.

제 2 강

수사의 기본이념과 원칙

사건사례- "낙동강변 살인사건"

1990년 1월 4일 부산 엄궁동 낙동강변 갈대숲에서 30대 여성이 시신으로 발견되면서 알려진 사건이다. 용의자로 지목돼 검거된 최 씨·박 씨는 살인죄로 무기징역을 선고받고 21년간 복역하다 2013년 출소했다. 출소 후에도 이들은 무죄를 주장해왔다.

1991년 체포돼 무기징역을 선고받은 최모·박모 씨가 경찰 조사에서 고문에 따라 이들이 허위자백을 했다. 고문 과정에서 발생한 최 씨의 치아 파절, 부산 사하경찰서 유치장에 함께 있었던 수감자들의 목격진술 등을 정황 증거로 제시했다. 또 이들이 검찰 수사과정에서 고문 등 가혹 행위로 허위 자백하였다고 진술했으나 수사검사가 진술을 제대로 확인하지 않았다.

검찰은 송치된 기록 자체를 면밀히 검토했더라도 발견할 수 있었던 각종 모순점을 제대로 검증하지 않고 기소하는 과오를 범했다. "피의자의 처벌에만 급급해 실체적 진실 발견이라는 형사소송법의 근본원칙을 외면한 행동으로 볼 수밖에 없다."
향후 피의자가 자백을 번복할 경우 이를 검증할 수 있는 기준과 절차를 마련해야 한다.

Ⅰ. 학습목표 및 개요

1. 수사의 기본이념인 실체적 진실발견과 기본적 인권 보장은 수사절차와 형사소송절차를 일관하는 기본이념이다.
2. 수사를 실행함에 있어서 적법절차를 준수해야 한다. 이를 통해 '실체적 진실발견과 기본적 인권보장' 양 목표를 달성할 수 있도록 노력해야 한다.

Ⅱ. 수사의 기본이념과 원칙

1. 수사의 기본이념

1) **실체적 진실의 발견**: 당사자의 주장, 사실의 인정여부 또는 입증에 구속되지 않고 사안의 진상을 규명하여 객관적 진실을 발견하려는 절차법상의 이념을 말한다. 여기에는 인간능력의 한계, 초소송법적 이익(군사상, 공무상, 업무상 비밀)과 충돌하여 받는 한계, 인권보장을 위한 한계(야간 압수·수색·검증의 제한), 적정절차의 요구에 의한 한계, 재판의 신속에 의한 한계가 있다.
2) **기본적 인권의 보장**: 현행법에서는 국민의 기본권을 보장하기 위하여 임의수사를 원칙으로 하고 강제수사는 법령에 특별한 규정이 있는 경우에만 예외적으로 할 수 있도록 제한하고 있다.

2. 수사의 목적

피의사건의 진상을 파악, 기소·불기소 결정, 공소의 제기 및 유지, 유죄판결, 형사소송법의 목적실현

3. 수사의 지도원리

1) **실체적 진실주의**: 범죄사실의 진상파악
2) **무죄추정의 법리**: 유죄판결이 확정될 때까지 무죄로 추정
3) **필요최소한도의 법리**: 강제수사의 경우는 물론 임의수사 경우에도 필요한 최소한도의 범위 내에서만 허용
4) **적정절차의 원리**: 위법수집증거의 배제법칙

4. 수사의 제원칙

1) **수사의 기본원칙**: 강제수사 법정주의, 영장주의, 자기부죄 강요금지의 원칙, 제출인 환부의 원칙, 수사비례의 원칙, 임의수사의 원칙, 수사비공개의 원칙 (수사의 실행과 개시는 공개하지 아니한다)
2) **범죄수사의 3대원칙**: 현장보존의 원칙(범죄현장은 증거의 보고), 공중협력의 원칙(목격자나 전문자가 살고 있는 '사회는 증거의 바다', 신고자 보상금), 신속착수의 원칙(죄증이 인멸되기 전에 수사를 수행·종결)
3) **범죄수사상의 준수원칙**: 선증후포의 원칙(증거확보 후 범인체포), 종합수사의 원칙(체계적이고 조직적인 종합 수사), 민사관계 불간섭의 원칙, 법령준수의 원칙(개인의 자유와 권리를 침해하는 일이 없도록 준수)
4) **수사실행의 5원칙**: 성공적인 수사실행을 위해서는 ① 수사자료 완전수집의 원칙 → ② 수사자료 감식·검토의 원칙 → ③ 적절한 추리의 원칙 → ④ 검증적 수사의 원칙(추측하나하나를 모든 각도에서 검토) → ⑤ 사실판단 증명의 원칙(객관적으로 증명)

☞ 수사의 합리화 및 적정화 방안

1) **수사의 합리화**: 개인의 기본적 인권보장 및 공공복리의 유지, 사건의 진상을

밝히기 위해 수사기술의 과학화와 조직수사운영체제의 확립이 필수적이다. 여기에는 과학수사, 수사기술연구, 수사조직의 합리화(수사와 감식의 일체화), 수사요원 정예화, 장비의 현대화가 되어야 한다.

2) **수사의 적정화**: 범죄수사는 법정절차에 따라 적법·타당하게 이루어져야 한다. 헌법 제12조 제1항은 「누구든지 법률에 의하지 아니하고는 처벌·보안처분 또는 강제노역을 받지 아니한다」고 규정하고 있다. 인권보호, 합법수사, 타당한 수사를 실행해야 한다.

Ⅲ. 수사기관

1. 검사

공소권의 주체(기소독점주의), 재판확정시 형의 집행을 지휘·감독하는 권한이다.

2. 일반사법경찰관리

사법경찰관(경무관, 총경, 경정, 경감, 경위)은 범죄혐의가 있다고 인식하는 때에는 범인, 범죄사실과 증거에 관하여 수사를 개시·진행하여야 한다(형소법 제196조 제2항). 사법경찰관리(경사, 경장, 순경)는 사법경찰관의 지휘를 받아 수사를 보조한다.

3. 특별사법경찰관리

교도소장, 소년원장, 출입국관리소 직원, 교도관, 세관공무원 등으로 권한의 범위가 지역적·사항적으로 제한된다.

4. 검사와 사법경찰관리의 관계

검사의 영장청구권 독점

★ 경찰수사 수사구조개혁

1) 찬성론
검사의 불필요한 중복조사, 현재 경찰에서 이루어지고 있는 대부분의 수사는 검사의 지휘없이 이루어짐, 경찰수사기관은 검사와 상급경찰의 이중지휘를 받고 있음, 검찰은 광범위한 수사지휘권 행사(벌과금징수, 재조사 업무의 처리, 감정유치 피의자 등의 감호, 검찰파견근무 등), 모든 수사에 검사지휘를 받게 됨에 따라 수사경찰관 주체권 상실(책임감, 윤리의식 결여), 검찰의 권력남용 우려

2) 반대론
소추권을 갖는 법률전문가인 검사가 수사의 주체, 적정절차와 인권존중을 외면하기 쉬운 경찰에의 권력집중 폐해가 발생

★ 2020년도 경찰과 검찰 수사권 조정 의미 · 주요 내용

- 경찰이 검사의 지휘를 받지 않는 '1차 수사종결권'을 확보
- 개정된 형사소송법 및 검찰청법에 따라 검사의 수사지휘 폐지에 따른 경찰의 독자적 1차 수사 마무리
- 수직적 검경 관계→수평적 협력 관계
- 경찰수사에 대한 통제
- 검사 작성 피의자 신문조서의 증거능력 요건 강화
- 검사 지배적 수사구조를 벗어나 민주적 형사사법체계로 조정
- 검찰은 여전히 영장독점청구권 보유, 경찰에 보완수사 요구나 시정조치 요구, 재수사 요청 등을 할 수 있고 부패범죄, 경찰공무원의 범죄 등 대통령령

으로 정하는 중요 범죄는 검사가 직접수사를 개시할 수도 있다.

★ 외국 수사권

1) 미국, 영국: 모든 범죄에 대한 독자적 개시, 진행, 종결권

2) 일본, 독일, 프랑스: 모든 범죄에 주체적 수사개시, 진행

Ⅳ. QUIZ 및 정답/해설

1. 경·검의 수사권 분점과 관련 가장 옳지 않은 것은?

   ① 경찰은 행정자치부, 검찰은 법무부의 외청으로 대등한 다른 행정조직임에도 지휘관계에 있는 것은 행정조직원리에 반한다.

   ② 경·검이 수사권을 합리적으로 나눌 경우 수사기관 사이에 견제와 균형(check and balance)의 원리가 실현되어 권한 남용의 가능성이 줄어든다.

   ③ 수사와 기소권한을 하나의 기관에서 독점하는 것은 표적수사 또는 기획수사가 가능하다는 점에서 효율적이다.

   ④ 검사의 수사지휘권은 보장하되 검찰의 수사인력을 축소하는 방안(독일식 모델)도 권력분산의 효과가 있다.

☞ 정답: 3번
③ 수사와 기소 권한을 하나의 기관에서 독점하는 것은 표적수사나 그 반대로 봐주기 수사에 대한 통제가 미약하다는 문제점

2. 2020년도 수사권 조정 사항 중 가장 옳은 것은?

   ① 경찰이 검사의 지휘를 받지 않는 '1차 수사종결권'을 확보하지 못했다.

   ② 영장 재신청 시 사유보고의무는 신청서에 사유를 기재하는 것으로 대체되었다.

   ③ 검사의 체포·구속 장소 감찰 때 사무종합감사가 가능하다.

   ④ 사법경찰관리는 검사의 수사지휘에 반드시 따라야 한다.

☞ 정답: 2번

긴급체포 승인건의는 유지하지만 긴급체포 피의자를 석방할 때 검사의 사전지휘를 폐지하고 석방 후 보고한다(수사준칙 제35조). 영장을 재신청 하는 경우 그 취지를 검사에게 보고하도록 하였으나, 이를 폐지하고 신청서에 기재한다(수사준칙 제30조). 과거에 명확한 근거 없이 수사사무 점검・지도(일명 사무종합검사)를 해오던 관행을 수사준칙을 시행하며 폐지하였다. 검사의 위법・부당한 지휘에 대하여 이의를 제기하는 재지휘권이 신설되었고 수사관이 검사와 다른 의견을 가진 경우 송치의견은 수사관의 의견대로 관철하고 괄호로 검사의 의견을 병기

(O・X 문제)

1. **범죄수사의 3대원칙은** 현장보존의 원칙(범죄현장은 증거의 보고), 공중협력의 원칙(목격자나 전문자가 살고 있는 '사회는 증거의 바다', 신고자 보상금), 신속착수의 원칙(죄증이 인멸되기 전에 수사를 수행・종결) 등이 있다. (　　)

2. **수사실행의 5원칙은** 성공적인 수사실행을 위해서는 ① 수사자료 완전수집의 원칙 → ② 수사자료 감식・검토의 원칙 → ③ 적절한 추리의 원칙 → ④ 검증적 수사의 원칙(추측하나하나를 모든 각도에서 검토) → ⑤ 사실판단 증명의 원칙(객관적으로 증명) 순서로 진행된다. (　　)

3. 헌법 제12조 제1항은 「누구든지 법률에 의하지 아니하고는 처벌・보안 처분 또는 강제노역을 받지 아니한다」고 규정하고 있다. (　　)

4. **미국, 영국 등 경찰관은** 모든 범죄에 대한 독자적 개시, 진행, 종결권 등을 행사한다. (　　)

☞ 정답: 1번~4번 모두 : O

V. 학습정리

☞ 범죄수사의 3대원칙

현장보존의 원칙(범죄현장은 증거의 보고), 공중협력의 원칙(목격자, 전문자가 살고 있는 '사회는 증거의 바다', 신고자 보상금), 신속착수의 원칙(죄증이 인멸되기 전에 수사를 수행·종결)

☞ 수사실행의 5원칙

성공적인 수사실행을 위해서는 ① 수사자료 완전수집의 원칙 → ② 수사자료 감식·검토의 원칙 → ③ 적절한 추리의 원칙 → ④ 검증적 수사 원칙(추측하나하나를 모든 각도에서 검토) → ⑤ 사실판단 증명의 원칙(객관적으로 증명)

제 3 강

수사의 과정

사건사례- '포천 여중생 매니큐어 살인사건'

'포천 여중생 살인사건'은 2004년 2월 8일 경기도 포천시 소흘읍의 한 배수로에서 실종된 지 90일 가량이 지난 중학생 엄모 양(당시 15세)이 숨진 채 얼굴에서 가슴까지 훼손돼 형체를 알아보기 어려운 상태로 발견된 사건이다.
엄양의 유류품이 발견된 2003년 11월 28일께 의정부시 민락동과 낙양동 일대에서 물건을 버리거나 2003년 12월 22일께 의정부시 자일동 도로공사현장에서 물건을 버리는 수상한 남성을 목격한 사람의 제보도 수사의 단서가 될 수 있다.

범인의 몽타주는 제보자 A씨의 기억으로 그려졌다. A씨는 피해 여중생이 실종되기 일주일 전 비슷한 장소에서 유사 피해를 입을 뻔했다. 범인이 현재 40대에서 50대 중반까지의 연령대일 것으로 추정하고 있다.

엄양의 손톱과 발톱에는 붉은색 매니큐어가 칠해져 있어 '포천 매니큐어 살인사건'으로도 불렸다.

손톱과 발톱에 칠해진 빨간색 매니큐어가 사후에 칠해진 것이라는 당시 국립과학수사연구원의 부검 소견에 따라 변태성욕자에 의한 범행도 의심됐지만, 성폭행의 흔적은 나오지 않았다.

당시 경찰 수사본부는 1년간이나 대대적인 수사를 벌였으나 현장 주변의 CCTV는 물론, 다른 단서나 제보도 없어 결국 미제 사건으로 남게 됐다.

장기미제사건에 대한 공소시효가 폐지되면서 결정적 제보만 있다면 얼마든지 범인을 색출해 처벌할 수 있다.

Ⅰ. 학습목표 및 개요

수사의 과정은 수사의 단서에서 사건의 확정판결에 이르기까지의 시기(광의), 수사의 단서에서 공소제기의 기간까지의 시기(협의, 통설)가 있다. 수사기관에서 수사의 시기라고 할 때에는 협의의 시기를 말한다.

Ⅱ. 수사의 전개 과정

수사는 내사 → 수사의 개시(입건) → 수사의 실행 → 사건 송치 → 송치 후 수사 → 수사의 종결(공소제기 또는 불기소 처분)

1. **내사**: 입건 전의 단계, 대인적 강제처분 불가, 피내사자 접견교통권, 진술거부권 인정(진술거부권 고지 불요)
2. **수사개시(입건)**: 실무상 범죄사거부에 기재, 사건번호 부여(범죄사건부에 1건으로 처리)
3. **수사의 실행**: 초동수사, 기초수사(피해자, 현장, 피해품), 탐문수사, 수사방침 수립, 수사활동
4. **사건송치**: 관계서류와 증거물을 검찰청에 송치
5. **송치 후 수사**: 여죄가 발견(검사의 지휘를 받아 수사), 검사의 보강수사
6. **수사종결**: 공소제기, 불기소

☞ 불기소

1) **각하**: 처벌할 수 없음이 명백(공소권 없음, 죄안됨, 혐의) 없음, 불특정)
2) **공소권 없음**: 소송조건 결여(친고죄에서 고소가 없는 경우, 공소시효 완성), 형면제 사유(친족상도례)

☞ 내사

범죄의 혐의유무를 확인하기 위하여 입건전의 단계에서 수행하는 수사기관의 조사활동을 말한다. 범죄첩보, 진정·탄원과 인터넷 등의 정보 등 각 단서들의 내용이 혐의유무를 먼저 밝혀야 할 필요가 있을 경우는 내사의 단서가 되고, 이미 혐의가 있다고 판단되어 수사를 할 필요가 있는 경우는 수사의 단서가 된다. 여기에는 진정내사, 신고내사, 첩보내사, 비신고내사(정보, 풍문 등)가 있다.

1. **내사의 진행**: 임의적방법 원칙, 피내사자 조사(임의동행, 피내사자 접견교통권 인정)
2. 대물적 강제조치 가능(긴급통신제한조치, 압수·수색)
3. **내사기간**: 3개월을 초과하는 경우에는 내사상황보고서를 작성하여 소속 경찰관서의 장에게 보고
4. 내사지휘

☞ 수사의 개시(입건)

수사기관이 최초로 사건을 수리하여 수사를 개시하는 것을 말한다.

- 범죄혐의를 받는 자는 입건과 동시에 '피의자'의 신분이 된다.
- 수사종결 할 의무를 갖게 되고, 의견서를 작성하여 검찰에 송치하여야 한다.

피내사자 (용의자) → 입건 → 피의자 → 공소제기 → 피고인 → 판결확정 → 수형자

Ⅲ. 수사의 단서

고소·고발·단서가 있는 때에는 즉시 수사가 개시되고 피고소인 등은 피의자의 지위를 가지게 된다.

1. 범죄첩보

수사첩보: 수사와 관련된 각종 보고자료로서 범죄첩보와 정책첩보를 말한다. (적법성, 완전성, 적시성)
범죄첩보: 수사첩보의 한 내용으로서 범죄수사상 참고가 될 만한 제반사항을 말한다.

※범죄첩보의 특징

- **결과지향성**: 현출되는 결과
- **가치변화성**: 선별적인 가치
- **시한성**: 시간이 경과함에 따라 가치가 감소
- **결합성**: 다른 사건첩보와 결합
- **혼합성**: 원인과 결과를 내포

※ 첩보의 수집관서 처리원칙

- 수집관서에서 처리하는 것을 원칙으로 한다.
- 어느 1개의 관할권도 없는 경우 이송할 수 있다.
- 이송을 하는 첩보의 평가 및 처리는 이송받은 관서의 평가 책임자가 담당한다.

2. 불심검문

불심검문은 수사의 처분이 아니라 수사의 단서에 해당한다.
대상은 어떠한 죄를 범하려 하고 있다고, 범하였다고, 범죄에 관하여 그 사실을 안다고 인정되는 자이다.

3. 변사자의 검시

변사자란 범죄에 기인한 사망이라는 의심이 있는 시체를 말한다. 변사자 검시는 수사기관이 오관의 작용에 의하여 변사자의 상황을 조사하는 것을 말한다.

- 사법경찰관은 변사체를 검시한 결과 범죄에 기인하지 아니한 것으로 명백히 인정되었을 때에 검사의 지휘를 받아 소지금품 등과 같이 시체를 신속히 유족 등에게 인도한다. 다만, 시체를 인수할 자가 없거나, 그 신원이 판명되지 아니한 때에는 시체 현존지의 시장·군수·구청장에게 인도하여야 한다.

4. 자수(자수 관련 판례)

- 법률상 특별한 제한이 없으므로 범인 자신이 신고하지 않고 타인을 시켜서도 자수할 수 있다.(대법원 64도252)
- 제3자에게 자수의사를 전달하여 달라고 한 것만으로는 자수라고 할 수 없다.(대법원 66도 1662)
- 일단 자수가 성립한 이상 자수의 효력은 확정적으로 발생하고 그 후에 범인이 번복하여 수사기관이나 법정에서 범행을 부인한다고 하더라도 일단 발생한 자수의 효력이 소멸하는 것은 아니라고 할 것이다.(대법원 99도1695)
- 범죄사실을 부인하거나 죄의 뉘우침이 없는 자수는 진정한 자수로 볼 수 없다.(대법원 94도2130)

- 세관 금속탐지기에 의해 대마 휴대사실이 발각된 상황에서 세관 검색원의 추궁에 의하여 대마수입범행을 인정한 경우 자발성이 결여되어 자수에 해당하지 아니한다.(대법원 98도4560)

Ⅳ. QUIZ 및 정답/해설

1. 수사의 단계에 관한 설명으로 옳지 않은 것은?
   ① 내사는 수사개시 이전 단계의 활동이다.
   ② 입건이란 수사기관이 사건을 수리하여 수사를 개시하는 것을 말한다.
   ③ 내사단계에서는 영장에 의한 체포·구속은 원칙적으로 허용되지 않는다.
   ④ 내사단계 피혐의자에게 진술거부권은 인정되지 않는다.

☞ 정답: 4번
피의자 신문조서의 성격을 가지는 경우에 수사기관은 진술을 듣기 전에 미리 진술거부권을 고지하여야 한다.(대법원14도5939)

2. 지역주민으로부터 첩보를 입수하여 내사에 착수하였으나 피해자의 주소지만 관할하고 있을 뿐 수사관이 속한 경찰관서의 관할구역에서 범죄 및 피혐의자와의 연관성을 발견하지 못하였다. 다음 중 가장 옳은 조치는 ?
   ① 내사종결　　② 내사중지
   ③ 내사이첩　　④ 내사병합

☞ 정답: 3번
내사이첩: 관할이 없거나 범죄특성 및 병합처리 등을 고려하여 다른 경찰관서 및 수사기관에서 내사할 필요가 있는 경우

3. 자수에 대한 설명으로 가장 옳지 않은 것은?
   ① 자수의 방식과 이에 대한 조치는 고소·고발을 준용한다.
   ② 범죄사실이 발각된 후에 신고하더라도 자수에 해당한다.
   ③ 수사기관의 질문 또는 조사에 응하여 범죄사실을 진술하는 것은 자백이고 자수가 아니다.

④ 제3자에게 자수의사를 전달하여 달라는 것도 자수의 일종이다.

☞ 정답: 4번
경찰관에게 검거되기 전에 친지에게 전화로 자수의사를 전달하였더라도 그것만으로는 자수로 볼 수 없다.(대법원 85도1489)

(O · X 문제)

1. **내사는** 입건 전의 단계이고 대인적 강제처분이 불가하다. 피내사자 접견교통권, 진술거부권 등이 모두 인정된다. ( )

2. **내사란** 범죄의 혐의유무를 확인하기 위하여 입건전의 단계에서 수행하는 수사기관의 조사활동을 말한다. ( )

3. **범죄첩보의 특징은** 결과지향성, 가치변화성, 시한성, 결합성, 혼합성 등이 있다. ( )

4. **첩보의 수집관서 처리원칙은** 수집관서에서 처리하는 것을 원칙으로 하고 어느 1개의 관할권도 없는 경우 이송할 수 있다. 또한 이송을 하는 첩보의 평가 및 처리는 이송받은 관서의 평가 책임자가 담당한다. ( )

5. 변사자란 범죄에 기인한 사망이라는 의심이 있는 시체를 말한다. ( )

6. 제3자에게 자수의사를 전달하여 달라고 한 것만으로는 자수라고 할 수 없다. ( )

7. 세관 금속탐지기에 의해 대마 휴대사실이 발각된 상황에서 세관 검색원의 추궁에 의하여 대마수입범행을 인정한 경우 자발성이 결여되어 자수에 해당하

지 아니한다. ( )

☞ 정답: 1번 ~ 7번 모두 : O

Ⅴ. 학습정리

1. 수사는 내사 → 수사의 개시(입건) → 수사의 실행 → 사건 송치 → 송치 후 수사 → 수사의 종결(공소제기 또는 불기소 처분)
2. **내사의 진행**: 임의적방법 원칙, 피내사자 조사(임의동행, 피내사자 접견교통권 인정), 대물적 강제조치 가능(긴급통신제한조치, 압수·수색), 3개월을 초과하는 경우에는 내사상황보고서를 작성하여 소속 경찰관서의 장에게 보고
3. **첩보의 수집관서 처리원칙**: 수집관서에서 처리하는 것을 원칙, 어느 1개의 관할권도 없는 경우 이송할 수 있다, 이송을 하는 첩보의 평가 및 처리는 이송받은 관서의 평가 책임자가 담당한다.

제 4 강

수사의 실행 및 종결

사건사례– "즉결심판제도"

2019. 5. 24 서울 시내의 한 경찰서에서 열린 경미범죄심사위원회 회의실로 70대 할머니가 들어섰다. 할머니는 1월 신촌의 한 가정집으로 배달된 5만8,000원 상당의 식료품을 훔친 혐의로 붙잡혔다. 10년 넘게 전단지를 돌리는 아르바이트로 아들과 함께 생계를 꾸려간다는 할머니는 “거기가 항상 쓰레기를 버리는 자리라서 내다 버린 건 줄 알았다”며 “너무 없이 살아서 버려진 게 아까웠다”면서 눈물을 훔쳤다. 심사위원 5명은 만장일치로 할머니를 절도죄 입건 대신 즉결심판 청구로 감경 처분했다. 경미범죄 심사위원회는 경미한 형사사건 및 즉결심판 청구사건 중 장애인·기초생활수급자 등 사회·경제적으로 보호가 필요한 자에 대해 피해의 경미성, 상습성, 범행 후의 정황 등을 종합적으로 심사해 형사 입건된 사건은 즉결심판으로, 즉결심판 청구된 사건은 훈방으로 감경하는 제도다.

게임산업진흥에 관한 법률에 따르면 만 18세 미만 청소년은 밤 10시 이후 심야 시간대 PC 방을 이용할 수 없고 이를 어기면 1년 이하 징역형 또는 1,000만 원 이하 벌금형을 받는다. 해당 법을 어기면 영업 책임자인 PC방 주인과 아르바이트생 모두 ‘범죄 행위를 직접 저질렀다’는 이유로 처벌 대상이 된다. 특히 아르바이트생의 경우 실질적인 처벌을 받지 않더라도 범죄 이력에는 수사기록이 남는 ‘날벼락’을 맞는다.

경미범죄심사제도는 경기침체로 인한 생활고에 시달리다 우발적으로 범죄를 저지르는 생계형 범죄자를 구제해줘 ‘현대판 장발장’ 양산을 억제하고 범죄자 낙인을 방지한다는 점에서 긍정적인 평가를 받고 있다. “죄질이 가볍고 피해자도 처벌하기를 원하지 않는다면 굳이 형사 입건해서 범죄자로 만들 필요는 없을 것이다.”

Ⅰ. 학습목표 및 개요

1. 사법경찰관은 형사소송법, 대통령령, 범죄수사규칙 등 관계법령을 준수하면서 그 범위내에서 수사를 실행하여야 한다.
2. 현행법상 수사종결권은 원칙적으로 검사에게만 인정되며 사법경찰관리는 수사종결권이 없다. 다만, 예외적으로 즉결심판사건(20만원 이하의 벌금·구류·과료에 해당하는 사건)에 대하여는 경찰서장이 즉결심판을 청구함으로써 종결된다. (기소독점주의 예외)

Ⅱ. 수사의 실행

1. **초동조치**: 신고접수, 긴급배치, 출동과 임장, 현장보존 등
2. **현장관찰**: 수사자료수집을 위해 현장물체의 존재 및 상태를 관찰
3. **현장감식**: 범죄현장에서 사진촬영, 지문·혈액채취, 혈액감정 등
4. **수사방침 수립**: 수사관은 수사의 실행 전에 현장에서 수집된 여러 가지 자료를 검토하여 수사를 어떠한 방향으로 전개할 것인가를 결정하여야 한다.
5. **탐문수사**: 범인이외의 제3자로부터 범죄에 대하여 견문 또는 직접 체험 사실을 탐지하기 위하여 행하는 수사활동
6. **감별수사**: 범인과 피해자 또는 범인과 범행지 및 주변 지역간의 사정·관계 등에 근거를 두어 수사하는 방법
7. **공조수사**: 경찰관서 상호간 그에 관한 정보를 교환하여 수배·통보·협조하는 조직적인 수사활동
8. **광역수사**: 수사대상 범위를 범죄발생지역에 한하지 않고 인근경찰관서의 관할지역까지 걸치게 하는 수사활동

9. **수법수사**: 범죄행위시에 나타난 수법유형을 분석·수집·대조함으로써 범인·여죄·장물을 발견하고 범인을 검거하는 수사활동
10. **유류품수사**: 범죄현장 및 그 부근에 남겨져 있는 범인의 흉기, 착의 등 유류품에 대하여 출처를 추적하여 범인을 색출하는 수사방법
11. **장물수사**: 범죄의 피해품을 확정하고 장물의 특징 등을 명확히 한 후 장물수배 등을 행하여 장물 및 범인을 발견하는 수사활동
12. **알리바이 수사**: 피의자가 주장하는 알리바이의 존재여부를 확인하는 수사활동
13. **미행·잠복**: 수사자료의 수집 및 범인의 체포 등을 위해 비밀리에 추적 감시 또는 은신 감시하는 수사활동
14. **체포**: 범죄수사를 함에 있어서 피의자의 신체의 자유를 빼앗는 강제처분
15. **조사**: 범죄사실의 진상을 밝히기 위해 피의자, 참고인 등으로부터 그 진술을 듣는 수사활동

Ⅲ. 수사의 종결

1. 사건의 송치 및 송치 후의 수사

사법경찰관은 사건에 대하여 진상이 파악되고 적용할 법령과 처리의견을 제시할 수 있을 정도가 되면 관계서류와 증거물을 검찰청에 송치하여야 한다. 공소를 제기할 수 없음이 명백한 경우도 같다. 사건을 송치하였을 때에는 3일 이내에 피해자, 고소인 또는 고발인에게 그 사실을 통지하여야 한다.(범죄수사규칙)

2. 수사의 종결

1) **공소제기**: 범죄의 객관적 혐의가 충분하고 소송조건을 구비하여 유죄판결을

받을 수 있다고 인정할 때에는 검사는 공소를 제기한다. 다만, 약식명령을 할 수 있는 경우에는 공소제기와 동시에 약식명령을 청구할 수 있다.

2) **불기소처분**: 각하(혐의없음, 죄가 안됨), 공소권없음(공소시효완성, 친족상도례, 일반사면, 피의자 사망)

☞ 기타 불기소처분과 타관송치

① **기소유예**: 피의사건에 관하여 범죄의 혐의가 인정되고 소송조건이 구비되었으나 범인의 언행·성행·지능과 환경·범행의 동기·수단과 결과·범행 후의 정황 등을 참작하여 공소를 제기하지 아니하는 경우를 말한다.

② **공소보류**: 검사는 국가보안법위반의 죄를 범한 자에 대하여 형법 제51조(양형의 조건)사항을 참작하여 공소제기를 보류할 수 있으며 공소보류를 받은 자가 공소제기 없이 2년을 경과하면 소추할 수 없다.(국가보안법 제20조)

③ **기소중지**: 피의자의 소재불명 등의 사유로 수사를 종결할 수 없는 경우에 그 사유가 해소될 때까지 수사를 중지하는 처분이다.

④ **참고인중지**: 고소인, 고발인 또는 중요 참고인, 상피의자의 소재불명으로 수사를 종결할 수 없는 경우 그 사유가 해소될 때까지 하는 처분이다.

☞ 불기소처분에 대한 불복

검사의 불기소처분에 대한 고소인 또는 고발인의 불복수단으로는 검찰청법에의한 항고·재항고와 재정신청 등이 있다

Ⅳ. QUIZ 및 정답/해설

1. 다음의 수사활동과 관련하여 옳지 않은 것은 모두 몇 개인가 ?

> 경찰관 X와 Y는 지하철역 인근에서 부축빼기가 자주 발생한다는 첩보를 입수하고 인근 공원으로 갔다. 마침 만취한 A가 잠이 든 것을 보고 잠복을 결심하고 차량을 약 10m 옆에 주차하고 살피던 중 B가 접근하는 것을 발견하였다.
> B는 동정을 살핀 후 A를 깨워 으슥한 곳으로 약 10m 정도 끌고 가 위 차량 바로 앞에서 멈추어 피해자의 오른쪽 바지주머니에 손을 넣어 지갑을 꺼냈고 그 직후 X와 Y는 차량에서 뛰쳐나가 피의자를 체포하였다.

A. 본래 범의를 가지지 아니한 사람에 대하여 수사기관이 사술이나 계략 등을 써서 범의를 유발하여 범죄인을 검거하는 함정수사는 위법하지만 범의를 가진 자에 대하여 단순히 범행의 기회를 제공한 것에 불과한 경우에는 위법한 함정수사라고 단정할 수 없다.

B. 노상에 정신을 잃고 쓰러져 있는 피해자를 발견한 경찰들로서는 경찰관직무집행법에 규정된 바에 따라 긴급구호를 요청하거나 경찰관서에 보호하는 등의 적당한 보호조치를 취했어야 함에도 A의 상태를 이용하여 범죄수사에 나아간 것은 부적절한 직무집행이다.

C. 따라서, 잘못된 수사방법에 관여한 경찰관에 대한 책임은 물론, 피고인에 대한 공소의 제기는 함정수사에 해당하여 위법하다.

① 없음　　② 1개
③ 2개　　④ 3개

☞ 정답: 2번
판례는 기회제공의 경우에는 함정수사라는 용어자체를 쓰지 않고 동기유발의 경우에만 함정수사라 한다(대법원92도1377).

(O · X 문제)

1. **초동조치는** 신고접수, 긴급배치, 출동과 임장, 현장보존 등을 말한다. (　　)

2. **수법수사는** 범죄행위시에 나타난 수법유형을 분석·수집·대조함으로써 범인·여죄·장물을 발견하고 범인을 검거하는 수사활동을 말한다. (　　)

3. **기소유예는** 피의사건에 관하여 범죄의 혐의가 인정되고 소송조건이 구비되었으나 범인의 언행·성행·지능과 환경·범행의 동기·수단과 결과·범행 후의 정황 등을 참작하여 공소를 제기하지 아니하는 경우를 말한다. (　　)

4. **공소보류는** 검사는 국가보안법위반의 죄를 범한 자에 대하여 형법 제51조(양형의 조건)사항을 참작하여 공소제기를 보류할 수 있으며 공소보류를 받은 자가 공소제기 없이 2년을 경과하면 소추할 수 없다. (　　)

5. **기소중지는** 피의자의 소재불명 등의 사유로 수사를 종결할 수 없는 경우에 그 사유가 해소될 때까지 수사를 중지하는 처분을 말한다. (　　)

6. 검사의 불기소처분에 대한 고소인 또는 고발인의 불복수단으로는 검찰청법에 의한 항고·재항고와 재정신청 등이 있다. (　　)

☞ 정답: 1번 ~ 6번 모두 O

Ⅴ. 학습정리

1. 수사의 종결

- **공소제기**: 범죄의 객관적 혐의가 충분하고 소송조건을 구비하여 유죄판결을 받을 수 있다고 인정할 때에는 검사는 공소를 제기한다.
- **불기소처분**: 각하(혐의없음, 죄가안됨), 공소권없음(공소시효완성, 친족상도례,

일반사면, 피의자 사망)

☞ **기타 불기소처분과 타관송치**

기소유예, 공소보류, 기소중지, 참고인 중지

제 5 강

임의수사

사건사례- 서울 강서구 'PC방 아르바이트생 살인사건'

김성수는 2018년 10월 14일 오전 서울 강서구의 한 PC방에서 아르바이트생 신모씨를 말싸움 끝에 흉기로 살해했다. 김성수는 동생(28)과 함께 찾은 PC방에서 자신의 자리가 더럽다는 이유로 신씨를 여러 차례 불렀고, 서비스가 불친절하다는 이유로 환불을 요구하며 말다툼을 벌였다. 이후 집으로 돌아가 흉기를 챙긴 김성수는 피해자를 무려 80차례나 찔렀다. 이로 인해 신씨는 얼굴과 팔 등의 동맥이 절단돼 사건 약 3시간 만에 과다출혈로 숨졌다. 모델 지망생있던 신씨는 아르바이트 마지막날 변을 당한 것으로 전해졌다.

"경찰 1차 출동 당시에 가해자가 흉기를 소지하고 있지 않았고, 폭행이 없었기 때문에 체포나 임의동행을 할 법적 근거가 없었다", "살해 협박이 있었다면 체포할 수 있었지만, '죽여버리겠다'는 식의 살해 협박은 들리지 않아 체포할 수 없었다",

형사소송법이 정한 강제수사법정주의 관점에서 경찰의 초동 대응은 적법했는가.
PC방 살인 사건의 시작점이 된, '시비'는 일반적인 '시비'가 아니다. 고객 응대 근로자와 고객 간의 말다툼이었다. 길에서 발생한 말싸움이라면, 경찰관이 와서 다툼을 말리고 두 사람이 헤어지면 다시 만날 확률이 희박하다. 그러나 고객을 맞이하는 '아르바이트생'은 손님과 싸웠다고 작업장을 떠날 수 없었다. 다른 곳을 갈 수 없고 알바 시간이 끝날 때까지 그 곳에 있어야만 했었다. 거기에 '죽여버리겠다'고 협박한 이가 다시 찾아온 것이다. 양쪽이 헤어지는 '길거리 위협'과는 양상이 전혀 다르다. 한쪽은 묶여 있는 셈이다. "김성수가 한 번 PC방에 들르면 5시간 이상 게임만 했으며 일주일에 최소 2번에서 5일 내내 온 적도 있다"

2018년 4월 17일에 공포된 산업안전보건법 제26조의2(고객의 폭언 등으로 인한 건강장해 예방조치) 제2항이다. "사업주는 고객의 폭언 등으로 인하여 고객응대근로자에게 건강장해가 발생하거나 발생할 현저한 우려가 있는 경우에는 업무의 일시적 중단 또는 전환 등 대통령령으로 정하는 필요한 조치를 하여야 한다." 즉, '고객응대근로자'와 '고객'간의 폭언 등 말싸움이 있었고, '건강장애 발생'에 대한 현저한 우려가 있는 상황으로 볼 수 있다.

서울남부지법 형사합의11부(부장판사 이환승)는 김성수의 살인 등 혐의 선고기일에서 징역 30년을 선고했다. "지금까지 확인된 바로 피고인측에서 단 한 번도 피해자 유가족을 찾아 진심어린 사과를 한 적이 없다"며 "범행 죄질이 극히 불량하고 재범 가능성이 높아 사회안전을 확보하기 위해서라도 피고인을 우리 사회로부터 영원히 격리할 필요가 있다."

Ⅰ. 학습목표 및 개요

1. 범죄수사의 방법에 있어서 임의수사와 강제수사는 무엇인가?
2. 임의수사에는 어떤 것이 있는가?

Ⅱ. 임의수사와 강제수사 구별

1. 범죄수사의 방법에는 일반적으로 임의수사와 강제수사 두 가지가 있고 기본적으로 임의적 방법에 의할 것을 요구하는 임의수사가 원칙이다.
2. 강제수사는 강제수사법정주의 원칙에 따라 법률에 특별한 규정이 있는 경우에만 예외적으로 허용된다.(형사소송법 제199조 제1항 단서)
3. 임의수사와 강제수사
   - **임의수사**: 출석요구, 피의자 신문, 참고인 조사, 통역·번역 또는 감정위촉, 실황조사, 공무소 기타 공사단체에의 조회, 촉탁수사, 공무소 등에의 사실조회

- **강제수사**: 체포・구속, 압수・수색・검증(임의제출물의 압수 포함: 강제수사로 보는 견해가 다수), 통신제한조치, 수사상 감정유치, 수사상 증거보전, 수사상 증인신문, 기타 감정에 필요한 처분

Ⅲ. 임의수사

강제력을 행사하지 않고 상대방의 승낙(동의)을 얻어 행하는 수사방법이다. 강요의 의심을 받을 염려가 있는 태도나 방법을 취하지 않도록 주의가 요망된다. 임의수사의 원칙과 필요한 한도에서 허용. 임의수사의 방법에 의하여 행하는 되어야 하는 수사비례의 원칙이 적용되어야 한다.

1. 출석요구

수사기관은 피의자나 참고인에 대해서 진술을 듣기 위하여 출석을 요구할 수 있다.(1회 조사원칙, 언제든지 퇴거가능)

- **출석요구서 발부**: 사법경찰관의 명의로 요구서 발부, 출석요구 통지부에 필요사항을 등재하고 소속 경찰관서장의 결재를 받아 그 처리상황을 명백히 정리하여야 한다.

※ 신속한 출석을 위해 전화, 모사전송, 전자우편, 문자메시지 전송, 그 밖에 상당한 방법으로 출석요구를 할 수 있다

2. 피의자 신문

원칙적으로 입건된 피의자에 대하여는 수사기관이 수사에 필요한 경우에 피의자의 출석을 요구하여 피의자를 신문하고 그 진술을 듣는 절차를 말한다. (형사소송법 제200조 제1항)

⊙ **임의성확보(범죄수사규칙)**: 조사를 함에 있어서 진술의 대가로 이익을 제공할 것을 약속하거나 그 밖에 진술의 진실성을 잃게 할 염려가 있는 방법을 취해서는 안된다.

⊙ **신문절차**: 진술거부권과 변호인의 조력을 받을 권리를 행사할 것인지 여부를 질문한 후 이에 대한 피의자의 답변을 반드시 조서에 기재해야 한다. 답변은 자필, 기명날인 또는 서명으로 할 수 있다. 진술거부권 등의 고지는 시간적 간격이 길거나 신문자가 교체된 경우에는 다시 고지해야 한다.

⊙ 피의자의 진술은 영상녹화할 수 있다. (개정 형소법 제244조의 2)

⊙ **참여변호인 지정**: 신문에 참여하고자 하는 변호인이 2인 이상인 때에는 피의자가 신문에 참여할 변호인 1인을 지정한다. 피의자 지정이 없는 경우에는 검사 또는 사법경찰관이 이를 지정할 수 있다. (형사소송법 제243조의2), 사법경찰관은 신문방해, 피의자의 진술번복 유도, 수사기밀 누설, 모욕적인 언동 등 수사에 현저한 지장을 초래할 우려가 있는 경우 그 참여를 제한할 수 있다. (※ 검사나 사법경찰관이 변호인의 참여를 제한하거나 퇴거시킨 처분에 대해서 준항고를 통해 다툴 수 있다- 개정 형사소송법 제417조)

⊙ **신뢰관계인 동석**: 검사 또는 사법경찰관은 직권 또는 피의자·법정대리인의 신청에 따라 피의자와 신뢰관계에 있는 자를 동석하게 할 수 있다.(형사소송법 제244조의5) 즉 피의자가 신체적 또는 정신적 장애로 사물을 변별하거나 의사를 결정·전달할 능력이 미약한 때, 피의자의 연령·성별·국적 등의 사정을 고려하여 그 심리적 안정의 도모와 원활한 의사소통을 위하여 필요

⊙ **영상녹화**: 피의자의 진술은 영상녹화할 수 있다.(형사소송법 제244조의 2), 피의자 또는 변호인의 동의는 불필요하나 피의자의 진술을 영상녹화 할 때는 미리 고지하여야 한다. 영상녹화를 종료한 이후 2부의 영상녹화물을 작성하고, 1부는 원본으로서 피의자 또는 변호인 앞에서 지체없이 봉인하고 피의자로 하여금 기명날인 또는 서명하게 하여야 하며, 나머지 1부는 부본으로 수사기록에 편철한다.

3. 참고인 조사: 검사 또는 사법경찰관은 수사에 필요한 때에는 피의자 아닌

자의 출석을 요구하여 그 진술을 들을 수 있다.(형사소송법 제221조)

⊙ 참고인은 출석의무가 없으며, 진술거부권 고지는 불필요하다.

4. **감정 · 통역 · 번역의 위촉**: 검사 또는 사법경찰관은 특별한 학식 · 경험이 있는 제3자에게 수사에 필요한 때에는 감정 · 통역 또는 번역을 위촉할 수 있다. 위촉 받은 자의 수락여부는 그의 자유이다.

⊙ 사법경찰관이 신체의 검사, 시체의 해부, 분묘의 발굴, 물건의 파괴를 필요로 할 때에는 감정처분허가신청서를 검사에게 제출하여 검사의 요구로 관할 법원 판사의 감정처분허가장을 받아 감정인에게 교부하여야 한다.

5. **통역 · 번역의 위촉**: 외국인, 농아자(聾啞者)에 대하여 피의자 신문을 하는 경우에는 통역을 통해 피의자 신문조서를 작성하여야 하고, 국어가 아닌 문자 또는 부호는 번역인으로 하여금 번역하게 하여야 한다.

6. **실황조사**: 수사기관이 강제력을 사용하지 않고 범죄현장 또는 기타 범죄관련 장소 · 물건 · 신체 등의 존재상태를 오관의 작용으로 실험 · 경험 · 인식한 사실을 명확히 하는 수사활동이다. 강제력이 따르지 않고 검사의 지휘를 받지 않는 다는 점에서 검증과 구별된다.

7. **공무소 등에의 사실조회**: 수사상 필요한 때에는 공무소 기타 공사단체에 범죄경력, 전과, 신원 등을 조회하여 그 회답을 요구할 수 있다.(형사소송법 제199조 제2항), 회답의무가 있으나 그 이행을 강제할 수 없다.

8. **촉탁수사**: 공조수사의 일종으로 타 수사기관에게 일정한 사실의 수사를 의뢰하는 것이다.

Ⅳ. QUIZ 및 정답/해설

(O · X 문제)

1. **임의수사는** 출석요구, 피의자 신문, 참고인 조사, 통역 · 번역 또는 감정위촉, 실황조사, 공무소 기타 공사단체에의 조회, 촉탁수사, 공무소 등에의 사실조회 등이 있다. (   )

2. 진술거부권의 고지는 적극적, 명시적, 사전고지이다. (   )

3. 경찰관은 피의자가 요청이 있어도 특정 변호인을 추천해 주어서는 안된다. (   )

4. 조사를 함에 있어서 진술의 대가로 이익을 제공할 것을 약속하거나 그 밖에 진술의 진실성을 잃게 할 염려가 있는 방법을 취해서는 안된다. (   )

5. 감정을 위촉하는 처분 그 자체는 임의수사이지만 감정을 실행함에 있어서는 강제수사로 넘어가는 경우가 있다. (   )

6. 피의자 또는 변호인의 동의는 불필요하나 피의자의 진술을 영상녹화할 때는 미리 고지하여야 한다. (   )

7. 사법경찰관이 신체의 검사, 시체의 해부, 분묘의 발굴, 물건의 파괴를 필요로 할 때에는 감정처분허가신청서를 검사에게 제출하여 검사의 요구로 관할 법원 판사의 감정처분허가장을 받아 감정인에게 교부하여야 한다. (   )

8. **실황조사는** 수사기관이 강제력을 사용하지 않고 범죄현장 또는 기타 범죄관련 장소·물건·신체 등의 존재상태를 오관의 작용으로 실험·경험·인식한 사실을 명확히 하는 수사활동이다. (　　　)

☞ 정답: 1번 ~ 8번 모두 O

Ⅴ. 학습정리

1. 임의수사

출석요구, 피의자 신문, 참고인 조사, 통역·번역 또는 감정위촉, 실황조사, 공무소 기타 공사단체에의 조회, 촉탁수사, 공무소 등에의 사실조회

2. 강제수사

체포·구속, 압수·수색·검증(임의제출물의 압수 포함: 강제수사로 보는 견해가 다수), 통신제한조치, 수사상 감정유치, 수사상 증거보전, 수사상 증인신문, 기타 감정에 필요한 처분

제 6 강

강제수사

사건사례- "박근혜 전 대통령과 '비선실세' 최순실(최서원)씨, 이재용 삼성전자 부회장이 연루된 '국정농단' 사건"

강제수사는 상대방의 의사와 관계없이 법령에 따라 강제로 체포, 구속, 압수, 수색, 검증, 증거보전, 증인신문의 청구, 수사상의 감정유치 등을 할 수 있는 것을 말한다.

재직 중 대통령은 '기소'에 있어서 면제의 특권을 누리지만 기소 이전의 '수사단계'에서는 헌법 제11조 평등조항에 따라 일반 국민과 똑같은 법적용을 받아야 한다", "대통령이 수사단계에서 소환불응을 넘어 수사 자체를 거부할 경우 검찰이 '실체적 진실규명'이라는 수사 목적 달성을 위해 필요하다고 판단하면 대통령에게도 똑같이 체포영장을 신청해 강제수사에 나설 수 있다", "특히 불소추특권의 취지가 대통령의 원활한 직무수행 보장이라면 탄핵소추된 대통령은 헌재의 결정 전까지 대통령 권한 행사가 정지되기 때문에 직무수행을 하지 않게 되므로 원할한 직무수행 보장이 필요 없다", "따라서 (적어도) 탄핵소추된 대통령에 대해서는 강제수사가 가능하다고 봐야 한다“

최순실 씨와 정호성 전 비서관의 대화 녹음에는 정치나 행정 경험이 없는 최씨가 국정 전반에 개입하고 심지어 주도한 대목이 고스란히 담겼다. 박근혜 정부 청와대가 국정 전반을 아마추어인 최씨 손에 맡긴 셈인데, 이렇게 비전문적이고 즉흥적인 국가 운영이 결국 국정농단 사태로까지 번졌다.

현재 대법원 상고심의 핵심쟁점은 삼성이 최씨의 딸 정유라씨에게 말 3마리를 제공한 행위와 관련해 어디까지를 뇌물·횡령으로 볼 수 있는지다. 삼성이 3마리 말을 산

가격(34억원) 자체를 뇌물액으로 인정할지, 아니면 구체적으로 산정이 어려운 '말 사용료'를 뇌물액으로 봐야 할지, 삼성이 승계작업을 위해 고의로 삼성바이오로직스 분식회계를 했다는 내용의 의견서를 대법원에 제출했다.

박 전 대통령의 '국정원 특활비 수수' 사건, 국가정보원에서 수십억원의 특수활동비를 상납받았다는 혐의로 항소심에서 징역 1년이 감형된 징역 5년을 선고받았다.

Ⅰ. 학습목표 및 개요

1. 강제수사에는 체포·구속, 압수·수색·검증, 통신제한조치, 수사상 감정유치, 수사상 증거보전, 수사상 증인신문 등이 있다.
2. 강제수사의 경우에는 영장주의 원칙에 따라 일부 법정된 예외를 제외하고는 법관이 발부한 영장이 요구된다.

※ 영장주의 예외

- 긴급체포, 체포·구속 목적의 피의자 수색
- 피고인 구속현장에서의 압수·수색·검증
- 임의제출한 물건의 압수
- 긴급체포, 체포·구속 현장에서의 압수·수색·검증(사후영장)
- 범죄장소에서의 압수·수색·검증(반드시 사후영장)
- 변사체 검시 후 긴급을 요할 때의 검증(반드시 사후영장)

Ⅱ. 강제수사

강제수사는 법정주의 원칙에 따라 법률에 특별한 규정이 있는 경우에만 예외적으로 허용된다(강제수사 법정주의). 강제수사는 필연적으로 헌법상 보장하는 기본적 인권을 침해하므로 법령이 정한 절차와 요건에 따라 필요 최소한도로 행하여야 한다.(수사비례의 원칙)

1. 체포영장에 의한 체포

- 체포한 시점으로부터 24시간 이내에 반드시 서면으로 체포통지를 하여야 한다.
- 48시간 내에 구속영장을 청구하지 아니하거나, 청구하였으나 구속영장을 발부받지 못할 때에는 즉시 석방하여야 한다.

2. 긴급체포

- 사형, 무기 또는 장기 3년 이상의 징역이나 금고에 해당하는 죄를 범하였다고 의심할 만한 상당한 이유
- 긴급체포 후 구속영장을 청구하지 아니하거나 발부하지 못하여 석방한 피의자는 영장 없이는 동일한 범죄사실에 관하여 다시 체포하지 못한다.

3. 현행범인 체포

- 경미범죄의 경우 다액 50만원 이하의 벌금, 구류 또는 과료에 해당하는 죄의 현행범인은 주거가 분명하지 아니한 때에 한하여 현행범으로 체포할 수 있다.

- 국회가 개회 중일 때 국회의원을 체포하기 위해서는 '국회의 동의를 얻어야 한다'는 국회의원의 불체포특권은 현행범인 경우에는 적용되지 않는다.
- 학교 앞길에서 폭력행위 발생 후 10분이 지난 시점에 경찰관이 인근 학교 운동장에서 범인을 체포한 경우 현행범인 체포에 해당한다.(대법원 93도926)
- 교사가 교장실에 들어가 불과 약 5분 동안 식칼을 휘두르며 교장을 협박하는 등의 소란을 피운 후 40여분 정도가 지나 경찰관들이 출동하여 교장실이 아닌 서무실에서 그를 체포한 것은 적법한 현행범체포라고 볼 수 없다.(대법원 91도1314)

4. 구속

- 법원이 구속영장청구서, 수사 서류와 증거물을 접수한 때부터 구속영장을 발부하여 검찰청에 반환된 때까지 구속기간 불산입한다.
- 피구속자를 충분히 조력하기 위하여 변호인에게 반드시 보장되지 않으면 안되는 핵심적 권리이므로 구속적부심절차에서 변호인은 고소장과 피의자 신문조사의 내용을 알 권리가 있다.(헌법재판소 2000헌마474)

5. 압수 · 수색

압수의 종류로는 압류(점유취득과정 자체에 강제력이 가하여지는 경우), 영치(유류물과 임의제출물을 점유하는 경우), 제출명령(일정한 물건의 제출을 명하는 처분)이 있다.

6. 수사상 검증

- 검증이란 강제력을 사용하여 사람, 장소, 물건의 성질 · 형상을 오관의 작용에 의하여 인식하는 강제처분을 말한다.
- 여자의 신체를 검사하는 경우에는 의사나 성년의 여자를 참여하게 하여야 한

다.(형사소송법 제141조 제3항)

7. 통신수사

- 통신사실확인자료(통신비밀보호법)에는 통화내역, 통신일시·기간·이용도수, 상대방 가입자번호, 휴대폰 위치추적자료, 인터넷 로그기록자료, 인터넷의 접속지 추적자료 등이다.
- 통신자료(전기통신사업법)는 이용자의 인적사항(성명, 주민번호, 전화번호, ID, 주소, 가입·해지일자), 특정시간, 특정 유동IP 사용자 정보 등이다.

7. 수사상 감정유치

- 감정유치란 피의자 정신 또는 신체를 감정하기 위하여 일정한 기간 동안 병원 기타 적당한 장소에 피의자를 유치하는 강제수사를 말한다.
- 감정유치의 집행에 관하여는 구속영장의 집행에 관한 규정이 준용된다.
- 이미 구속되어 있는 피의자에 대하여 감정유치장이 집행되면 그 유치기간 동안 구속이 집행정지된 것으로 간주한다.

8. 수사상 증거보전과 증인신문

- 판사가 미리 증거조사를 하여 그 결과를 보전하여 두는 제도를 말한다.
- 증거보전의 청구권자는 검사, 피고인, 피의자 또는 변호인이다.
- 증거보전을 청구할 수 있는 것은 압수·수색·검증·증인신문·감정이다.
- 수사상 증인신문은 참고인이 출석 또는 진술을 거부하는 경우에 제1회 공판기일 전까지 검사의 청구에 의하여 판사가 그를 증인으로 신문하는 진술증거의 수집과 보전을 위한 대인적 강제처분이다.

Ⅲ. QUIZ 및 정답/해설

1. 압수물 처리에 관한 설명으로 옳지 않은 것은 ?
   ① 압수를 계속할 필요가 없다고 인정되는 압수물은 수사 중이라도 환부하여야 하고, 증거에 공할 압수물은 소유자, 소지자, 보관자 또는 제출인의 청구에 의하여 가환부할 수 있다.
   ② 몰수할 대상인 압수물이기는 하지만 그 소유자 또는 소지자가 계속 사용할 필요가 있다면 사진촬영 기타 원형보존의 조치를 취하고 가한부한다.
   ③ 몰수하여야 할 압수물로 멸실·파손·부패 또는 현저한 가치 감소의 염려가 있거나 보관하기 어려운 압수물은 매각하여 대가를 보관할 수 있다.
   ④ 환부하여야 할 압수물 중 환부를 받을 자가 누구인지 알 수 없거나 그 소재가 불명한 경우로서 그 압수물의 멸실·파손·부패 또는 현저한 가치 감소의 염려가 있거나 보관하기 어려운 압수물은 매각하여 대가를 보관할 수 있다.

☞ 정답: 2번

2. 구속통지에 대한 설명으로 가장 옳지 않은 것은?
   ① 구속을 한 후 24시간 이내에 통지하여야 한다.
   ② 급속을 요하는 경우 모사전송 후 지체없이 서면으로 통지한다.
   ③ 피의자가 통지의 대상으로 가족을 지정하더라도 증거인멸의 우려가 있다면 예외적으로 통지하지 않을 수 있다.
   ④ 통지할 사람이 없는 경우에는 그 취지를 기재하여 기록에 첨부한다.

☞ 정답: 3번

3. 통신자료 제공요청에 대한 설명으로 가장 옳지 않은 것은?
   ① 전기통신사업자는 수사관서의 장이 수사 등을 위한 정보수집을 위하여 이용자의 성명, 주민등록번호, 주소, 전화번호, 아이디, 가입일 또는 해지일의 자료의 열람이나 제출을 요청하면 그 요청에 따를 수 있다.

② 수사기관의 통신자료제공요청과 그 취득행위는 사실 상 전기통신사업자가 정당한 사유가 없는 한 거부할 수 없으므로 강제수사에 해당한다.

③ 통신자료 제공요청은 요청사유, 해당 이용자와의 연관성, 필요한 자료의 범위를 기재한 서면으로 하여야 한다.

④ 서면으로 요청할 수 없는 긴급한 사유가 있을 때에는 서면에 의하지 아니하는 방법으로 요청할 수 있으며, 그 사유가 해소되면 지체없이 전기통신사업자에게 자료제공요청서를 제출하여야 한다.

☞ 정답: 2번

(O · X 문제)

1. 체포한 시점으로부터 24시간 이내에 반드시 서면으로 체포통지를 하여야 한다. (　　　)

2. 48시간 내에 구속영장을 청구하지 아니하거나, 청구하였으나 구속영장을 발부받지 못할 때에는 즉시 석방하여야 한다. (　　　)

3. 긴급체포는 사형, 무기 또는 장기 3년 이상의 징역이나 금고에 해당하는 죄를 범하였다고 의심할만한 상당한 이유가 있어야 한다. (　　　)

4. 경미범죄의 경우 다액 50만원 이하의 벌금, 구류 또는 과료에 해당하는 죄의 현행범인은 주거가 분명하지 아니한 때에 한하여 현행범으로 체포할 수 있다. (　　　)

5. 국회가 개회 중일 때 국회의원을 체포하기 위해서는 '국회의 동의를 얻어야 한다'는 국회의원의 불체포특권은 현행범인 경우에는 적용되지 않는다. (　　　)

6. 교사가 교장실에 들어가 불과 약 5분 동안 식칼을 휘두르며 교장을 협박하는 등의 소란을 피운 후 40여분 정도가 지나 경찰관들이 출동하여 교장실이 아닌 서무실에서 그를 체포한 것은 적법한 현행범체포라고 볼 수 없다. (   )

7. 법원이 구속영장청구서, 수사 서류와 증거물을 접수한 때부터 구속영장을 발부하여 검찰청에 반환된 때까지 구속기간 불산입한다. (   )

8. 피구속자를 충분히 조력하기 위하여 변호인에게 반드시 보장되지 않으면 안 되는 핵심적 권리이므로 구속적부심절차에서 변호인은 고소장과 피의자 신문조사의 내용을 알 권리가 있다. (   )

9. 압수의 종류로는 압류, 영치, 제출명령 등이 있다. (   )

10. 통신사실확인자료(통신비밀보호법)에는 통화내역, 통신일시 · 기간 · 이용도수, 상대방 가입자번호, 휴대폰 위치추적자료, 인터넷 로그기록자료, 인터넷의 접속지 추적자료 등이다. (   )

11. 통신자료(전기통신사업법)는 이용자의 인적사항(성명, 주민번호, 전화번호, ID, 주소, 가입 · 해지일자), 특정시간, 특정 유동IP 사용자 정보 등이다. (   )

12. 감정유치란 피의자 정신 또는 신체를 감정하기 위하여 일정한 기간 동안 병원 기타 적당한 장소에 피의자를 유치하는 강제수사를 말한다. (   )

13. 이미 구속되어 있는 피의자에 대하여 감정유치장이 집행되면 그 유치기간 동안 구속이 집행정지 된 것으로 간주한다. (   )

☞ 정답: 1번 ~ 13번 모두 O

Ⅳ. 학습정리

⊙ 임의제출물 압수도 강제수사로 보는 것이 다수의 견해이다

⊙ 피고인은 체포·구속적부 심사를 청구할 수 없다.(체포된 피의자는 체포적부의 심사를 법원에 청구 가능하다)

⊙ 48시간 이내에 구속영장을 청구하면 족하고 구속영장이 발부될 것을 요하지 않는다.

⊙ 국가보안법위반(찬양고무죄)은 검사와 사법경찰관의 최장 구속기간이 30일이다.

⊙ 제출명령은 법원이 명하는 처분이다.

⊙ 압수목록은 소유자 아닌 보관자에게도 교부할 수 있다.

⊙ 몰수의 대상이 되는 압수물은 환부, 가환부 모두 할 수 없다.

제 7 강

초동수사 및 탐문수사

사건사례- '어금니 아빠' 이영학 사건

당시 경찰의 부실한 초동 대응에 대해 서울중앙지방법원 민사47부(오권철 부장판사)는 이영학 사건 피해 여중생 A양 가족들이 국가를 상대로 낸 손해배상 소송에서 국가가 1억8,000여만원과 지연이자를 지급하라고 최근 판결했다.

이영학씨는 2017년 9월 30일 딸 친구인 A양을 자신의 집으로 유인해 수면제를 먹여 추행한 뒤 다음 날 살해했다. 이씨는 이후 A양 시신을 강원 영월에 유기했다. A양 어머니는 사건 당일 저녁 딸이 집에 들어오지 않자 112에 실종 신고를 했다. 실종 신고를 하달받은 중랑경찰서 112상황실은 망우지구대와 당직 근무 중이던 중랑서 여성·청소년 수사팀에 출동 지령을 내렸다. 그러나 망우지구대 경찰들은 A양의 최종 목격자를 구체적으로 특정하려고 노력하지 않았다. 지구대에서 A양 어머니가 이씨의 딸과 통화하는 걸 보고도 귀담아듣지 않는 등 이씨 딸을 자세히 확인할 기회를 놓쳤다. 여성·청소년 수사팀은 "출동하겠다"고 허위보고한 뒤 그대로 사무실에 머문 것으로 드러났다. 이들은 후순위 업무들을 처리하다 3시간 뒤에야 망우지구대에 가서 수색상황만 물어봤다. 이 같은 부실 초동 대응은 경찰 자체 감찰로도 확인돼 관련자들이 줄줄이 징계를 받았다.

아동·청소년의 성보호에 관한 법률상 강간 등 살인, 추행유인, 사체유기 등 혐의로 구속기소된 이씨에게 선고에서 "이씨가 계획한대로 범행을 했고, 성욕을 채우려고 변태적·가학적 범행을 했다"고 밝혔다. 이씨가 주장한 '심신미약 상태'는 인정하지 않았다

재판부는 "경찰관들이 초반에 이씨 딸을 조사했다면 손쉽게 A양의 위치를 알아낼 수 있었을 것"이라며 경찰관들의 직무 집행상 과실이 A양 사망에 일정 부분 책임이 있다고 판단했다. 재판부는 다만 "경찰관들이 이씨 범행에 가담했다거나 범죄를 용이하게 한 경우는 아니다"라며 국가에 100% 책임을 묻긴 어렵다고 봤다. 재판부는 결국 국가 책임비율을 30%로 제한해 배상액을 계산했다.

이씨는 지난해 11월 대법원에서 무기징역형을 확정받았다. 이영학의 범행을 도운 혐의로 함께 기소된 딸도 장기 6년·단기 4년형을 확정받았다.

Ⅰ. 학습목표 및 개요

1. 초동수사는 수사결정에 결정적인 영향을 주는 일이 많다. 시간이 경과하면 수사가 곤란해지므로 사건발생 초기에 범인을 체포하고 증거를 확보하는 초동수사가 중요하다.
2. 탐문수사로 얻어진 정보나 수사자료는 수사진행 또는 공판에 있어서 증거로 사용된다.

Ⅱ. 초동수사

초동수사란 사건발생의 초기에 있어서 범인을 체포하고 증거를 확보하기 위하여 행하는 수사활동을 말하며 주로 범죄현장을 중심으로 한 현장관찰 · 범인 검거 · 수사자료의 발견 · 확보를 그 내용으로 한다.

★ 초동수사의 목적

① 범인의 체포(초동수사의 제1목적)

② 수사긴급배치

③ 참고인 및 그 진술의 확보
④ 사건 당초의 상황 확보

★ 초동수사의 진행
① 신고접수 → ② 즉보 → ③ 현장급행 → ④ 현장보존

1. 수사긴급배치

- **갑호배치**: ① 방화살인, 2명 이상 집단살인 및 연쇄살인 ② 인질강도 및 해상강도, 금융기관 및 5천만원 이상 다액강도, 총기, 폭발물 소지강도 ③ 관공서, 산업시설, 시장 등의 방화, 열차, 항공기, 대형 선박 등의 방화, 연쇄방화 ④ 조직폭력사건, 총기, 대량의 탄약 및 폭발물 절도, 약취유인 또는 약취강도

※ **경력동원**: 형사, 지구대, 검문소 요원은 100% 가동경력

- **을호 배치**: ① 중요상해치사 ② 관공서 및 국가중요시설절도, 1억원 이상 다액절도, 국보급문화재 절도

※ **경력동원**: 형사 100%, 지구대 및 검문소 요원 50% 가동

- 긴급배치를 사건발생지 관할경찰서 또는 인접경찰서에 시행할 경우에는 발생지 관할경찰서장이 발령한다. 사건발생지 지방경찰청의 전 경찰관서 또는 인접지방경찰청에 시행할 경우 발생지 지방경찰청장이 발령한다. 전국적인 긴급배치를 실시할 경우에는 경찰청장이 발령한다.

2. 현장관찰

- **현장관찰 기록요령**: ① 현장관찰 활동을 관찰·조사한 시간 순으로 기록하고 필요시 영상 녹화한다. ② 기록의 대상이 될 사물에 대해서는 먼저 부동의 2

개 이상의 기점이 되는 것을 골라 그 위치로부터 정확하게 측정하여 대상의 위치를 명백히 해둔다. ③ 명칭을 알 수 없는 것이 있을 때에는 그 자리에서 참여인이나 가족들에게 물어서 기록해야 한다. ④ 물체의 크기나 거리는 반드시 실측하여 정확을 기하고 만약 실측할 수 없을 때에는 목측임을 명백히 해 두어야 한다.

- 동기에 관한 사항 확인은 피해품의 유무, 신체적 피해상황, 우발적인지 계획적인지이다.
- **현장관찰순서**: 현장위치파악 → 부근 상황 관찰 → 현장 외부관찰 → 현장 내부 관찰

3. 현장감식

- 현장감식의 일반적인 순서는 ① 현장보존 → ② 간부의 현장관찰 → ③ 사진촬영 → ④ 채증감식 → ⑤ 수법검토
- 현장자료를 채취할 때에는 반드시 제3자를 참여시켜 자료의 위치, 존부상태 등을 확인시킨 다음 채취해야 한다.
- 혈액형 및 독물분석용 시료에는 방부제인 포르말린 용액을 첨가하여서는 안된다.

Ⅲ. 탐문수사

탐문수사란 수사관이 범죄수사를 행함에 있어서 범인 이외의 제3자로부터 범죄에 대하여 견문 또는 직접 체험한 사실을 탐지하기 위하여 행하는 수사활동을 말한다.

- 가능한 한 많은 사람을 탐문하는 것보다는 직접 체험하고 관찰한 사람을 상대자로 하여야 한다.
- 가장 공평한 위치에 있는 사람들과의 면접을 우선하여야 한다.

- 조직수사를 위해서는 탐문에 의해 얻어진 정보는 단편적인 것이라도 수사간부에 보고하여야 한다.
- 피선면자를 단독으로 선면하게 하면 선면자는 용의자를 범인으로 보려는 경향이 강해지므로 비슷한 표정이나 차림을 한 여러 사람을 관찰시켜 범인과 부합하는 자를 식별해 내야 한다.

Ⅳ. QUIZ 및 정답/해설

1. 현장관찰의 순서로 가장 바람직한 것은?

가. 현장 내부 관찰	나. 현장 외부 관찰
다. 부근 상황 관찰	라. 현장 위치 파악

① 나-라-가-다　　② 다-나-가-라
③ 가-나-다-라　　④ 라-다-나-가

☞ 정답: 4번

2. 보기 중 현장관찰기록의 작성요령에 대한 설명으로 옳은 것은 모두 몇 개인가?

A. 현장관찰 활동을 시간 순으로 기록하고 필요 시 영상녹화한다.
B. 사물의 위치를 설정하는 기준점은 부동의 물체 1개로 정한다.
C. 물체의 크기나 거리는 실측하는 것이 원칙이고 부득이 실측할 수 없을 때는 목측(目測)임을 명백히 해둔다.
D. 수사의 단서가 되는 적극적인 요소(범인의 유류품 등)만 기록한다.
E. 명칭이나 용도를 알 수 없는 물건은 그 자리에서 가족 등 참여인에게 물어서 기록한다.

① 1개　　② 2개
③ 3개　　④ 4개

☞ 정답: 3번 (A,C, E)

(O · X 문제)

1. 금융기관 및 5,000만원 이상 다액 강도는 갑호배치에 해당된다. (　　)

2. 조직폭력 사건은 갑호 배치에 해당된다. (　　)

3. 1억원 이상 다액절도사건은 을호 배치에 해당된다. (　　)

4. 갑호배치 사건의 경우 형사요원은 가동경력 100%, 지구대 및 검문소요원은 100%를 동원한다. (　　)

5. 국보급문화재 절도는 을호 배치에 해당된다. (　　)

6. 긴급배치를 사건발생지 관할경찰서 또는 인접경찰서에 시행할 경우에는 발생지 관할경찰서장이 발령한다. (　　)

7. 현장관찰 기록 요령에서 물체의 크기나 거리는 반드시 실측하여 정확을 기하고 만약 실측할 수 없을 때에는 목측임을 명백히 해 두어야 한다. (　　)

8. **현장관찰순서:** 현장위치파악 → 부근 상황 관찰 → 현장 외부관찰 → 현장 내부 관찰 형태로 진행되어야 한다. (　　)

☞ **정답: 1번 ~ 8번 모두 O**

Ⅴ. 학습정리

1. 초동수사의 목적

- 범인의 체포(초동수사의 제1목적)
- 수사긴급배치
- 참고인 및 그 진술의 확보
- 사건 당초의 상황 확보

2. 현장관찰순서

현장위치파악 → 부근 상황 관찰 → 현장 외부관찰 → 현장 내부 관찰

3. 수사긴급배치

- **갑호배치**: ① 방화살인, 2명 이상 집단살인 및 연쇄살인 ② 인질강도 및 해상강도, 금융기관 및 5천만원 이상 다액강도, 총기, 폭발물 소지강도 ③ 관공서, 산업시설, 시장 등의 방화, 열차, 항공기, 대형 선박 등의 방화, 연쇄방화 ④ 조직폭력사건, 총기, 대량의 탄약 및 폭발물 절도, 약취유인 또는 약취강도

※**경력동원**: 형사, 지구대, 검문소 요원은 100% 가동경력

- **을호배치**: ① 중요상해치사 ② 관공서 및 국가중요시설절도, 1억원 이상 다액절도, 국보급문화재 절도

※**경력동원**: 형사 100%, 지구대 및 검문소 요원 50% 가동

제 8 강

감별수사 및 공조수사

사건사례- "대구 여대생 피살사건"

피살된 남모(22)양의 시신에서 발견된 체액을 국립과학연구원에 보내 DNA 감식을 의뢰한 대구 중부경찰서는 “제3의 장소에서 발견한 증거자료를 국립과학연구원에 의뢰했으며, 결과가 나오면 용의자의 윤곽이 드러날 것이다.”

“남양의 스마트폰은 위치추적이 가능하기 때문에 스마트폰이 꺼진 장소를 알 수 있을 것”이라며 “위치추적기를 통해 100m~1.5km까지는 추적할 수 있다”

남양을 택시에 태워 보낸 친구의 진술을 토대로 택시기사의 몽타주를 작성, 탐문에 나서기로 했다. 남양이 실종된 대구에서 시신이 발견된 경북 경주시 건천읍 화전리 신택저수지 사이에 있는 CCTV와 저수지로 진입하는 904번 국도 곳곳의 방범용 CCTV 등을 분석, 용의 차량을 찾고 있다. “대구지역의 20~30대 택시기사 300여명을 압축해 정밀 조사를 벌이고 있다”

범인의 성향이나 행동유형 등을 분석한 결과 대상을 정해놓고 범행한 계획범죄로 추정된다.
국립과학수사연구원의 감식 결과 남양은 물리적 충격으로 심장과 폐가 손상되고 치아 3개가 부러졌으며 얼굴에도 타박상을 입었다. 인적이 드문 곳에서 범행이 이뤄졌고, 남양이 범인에게 강하게 저항했을 가능성이 크다.

“새벽 시간대에 범행하고 살해 후 2일 이내 시신을 유기한 점으로 미뤄 시신을 유기한 장소가 범인과의 연고감이나 지리감이 있는 곳으로 보인다”, “표적선택에 따른 계획형 범죄로 볼 수 있다", "성범죄자의 경우 이전의 전과가 성범죄일 가능성이 90% 이상"이라며 "동일 전과 범죄자일 가능성도 매우 크다"

Ⅰ. 학습목표 및 개요

1. 감별수사는 수집된 수사자료를 검토·추리함으로써 피해자나 범행지에 관한 범인의 지식유무를 판단하고 그것을 기초로 하여 수사를 추진시킴으로써 범인에 도달하는 수사방법이다.
2. 감의 종류에는 범인과 피해자와의 관계를 나타내는 연고감과 범인과 범행지와의 관계를 나타내는 지리감이 있다.
3. 공조수사제도는 경찰관서 상호간 그에 관한 정보를 교환하고 수배·통보·협조하는 조직적인 광역수사제도이다.

Ⅱ. 감별수사

1. 감별수사란?

횡적수사의 일종으로 범인과 피해자 또는 범인과 범행지 및 주변지역간에 존재하는 사정·관계 등에 근거를 두어 수사하는 방법을 말한다.

- **감별수사의 방법**: 사실에 의거한 정확한 판단, 판단자료에 대한 면밀한 검토, 다른 수사자료와 관계검토, 다른 수사와 병행실시('할 수 있는 것은 모두 수사하라')
- **감별수사의 순서**: ① 감 유무 판단 → ② 감 적격자에 관한 자료수집 → ③ 감 적격자 수사

2. 연고감 유무 수사

범인이 피해자나 피해가옥 등에 대하여 상세한 지식을 가지고 있는 가를 판단하기 위해서는 현장관찰·현장감식·기초수사 등에 의하여 연고감 유무에 대한 판단자료의 발견·수집에 주력하여야 한다.

- **연고감 유무의 판단 방법**: 범행장소 검토(피해자의 동의 없이는 갈 수 없을 만한 장소에서 발생), 피해가옥 검토(일견 돈이 없어 보이는 집), 특수사정을 알았는지(수입상황 또는 가옥의 내부구조 등을 알고 있거나, 동산이나 부동산을 매도한 경우 등 임시수입을 알고 범행, 현금수송 일자), 침입구 침입방법(침입구, 도주구가 보통사람으로는 알 수 없는 경우), 물색방법(피해자만이 가질 수 있는 특수물품인 권리증서, 서화, 골동품을 노린 경우), 폭행협박수단(흉기를 들이대며 말을 하지 않고 협박하는 경우), 위장공작 유무(범행 후 출입한 현장을 위장한 경우), 시체조치(시체를 분산시키거나 매몰하는 등 신원을 알 수 없도록 조치)
- **연고감 수사 대상자 선정**: 거래관계 또는 대차관계로 출입한자, 피해자의 일기·메모·우편물·명함·거래장부·주소록·영수증 등에 의하여 파악된 자, 피해가옥의 신축, 수리공사 등에 종사했던 목수 등
- **연고감 적격자 수사방법**: 탐문대상자의 설득, 비밀의 엄수와 신중한 언동, 호기심에 의한 추궁금지, 진실발견에 노력, 연고감 수사는 피해자 등에 대한 수사를 할 때 신중한 접근이 요구된다.

3. 지리감 유무 수사

지리감 유무의 판단자료는 주로 피해자·참고인의 진술, 범죄현장과 그 주변의 지리적, 환경적 상황관찰로 얻어진다. 지리감은 범인과 범죄현장 주변과의 관계성이므로 피해자와 관계있는 연고감에 비하면 수사 대상도 많고 수사범위도 넓다.

- **지리감 유무의 판단 방법**: 범행장소 검토(그 장소에 정통한 자가 아니면 안 될 장소), 범행전후 행동(동굴 같은 곳에 은신 또는 휴식한 것으로 보이는 경우, 장물의 은닉장소가 지리에 정통한 상황에 놓여 있을 때, 침입로 및 도주로를 상세히 알고 있을 때), 교통기관 이용상황(교통기관 이용상황을 사전에 알고 이용한 경우), 피해자 선택상황(정기적 통행자를 노리는 경우), 범인 사용 언어(지리적 조건, 지명, 인명, 지도, 축제일 등의 상황 기타 그 지방에 익숙한 자가 아니면 알 수 없는 것을 말한 경우)
- **지리감 적격자 수사** : 범행지 부근에 친족, 지인 등이 있어 자주 내왕한 일이 있는 자, 범행지 부근 공사장 등에서 일한 자, 범행지 부근에서 범죄의 전력이 있는 자, 범행지 부근에 통근·통학하는 자 또는 통근·통학하였던 자이다.
- **지리감 적격자 수사방법**: 지리감 수사대상은 그 범위가 매우 넓으므로 수사누락이 없도록 하기 위해서는 수사담당 구역을 정하여 책임 있는 수사를 해야 한다.(지역책임제) 우범자 동향 등 기초자료를 수집·정비하여야 한다.

Ⅲ. 광역수사 및 공조수사

1. 광역수사

수사대상 범위를 행정·경찰관할 중심의 범죄발생지역에 한하지 않고 인근 경찰관서의 관할지역까지 걸치게 하는 수사활동을 말한다.

- **광역수사 대상 사건**: 사건의 성질상 여러 개의 소관부서의 협력 또는 공조를 원하는 사건, 사건관계자가 수개 시·도·군·읍·면에 걸친 것, 범인의 연속적 범행이 수개 시·도·군·읍·면에 걸친 것이다.
- **광역수사 효율화 방안**: 수사공조 정신의 확립(자기 관할사건 처리 마음가짐), 광역수사 기술의 향상(수사에 관한 모든 자료를 신속 정확하게 조회하여 긴급배치·긴급수배), 광역수사 체제의 강화(협력체제를 정비 강화), 수사장비

의 정비 강화(자동차, 통신장비, 수사장비 등)

- **종합수사지휘본부의 설치**: 전국 2개 이상 시·도에 걸친 범죄의 광역수사에 있어서 필요하다고 인정하는 때에 경찰청에 설치·운영하는 수사지휘본부이다.

2. 공조수사

공조수사제도는 경찰관서 상호간 그에 관한 정보를 교환하고 수배·통보·협조하는 조직적인 광역수사제도 이다.(피의자 체포·출석요구·조사, 장물 등 증거물 수배, 압수·수색·검증, 참고인 출석요구·조사 등)

- **공조수사의 성질**: 입체수사(종합·조직·계속수사), 과학적 수사, 조직수사(한 사건에 전 경찰관의 신경집중), 종합적 수사
- **자료공조와 활동공조**: 자료공조는 경찰이 필요로 하는 모든 수사정보를 자료화함으로써 모든 경찰이 수사에 활용할 수 있게 함은 물론 그 자료가 영구히 남아서 미래의 경찰이 이를 계속 승계, 활용하도록 하는 자료의 수집과 조회제도이다. 모든 공조제도의 총아이며 이상형이다. 활동공조는 현재 제기되는 당면문제에 대한 공조수사 활동이다. 수사긴급배치, 불심검문, 미행, 잠복, 현장긴급출동 등이다.
- **공조수사의 효과**: 범인식별, 여죄색출, 장물발견, 범죄경력 확인, 신원불상자 신원확인, 지명수배자 통보자 검거 등이다.

Ⅳ. QUIZ 및 정답/해설

1. 다음은 감별수사를 설명한 것이다. 가장 적절하지 않은 것은?

① 감별수사란 범인과 피해자 또는 범인과 범행지 및 주변지역간에 존재하는 사정·관계 등에 근거를 두어 수사하는 방법으로 횡적 수사의 일종이다.

② 감별수사중 범인과 피해자, 그 가족, 피해가족과의 관계를 연고감이라고 하고, 범인과 범행지 및 그 주변지역과의 관계를 지리감이라고 한다.
③ 연고감은 지리감에 비해 수사대상도 많고 수사범위도 넓다.
④ 감수사 방법은 감유무 수사를 한 후 감이 있다고 판단될 때 감적격자에 대한 자료를 수집하고 수집대상자를 상대로 감적격자 수사를 한다.

☞ 정답: 3번

2. 감별수사에 대한 설명으로 옳지 않은 것은 ?
① 감별수사는 육감(肉感) 또는 영감(靈感)에서 비롯하는 수사관 개인의 성향을 근거로 한다.
② 범행시 범인의 언동(言動)으로 연고감 여부를 살핀다.
③ 특수한 잠금장치를 해제한 경우 연고감이 있다고 판단할 수 있다.
④ 교통기관의 이용, 장물의 운반상황 등으로 지리감 유무를 판단한다.

정답: 1번

3. 현장관찰을 통하여 연고감이 있다고 판단한 근거로 보기에 가장 거리가 먼 것은?
① 피해자 집의 창고에 있는 공구를 사용한 흔적이 있는 경우
② 피해자의 집을 어질러 놓았으나 위장으로 판단되는 경우
③ 외부인에게는 통제되는 경로를 이용하여 사무실에 침입한 경우
④ 피해자의 주거지에서 멀지 않은 폐가(廢家)에서 범죄가 발생한 경우

정답: 4번

4. 지리감 수사에 대한 설명중 가장 옳지 않은 것은?
① 동굴에 은신한 것으로 추정된다면 지리감이 있다고 판단된다.
② 지리적 공백 없도록 수사관 별로 수사담당 구역을 정하여 수사한다.
③ 평소 관내의 범행 전력, 거동수상자의 전입 등의 실태를 파악해 둔다.
④ 피해자와 거래관계가 잦은 사람을 중심으로 수사한다.

정답: 4번

(O · X 문제)

1. 수입상황 또는 가옥의 내부구조 등을 알고 있거나, 동산이나 부동산을 매도한 경우 등 임시수입을 알고 범행 한 경우는 연고감이 있다. (　　)

2. 침입구, 도주구가 보통사람으로는 알 수 없는 경우에 침입방법을 알고 침입한 경우에는 연고감이 있다. (　　)

3. 범행 전 동굴 같은 곳에 은신 또는 휴식한 것으로 보이는 경우는 지리감이 있다. (　　)

4. 지리감 수사대상은 그 범위가 매우 넓으므로 수사누락이 없도록 하기 위해서는 수사담당 구역을 정하여 책임 있는 수사를 해야 한다. (　　)

5. **종합수사지휘본부의 설치는** 전국 2개 이상 시·도에 걸친 범죄의 광역수사에 있어서 필요하다고 인정하는 때에 경찰청에 설치·운영하는 수사지휘본부이다. (　　)

6. 활동공조는 현재 제기되는 당면문제에 대한 공조수사 활동이다. 수사긴급배치, 불심검문, 미행, 잠복, 현장긴급출동 등이다. (　　)

☞ 정답: 1번 ~ 6번 모두 O

V. 학습정리

⊙ **연고감 유무의 판단 방법**: 범행장소 검토(피해자의 동의 없이는 갈 수 없을 만한 장소에서 발생), 피해가옥 검토(일견 돈이 없어 보이는 집), 특수사정을 알았는지(수입상황 또는 가옥의 내부구조 등을 알고 있거나, 동산이나 부동산을 매도한 경우 등 임시수입을 알고 범행, 현금수송 일자), 침입구 침입방법(침입구, 도주구가 보통사람으로는 알 수 없는 경우), 물색방법(피해자만이 가질 수 있는 특수물품인 권리증서, 서화, 골동품을 노린 경우), 폭행협박수단(흉기를 들이대며 말을 하지 않고 협박하는 경우), 위장공작 유무(범행 후 출입한 현장을 위장한 경우), 시체조치(시체를 분산시키거나 매몰하는 등 신원을 알 수 없도록 조치)

⊙ **지리감 유무의 판단 방법**: 범행장소 검토(그 장소에 정통한 자가 아니면 안 될 장소), 범행전후 행동(동굴 같은 곳에 은신 또는 휴식한 것으로 보이는 경우, 장물의 은닉장소가 지리에 정통한 상황에 놓여 있을 때, 침입로 및 도주로를 상세히 알고 있을 때), 교통기관 이용상황(교통기관 이용상황을 사전에 알고 이용한 경우), 피해자 선택상황(정기적 통행자를 노리는 경우), 범인사용 언어(지리적 조건, 지명, 인명, 지도, 축제일 등의 상황 기타 그 지방에 익숙한 자가 아니면 알 수 없는 것을 말한 경우)

⊙ **자료공조**: 자료공조는 경찰이 필요로 하는 모든 수사정보를 자료화함으로써 모든 경찰이 수사에 활용할 수 있게 함은 물론 그 자료가 영구히 남아서 미래의 경찰이 이를 계속 승계, 활용하도록 하는 자료의 수집과 조회제도이다. 모든 공조제도의 총아이며 이상형이다.

⊙ 활동공조는 현재 제기되는 당면문제에 대한 공조수사 활동이다. 수사긴급배치, 불심검문, 미행, 잠복, 현장긴급출동 등이다.

제 9 강

수법수사 및 유류품수사

사건사례- "마산 무학산 살인사건"

경남 창원시 마산회원구 무학산을 즐겨 찾는 등산객들을 두려움에 떨게 했던 '마산 무학산 살인사건' 피해자는 범인을 붙잡을 결정적 단서를 자신의 등산장갑에 남기고 숨을 거뒀다. 장갑에 묻은 피의자 유전자(DNA)는 결국 사건 해결의 실마리가 됐다.

마산에서 일자리를 구하던 정아무개(47·무직)씨는 아침 8시께 "힐링을 하기 위해" 무학산 등산에 나섰다. 오후 1시20분께 무학산 꼭대기에서 내려가던 정씨는 꼭대기에서 마주쳤던 ㅇ(51·여)씨가 산을 내려오는 것을 보고 성폭행을 하려고 1.8㎞가량 따라갔다. ㅇ씨는 2014년 암 수술을 받고 지난해 10월초 항암치료를 마친 뒤, 하루라도 빨리 건강을 회복하기 위해 등산을 하던 인근 주민이었다.
등산로는 평일 낮이라 한산했고, ㅇ씨는 일행 없이 혼자였다. 정씨는 갑자기 ㅇ씨에게 달려들어 주먹과 발로 마구 때리며 등산로 옆 숲으로 끌고 들어갔다. ㅇ씨가 거세게 저항하자, 정씨는 ㅇ씨를 목 졸라 살해하고, 낙엽과 흙으로 ㅇ씨 주검을 덮어 숨긴 뒤 달아났다.
'아내가 집에 돌아오지 않았다'는 ㅇ씨 남편(54)의 신고를 받은 경찰은 수색작업을 벌여 다음날 ㅇ씨 주검을 발견했다.

경찰은 10월30일 장갑·가방·옷 등 ㅇ씨 소지품과 현장 주변에서 확보한 담배꽁초 등 증거물 163점을 국립과학수사연구원 부산과학수사연구소(국과수)에 감정의뢰했다. ㅇ씨 오른쪽 등산장갑 약지 부분 섬유질에서 정씨 유전자를 발견했다고 검사 결과를 보내왔다. ㅇ씨가 정씨에게 대항하는 과정에서 정씨 얼굴의 땀이 장갑에 묻은 것으로 추정됐다.

확인 결과, 정씨는 성폭력특별법 위반으로 징역 7년, 강도상해죄로 징역 7년을 사는 등 전과 6범이며, 범행 이후인 지난 1월5일 경북 영천에서 절도를 저질러 1년4개월 징역형을 받아 대구구치소에 수감돼 있었다. 뒤늦게 경찰은 무학산 꼭대기 폐회로텔레비전 영상을 다시 분석해 정씨를 찾아내고, 범행을 저질렀다는 그의 자백을 받아냈다. 범행 발생 6개월 만이었다.

Ⅰ. 학습목표 및 개요

1. 유류품 출처를 추적하여 범인을 수사하는 유류품 수사 방법 및 수사시 착안점을 확인해 보자.
2. 범죄의 피해품을 확정하고 장물의 종류·특징을 명백히 한 후 그 이동경로에 따라서 장물 및 범인을 찾고자 하는 수사 방법을 알아보자.

Ⅱ. 수법수사

1. 수법수사

범인이 일정한 수단·방법으로써 반복하여 범행하는 유형으로 범죄의 일시·장소, 수법범죄자의 인적특징, 범죄행위에 나타난 수단·방법 등에 의하여 범인을 식별하려는 정형을 말한다.

⊙ 범죄수법의 특성

① **반복성(관행성)**: 상습범의 범죄수법은 일정한 정형으로 고정되는 경향이 있다. 개인적 습벽·특징을 가지고 있다.

② **필존성**: 범죄수법은 반드시 현장에 남게 된다. 범죄수법을 남기지 않는 완전

범죄는 없다.

⊙ **범죄수법의 효용** : 지능범죄에 대처, 조직수사, 범인 및 여죄발견, 장물발견, 계속 및 신속성, 범죄수법의 경향파악 가능

2. 범죄수법자료

⊙ 피해통보표

피해사건이 발생하여 그 범인이 누구인지 판명되지 아니하였을 때에 해당사건의 피해자, 범인의 인상・신체・기타특징, 범행수법, 피해사실, 용의자 인적사항, 피해품, 유류품 등 수사자료가 될 수 있는 내용을 수록한 기록지 또는 이를 전산 입력한 것을 말한다.

① **이용목적**: 피해사건의 수법내용 및 피해자의 주소, 성명파악, 여죄파악, 피해품을 일괄 파악, 범인의 추적수사 가능, 중요장물의 수배・통보・조회

② **작성대상**: 수법범죄에 해당하는 범죄의 신고를 받았거나 또는 인지하였을 때에는 지체없이 피해통보표를 작성하여 전산입력하여야 한다. 다만 피의자가 검거되었거나 신원이 판명된 경우에는 작성하지 않는다.

⊙ 수법원지

수법범인의 인적사항, 인상특징, 수법내용, 범죄사실, 직업, 사진, 지문번호, 필적 등을 기록한 기록지 또는 이를 전산입력한 것을 말한다.

① **이용목적**: 범인불명의 수법범죄가 발생하였을 경우 동일수법 또는 유사수법 용의자 파악, 필적대조 가능, 현장지문 또는 준현장지문이 있을 경우 지문의 대조, 장물처분방법 및 처분처

② **작성대상**: 구속된 수법범죄 피의자에 대하여 작성한다. 불구속 피의자도 재범의 우려가 있다고 인정되는 자에 대하여는 작성할 수 있다.

③ **작성방법**: 수법범죄 피의자가 여죄가 있고 그것의 범죄수법 소분류가 각각 상이한 유형의 수법일 때에는 그 수법(소분류)마다 수법원지를 작성하여야

한다.

수법원지는 해당범인을 수사하거나 조사·송치하는 경찰공무원이 직접 작성하고 작성자가 날인하여야 한다. 수법원지 작성시 범죄사건부에 그 작성 여부를 표시하여야 한다. 수법원지는 성별, 수법 소분류별, 생년월일 순으로 보관하여야 한다. 경찰서장은 수법원지 1매를 작성하여 지방경찰청장을 거쳐 경찰청장에게 송부한다.

④ **작성시 유의사항**: 범죄수법이 구체적으로 표출되도록 기재한다. 인상과 신체적특징(마약중독, 불구, 점, 문신 등)을 정확히 기재한다. 자필란은 반드시 범인이 기재하도록 한다. 현재 무직일지라도 단순히 '무직', '없음' 등으로 기재하기보다는 과거의 직업 등도 파악하여 주된 것을 기재한다. 공범관계는 미검자까지 기재하고 연고선, 배회처 등 많은 자료를 기재한다.

⑤ **폐기사유**: 피작성자 사망, 80세 이상 되었을 때, 수법원지 작성 후 10년이 경과하였을 때(단, 전산입력자료는 삭제하지 않음)

⊙ 공조제보

공조제보는 경찰관서 상호간에 있어서 범인, 여죄, 장물을 발견하고 범인을 검거하기 위하여 필요한 수사자료를 서면, 전신, 영상 또는 전산자료로 행하는 수배, 통보, 조회를 말한다. 종류로는 여죄조회, 사건수배, 장물수배, 장물조회, 지명수배, 지명통보, 해제통보, 참고통보, 이동통보 등이다.

3. 수법조회

- **종류**: 수법범죄 사건현장에 남겨진 인적특징 기타 습벽 등을 토대로 하여 범인을 조회하는 범인조회, 검거한 수법범인의 인적 특징을 토대로 범인의 여죄를 조회하는 여죄조회가 있다.
- **수법조회의 방법**: 범인조회는 수법원지, 수사종합시스템(CRIFISS)을 활용하

고, 여죄조회는 피해통보표, 형사사법정보시스템(KICS)을 활용한다.

Ⅲ. 유류품수사

범죄현장 및 그 부근에 남겨져 있는 범인의 흉기, 착의 등 유류품에 대하여 출처를 추적하여 범인을 색출하는 수사방법이다.

⊙ 유류품의 종류

① **협의의 유류품:** 범인이 소지 또는 휴대하고 있었던 흉기, 의류, 휴지 등 범죄현장 및 부근에 유류한 물건을 말하며 범인이 현장에 남겨 놓은 물흔, 차량흔, 도구흔 등이 포함된다. 원칙적으로 유류품 수사는 협의의 유류품을 의미한다.

② **유류물:** 지문, 장문, 족문, 탈분 및 정액 등의 신체적인 소산물을 의미한다.

③ **광의의 유류품:** 협의의 유류품과 유류물을 포함한다.

⊙ 유류품의 특성

① **직접 범인의 추정:** 유류품에 범인의 성명이 기재된 경우, 지문이 남아 있는 경우이다.

② **범인속성의 추정:** 담배꽁초에 묻은 타액에서 혈액형 파악, 유류품의 마멸상태에서 범인의 흉기사용버릇이나 직업적 특성 파악, 먹다 남은 음식의 치흔에서 치아특성 파악

③ **범인행동의 추정:** 족적의 상황에서 범인의 침입로 및 도주로 파악

④ **범행상황 등 추정:** 피해품의 물색상황 추정, 여러 종류의 족적에서 공범자 수 추정, 차량흔에서 2륜차, 3륜차, 4륜차 등을 추정, 타이어 흔적 등에서 타이어의 종류, 차의 형식 판단

⊙ 유류품의 수사방법

① **유류품 여부의 확정 기준**: 유류품을 발견하였을 경우에는 과연 범인이 유류한 것인가를 명백히 하여야 한다. 즉 시간적·장소적 관계, 범인의 행동을 고려해 유류품을 확정하였다.

② **유류품 수사시 착안점**: 동일성 검토(범행에 사용된 것과 동일한 것인지를 명확히 해야 한다.), 관련성 검토(유류품이 범인의 것인지를 검토하여야 한다), 기회성의 검토(범인이 현장에 유류할 기회가 있었는가를 검토하여야 한다), 완전성의 검토(유류품이 동일한 성질 또는 동일한 상태로 보존되어 있는가를 검토하여야 한다)

③ **유류품 수사시 주의사항**: 참고인의 진술이 모호하여 과연 그것이 유류품인지 의심스러운 경우에도 유류품에서 제외시키지 않고 진술에 대한 이면수사를 철저히 하여야 한다.

Ⅳ. QUIZ 및 정답/해설

(O · X 문제)

1. '범죄수법'은 반복적인 범인의 범행수단 방법 및 습벽에 의하여 범인을 식별하려는 인적특징의 유형기준을 말한다. (　　)

2. 상습범의 범죄수법은 개인적인 습벽 내지 특징을 가진다. (　　)

3. 완전범죄는 있을 수 없다는 수법의 필존성에 대한 내용이다. (　　)

4. 범죄수법 자료에는 피해통보표, 수법원지, 공조제보가 있다. (　　)

5. 수법범죄란 범죄수법자료를 활용하여 범죄수사를 실행할 수 있는 범죄를 말

한다. (　　　)

6. 경찰청은 범죄수법과 관련한 자료를 관리하기 위하여 '범죄수법공조자료관리규칙'을 훈령으로 두고 있다. (　　　)

7. 피해통보표는 피의자의 정확한 신원 파악이 안되고 미검거한 경우에 작성 한다. (　　　)

8. '수법원지'는 검거된 범인의 인적사항, 인상특징, 수법내용, 범죄사실, 사진, 필적 등을 수록한 기록지 또는 전산입력자료를 말한다. (　　　)

9. **피해통보표는** 피해사건이 발생하여 그 범인이 누구인지 판명되지 아니하였을 때에 해당사건의 피해자, 범인의 인상·신체·기타특징, 범행수법, 피해사실, 용의자 인적사항, 피해품, 유류품 등 수사자료가 될 수 있는 내용을 수록한 기록지 또는 이를 전산 입력한 것을 말한다. (　　　)

10. 수법원지는 해당범인을 수사하거나 조사·송치하는 경찰공무원이 직접 작성하고 작성자가 날인하여야 한다. (　　　)

11. 수법원지는 범죄수법이 구체적으로 표출되도록 기재한다. 인상과 신체적특징(마약중독, 불구, 점, 문신 등)을 정확히 기재한다. 자필란은 반드시 범인이 기재하도록 한다. (　　　)

12. 범인조회는 수법원지, 수사종합시스템(CRIFISS)을 활용하고, 여죄조회는 피해통보표, 형사사법정보시스템(KICS)을 활용한다. (　　　)

13. **협의의 유류품은** 범인이 소지 또는 휴대하고 있었던 흉기, 의류, 휴지 등 범죄현장 및 부근에 유류한 물건을 말하며 범인이 현장에 남겨 놓은 물흔, 차

량흔, 도구흔 등이 포함된다. ( )

14. **유류물은** 지문, 장문, 족문, 탈분 및 정액 등의 신체적인 소산물을 의미한다. ( )

15. **유류품 수사시 착안점으로** 동일성, 관련성, 기회성, 완전성 등을 검토하여야 한다. ( )

☞ 정답: 1번 ~ 15번 모두 O

V. 학습정리

⊙ 범죄수법의 특성

- **반복성(관행성)**: 상습범의 범죄수법은 일정한 정형으로 고정되는 경향이 있다. 개인적 습벽·특징을 가지고 있다.
- **필존성**: 범죄수법은 반드시 현장에 남게 된다. 범죄수법을 남기지 않는 완전범죄는 없다.

⊙ 피해통보표

피해사건이 발생하여 그 범인이 누구인지 판명되지 아니하였을 때에 해당사건의 피해자, 범인의 인상·신체·기타특징, 범행수법, 피해사실, 용의자 인적사항, 피해품, 유류품 등 수사자료가 될 수 있는 내용을 수록한 기록지 또는 이를 전산 입력한 것을 말한다.

⊙ 수법원지

수법범인의 인적사항, 인상특징, 수법내용, 범죄사실, 직업, 사진, 지문번호, 필적 등을 기록한 기록지 또는 이를 전산입력한 것을 말한다.

⊙ 수법조회의 방법

범인조회는 수법원지, 수사종합시스템(CRIFISS)을 활용하고, 여죄조회는 피해통보표, 형사사법정보시스템(KICS)을 활용한다.

제10강

장물 및 알리바이수사

사건사례- '제주판 살인의 추억'으로 불리는 제주 보육교사 살인사건

2009년 2월 8일 오후 1시 50분 제주시 애월읍 고내오름 옆 농업용 배수로에서 이모(당시 27세)씨가 싸늘한 시신으로 발견됐다. 하의는 벗겨진 채 옆으로 누운 상태였다.
부검 결과 발견시점으로 기준 14시간 이내(2월 7일) 사망했다는 부검의 소견이 나왔다. 당시 대기온도는 9.2도, 시신의 직장온도는 13.0도로 시신의 온도가 3.8도 더 높았기 때문이다.
일반적으로 시신은 야외에서 24시간 이상 노출되면 체내 온도가 대기 온도와 같아진다. 반면 경찰은 여러 정황에 비춰 실종 당일(2월 1일) 피해 여성이 사망했다며 다른 의견을 냈다.

수사 초기부터 혼선이 빚어졌다. 사망 시점은 용의자를 특정 짓는데 결정적인 요소였다. 시점이 달라지면 전혀 다른 용의자가 등장할 수 있다. 박씨의 7일 행적은 알리바이가 확실했다.
경찰은 2018년 1월 29일부터 3월 2일까지 범행 현장에서 동물 사체를 이용해 체온 변화 실험을 진행했다. 범행 당시 기온도 습도, 피의자의 의복까지 동일한 조건을 만들었다.
결과는 놀라웠다. 무스탕을 입힌 돼지의 사체 내부 온도가 대기 온도보다 낮아졌다가 다시 높아지는 이상 현상이 나타났다. 일반적 법의학 상식이 깨지는 순간이었다.
경찰은 이씨의 사망시점을 2월 7일 아닌 2월 1일로 특정짓고 2018년 5월 16일 경북 영주시에서 유력 용의자였던 박씨를 긴급 체포한다.

2009년 2월 1일 오전 3시쯤 이씨는 제주시 용담동에서 콜택시에 전화를 했지만 차량은 배치되지 않았다. 1시간 뒤 박씨의 휴대전화 신호는 제주시 애월 광령리 기지국에서 사라진다.
이씨는 용담동의 남자친구 집에서 나설 때 항상 택시를 이용해 집으로 향했다. 당시 남자친구 집에서 거주지인 제주시 애월읍 방향으로 이동하기 위해서는 용해로를 반드시 지나야 했다. 이씨의 통화내역을 토대로 추정한 택시 탑승 시점은 2009년 2월 1일 오전 3시 8분이다. 1분 18초 뒤 차량이 반드시 지나야 하는 용해로 삼거리 CCTV에 쏘나타 택시가 등장했다. 당시 애월로 향하는 길목인 외도 일주도로에는 차량번호 자동판독기(AVNI)가 설치돼 있었다. 이날 오전 3시 14분 AVNI에는 박씨의 차량인 60바58**의 흰색 NF쏘나타가 찍혔다. 외도 AVNI는 용해로삼거리 CCTV와 6.4km 떨어져 있었다. 시간차 5분은 새벽 시간대 일반 택시의 이동 시간과 거의 일치했다.

박씨의 택시가 찍힌 시간을 기준으로 1시간 이내 외도 AVNI를 통과한 차량은 모두 33대였다. 나머지 32대의 알리바이는 확인이 됐다. 이중 흰색 NF쏘나타 차량도 박씨가 유일했다.
오전 3시46분 시신이 발견된 지점을 기준으로 농협유통센터를 지나 제주시로 돌아가는 길목에 또 차량 1대가 포착됐다. 펜션 CCTV에 찍힌 차량은 노란색 캡의 흰색 NF쏘나타였다.
2009년 당시 제주지역 영업택시 중 노란색 캡이 달린 흰색 NF소나타는 18대에 불과했다. 이중 외도 AVNI를 거치고 알리바이까지 명확하지 않은 기사는 사실상 박씨뿐이었다.

미세증거가 등장했다. 2009년 2월 검찰은 박씨의 택시 좌석과 트렁크에서 섬유조직 여러 개를 발견했다. 피해자의 옷에서도 의문의 실오라기들이 등장했다. 2009년 당시에는 미세섬유가 일반적 공산품의 섬유로 판단해 동일성 조사를 제대로 하지 않았다. 10년이 지난 후 국립과학수사연구원은 두 사람의 옷에서 유의미한 결과물을 도출했다. 노출된 적이 없는 여성의 상의와 치마에서 박씨의 남방과 유사한 진청색 섬유가 다수 발견됐다. 택시 운전석과 조수석에는 여성이 입던 무스탕의 목 부분 안쪽의 동물섬유가 확인됐다. 특히 동물섬유는 둥근 유리구슬 형태의 독특한 구조가 일치했다. 공장에서 다량 생산되는 면섬유와 달리 동물 털은 종에 따라 고유한 특성을 지니고 있다. 이를 근거로 두 사람 간 격렬한 접촉이 있었던 것으로 판단했다. 피해 여성의 부검에서도 몸 곳곳에서 몸싸움으로 추정되는 외상 흔적이 발견되기도 했다.

Ⅰ. 학습목표 및 개요

1. 장물수사는 범인 검거 외에 피해자 보호라는 임무도 가지고 있다. 장물수사의 방법과 실행을 알아보자.
2. 범죄현장에는 있지 않았다는 사실을 증명하는 알리바이 수사 활동을 알아보자.

Ⅱ. 장물수사

1. 장물수사

장물수사는 범죄의 피해품을 확정하고 장물의 종류·특징을 명백히 한 후 그 이동경로에 따라서 장물수배, 장물수배서의 발행, 임검조사, 불심검문 등을 행하여 장물 및 범인을 발견하고자 하는 수사를 말한다.

⊙ 중요성

- **합리적 수사의 추진**: 범죄와 범인과의 결부된 관계를 증명할 수 있는 증거
- **피해 회복의 추진**: 피해자의 피해를 회복하여 피해자를 보호할 수 있다.

⊙ 장물의 유통실태 분석·파악

- **정상경로**: 매각(고물상, 소매점, 장물아비, 중고차 매매업소, 가전제품 수리점), 담보(전당포, 사금융업자)
- **비정상경로**: 소비(자기소지, 숙식, 유흥비, 도박밑천), 증여(가족, 애인, 친지), 기타(유실, 폐기, 채무변제 등)

⊙ 평소의 준비사항

- **관계법령의 연구**: 영업관계 법규, 부정품의 취급에 처벌법규
- **제 자료의 정비**: 피해신고의 정확화, 장물수배서 작성의 철저, 피해품대장의 정리, 기타 공조제보 관계자료를 철저히 정비
- 각종 물품에 대한 식별지식의 습득

⊙ 장물수배

- 사진, 도면 또는 동일한 견본 조각 등을 첨부하여 수배한다.
- 피해통보표에 수록·전산입력 한 피해품은 장물수배로 본다.
- 유의사항: 신속한 수배, 외근경찰관 등에 대한 수배, 유통실태에 따른 중점적 수배, 품종·수량에 따른 선별적 수배(취급업자를 선별하여 수배)

⊙ 장물수배서

- **특별중요 장물수배서**: 홍색, 수사본부를 설치 한 사건에 관하여 발부하는 경우 장물수배서이다.
- **중요 장물수배서**: 청색, 중요문화재, 외교사절에 관련된 사건의 피해품, 기타 사회적 영향이 큰 사건의 피해품이다(예: 일본대사관에서 고려청자를 절도한 사건). 살인 및 강도 등의 중요사건에 관한 피해품, 다액절도 또는 특이한 수법이나 상습범이라고 인정되는 침입절도사건의 피해품이다.
- **보통 장물수배서**: 백색, 기타사건
- **장물수배서 발부요령**: 작성자는 경찰서장이다.
- **장물조회**: 형사사법정보시스템(KICS)을 활용하여 피해통보표의 피해품, 고유번호, 품명, 재료 등을 조회한다.

2. 장물수사의 실행

- **일반적 수사**: 피의자 또는 장물을 특정하지 않고 장물수사 대상업자 또는 대상자 등에 대하여 수사를 하고 장물을 발견하여 그것을 단서로 범인을 검거

하려고 하는 수사를 말한다. 장물아비에 대한 수사, 전당포·고물상 등 장물 취급대상업자에 대한 수사, 피해자 확인 등

- **특별수사**: 특정장물의 발견을 목적으로 하거나 또는 특정범인에 관한 장물의 발견을 목적으로 하는 수사를 말한다. 장물수배서 발부, 범인상대 장물수사, 검거한 절도범을 대상으로 여죄발견을 위한 압수·수색 등이다.
- **장물발견 후의 수사**: 그 처분자가 반드시 범인이라고 단정할 수는 없다. 충분한 수사가 필요하다.

Ⅲ. 알리바이수사

범죄혐의자가 범죄가 행하여진 시간에 범죄현장 이외의 장소에 있었다는 사실을 입증함으로써 범죄현장에는 있지 않았다는 사실을 증명하는 범죄현장 부존재 증명으로 알리바이 수사는 피의자가 주장하는 알리바이의 존재여부를 확인하는 수사활동을 말한다.

- **필요성(결정적 반증)**: 직접증거가 없고 정황증거만 있는 경우에는 현장부재증명이 입증되면 결정적 반증이 되어 범죄혐의에서 벗어날 수 있다. 또한 모든 수사의 검토 수단이 된다.
- **알리바이의 종류**: 절대적 알리바이(범죄가 행하여진 시각에는 다른 장소에 있었다), 상대적 알리바이(범죄발생 전·후 시각을 고려하여 범죄현장에 도달하지 못할 것이다.), 위장알리바이(사전에 계획적으로 자기의 존재를 확실히 인상깊게 해놓고 그 사이에 단시간 내에 범죄를 감행하는 경우이다.), 청탁알리바이(가족, 동료, 친지에게 시간·장소를 부탁)

회식장소에서 화장실에 가는 척 하고는 B를 살해하고 태연히 회식장소로 돌아왔다. 살인사건에 대한 수사가 진행되자 A는 범행시간에 회식장소에 있었음을 주장한다.(위장알리바이)

- **알리바이 수사 시 착안점**: 기억의 문제, 기회(가능성)의 문제, 시간과 장소의 문제
- **알리바이 수사의 방법**: 범행일시의 확정, 체류장소 시간확정(용의자가 범행 전에 있었던 장소와 머문 시간), 이동시간의 정확한 측정(도보, 차량 등), 범죄태양의 고찰(계획적인 범행은 알리바이 위장이나 청탁이 필연적이다. 수인이 알리바이 공작에 가담하는 등 교묘한 행위가 행해질수록 진실의 발견은 쉽다.)

Ⅳ. QUIZ 및 정답/해설

1. 장물수배서와 관련하여 그 연결이 올바른 것은?

㉠ 특별중요장물수배서	㉡ 특별장물수배서
㉢ 중요장물수배서	㉣ 보통장물수배서

ⓐ 청색	ⓑ 홍색
ⓒ 백색	ⓓ 흑색

㉮ 수사본부설치사건
㉯ 수사본부를 설치하지 않은 살인, 강도 등 중요사건

① ㉠-ⓑ-㉮ ② ㉡-ⓐ-㉮
③ ㉢-ⓓ-㉯ ④ ㉣-ⓒ-㉯

☞ 정답: 1번

(O · X 문제)

1. **특별중요 장물수배서는** 홍색, 수사본부를 설치 한 사건에 관하여 발부하는 경우 장물수배서이다. ( )

2. 장물수배는 경찰상호간의 의뢰이며, 경찰이 고물상과 전당포 업자에 대하여 장물수배서에 의해 해당 장물의 발견을 의뢰하는 것은 장물수배가 아니고 장물수사에 해당한다. ( )

3. 장물수배서의 발급권자는 경찰서장이다. ( )

4. 장물조회가 이루어지기 위해서는 피해통보표 작성이 선행되어야 한다. ( )

5. 범죄혐의자는 적극적으로 알리바이를 입증(현장부존재증명)하려고 하고 수사기관은 소극적으로 그 알리바이를 파괴(현장존재증명)하는데 주력해야 한다. ( )

6. 범죄발생 전·후 시각을 고려하여 용의자가 도저히 범죄현장에는 도달하지 못할 것이라고 인정되는 경우를 상대적 알리바이라고 한다. ( )

7. 알리바이는 직접증거가 없고 정황증거만 있는 경우 문제된다. ( )

8. 절대적 알리바이는 범죄가 행하여진 시각에는 다른 장소에 있었다. ( )

9. 위장알리바이는 사전에 계획적으로 자기의 존재를 확실히 인상깊게 해놓고 그 사이에 단시간 내에 범죄를 감행하는 경우이다. ( )

10. 수인이 알리바이 공작에 가담하는 등 교묘한 행위가 행해질수록 진실의 발견은 쉽다. (　　　)

☞ 정답: 1번 ~ 10번 모두 O

Ⅴ. 학습정리

⊙ 장물수배서

- **특별중요 장물수배서**: 홍색, 수사본부를 설치 한 사건에 관하여 발부하는 경우 장물수배서이다.
- **중요 장물수배서**: 청색, 중요문화재, 외교사절에 관련된 사건의 피해품, 기타 사회적 영향이 큰 사건의 피해품이다(예: 일본대사관에서 고려청자를 절도한 사건). 살인 및 강도 등의 중요사건에 관한 피해품, 다액절도 또는 특이한 수법이나 상습범이라고 인정되는 침입절도사건의 피해품이다.
- **보통 장물수배서**: 백색, 기타사건
- **장물수배서 발부요령**: 작성자는 경찰서장이다.
- **장물조회**: 형사사법정보시스템(KICS)을 활용하여 피해통보표의 피해품, 고유번호, 품명, 재료 등을 조회한다.

⊙ 알리바이의 종류

- **절대적 알리바이**: 범죄가 행하여진 시각에는 다른 장소에 있었다
- **상대적 알리바이**: 범죄발생 전·후 시각을 고려하여 범죄현장에 도달하지 못할 것이다.
- **위장알리바이**: 사전에 계획적으로 자기의 존재를 확실히 인상깊게 해놓고 그 사이에 단시간 내에 범죄를 감행하는 경우이다.
- **청탁알리바이**: 가족, 동료, 친지에게 시간·장소를 부탁

제11강

조사 및 수사서류 작성

사건사례- "보호자 없이 유인책 써 성추행 혐의 자백받아"

2007년 5월 경기도 수원시의 한 건물 계단에서 편의점 로고가 찍힌 비닐봉투 안에 들어있는 영아의 시신이 발견되자 경찰은 절도죄로 수감돼 있던 B씨가 수원역 근처에서 노숙한 사실을 들어 B씨에게 노숙여성 중 임신한 사람을 밝히라고 추궁했다. B씨는 겁에 질려 'A양과 자신이 아이를 버렸다'고 허위자백했고 경찰은 B씨의 자백을 근거로 A씨를 체포해 보호자의 참여가 없는 상태에서 자백을 받아낸 뒤 A씨를 구속했다. A씨의 어머니는 "딸이 정신지체가 있어 이렇게 긴 문장을 쓸 수 없다"며 경찰에 재조사를 요구했지만 묵살당했다. 하지만, 국립과학수사연구소의 유전자검사 결과 죽은 영아와 A씨 사이에 친자관계가 없다는 결론이 나왔고 경찰은 이에 따라 수사지휘 검사에게 구속취소의견을 냈다. 검사는 국과수에 유전자 재검사를 의뢰하는 한편 사건을 기소의견으로 송치하라고 지휘했다. 검찰은 사건을 송치받은 후 A양 등에 대해 재조사를 실시한 뒤 무혐의처분을 내리고 A양을 석방했다. 그러자 A양과 어머니는 "검찰과 경찰 등 수사기관의 무리한 수사로 피해를 입었다"며 소송을 제기했다.

경찰이 정신지체 장애를 가진 청소년을 상대로 허위자백을 유도하고 구속까지 했다면 국가가 이를 배상해야 한다는 법원판결이 나왔다. 조사과정에서 폭행·협박 등의 유형력 행사가 없었더라도 장애인의 경우 신뢰관계자를 동석시키는 등의 조치를 취하지 않았다면 수사절차상 적법절차위반이라는 이유에서다.

서울중앙지법 민사31단독 최형표 판사는 지난 10일 정신지체 2급 장애인 A(여·17)양과 어머니가 "경찰이 수사과정에서 적법절차를 어겨 피해를 봤다"며 국가를 상대로 제기한 손해배상 청구소송(2009가단99509)에서 "국가는 A양에게 1,500만원, A양의 어머니에게 200만원을 지급하라"며 원고 일부승소 판결했다.

재판부는 판결문에서 "수사기관은 장애인인 피의자를 수사함에 있어 보호자 등의 동석을 요구할 권리가 있음을 사전에 고지해야 함은 물론 나아가 장애인에 대한 조사 전에 장애의 유무나 정도 등을 적극적으로 확인해 장애인이 비장애인과 비교해 진술의 임의성이 실질적으로 확보될 수 있는 여건이 마련된 상황에서 조사를 시행해야 한다"며 "조사를 담당한 경찰관이 A양이 지적장애인이라는 사실을 알았거나 조금만 주의를 기울이면 쉽게 이를 알 수 있었음에도 불구하고 신뢰관계자 동석 등의 법적 절차를 전혀 취하지 않은 채 사건 관련자의 허위자백에 기초해 A양의 자백을 유도한 뒤 구속에 이르게 했다면 조사과정에서 폭행·협박 등의 유형력 행사가 없었더라도 수사절차상 적법절차를 위반한 것"이라고 밝혔다.

Ⅰ. 학습목표 및 개요

1. 범죄사실의 진상을 발견하기 위하여 피의자, 참고인 기타 사건관계인들에게 그 진술을 듣는 수사기관의 조사요령을 확인해 보자
2. 수사기관이 공소를 제기 · 유지하고, 유죄판결을 받게 할 목적으로 스스로 작성하는 수사서류 작성 요령을 알아보자.

Ⅱ. 조사요령

1. 조사요령

조사라 함은 범죄사실의 진상을 발견하기 위하여 피의자, 참고인 기타 사건관계인들에게 그 진술을 듣는 수사기관의 활동을 말한다.

- 조사관 선정: 피조사자가 고급공무원인 경우에는 간부급 조사관을 선정하고, 피조사자가 전과자일 경우에는 경험이 많은 조사관을 선정하여야 한다.
- 기억을 환기하기 쉬운 순서로 질문한다. 즉 사건의 원인, 동기, 준비행위, 실행행위, 사후행위 등의 순서로 질문해야 하며 조사도중 범죄행위와 관계없는 질문을 해서는 안된다.
- 조사실은 커튼 등으로 조사실 내부에서 외부를 바라볼 수 없도록 할 것이다.
- 조사관이 중시하는 것이 무엇인지를 피조사자가 감지하지 못하게 한다.
- 처음부터 사건의 핵심을 찌르지 말고 부드러운 분위기를 조성한 후 점차 범죄사실의 핵심에 들어가는 것이 바람직하다.
- 피의자 심문을 할때에는 진술거부권 고지는 적극적, 명시적으로 하여야 한다. 왜냐하면 진술거부권을 고지하지 않고 작성한 피의자 신문조서는 증거능력이 없다.
- 모순을 추궁할 경우에는 소문다답(단문장답)의 원칙에 따라 처음에는 피조사에게 적게 묻고 많은 진술을 하도록 하고, 세밀하게 몇 번이고 반복하여 질문한다. 모순·불합리한 점을 발견할 때마다 즉시 추궁하지 말고 기회를 보아 한꺼번에 추궁하여야 한다.
- 힌트는 주는 방법은 구체적으로 표시하지 말고 간접적으로 주는 것이 좋다. 힌트를 주는 시기는 진술내용에 모순이 있고 그 심증을 얻은 경우, 기간의 경과 등으로 기억하지 못하여 진술하지 못한 것이 명백한 경우, 자백할 자세를 보이다가 다시 주저하고 있다고 인정되는 경우, 피조사자가 조사관이 아무것도 모르고 있다고 오신하고 있는 경우이다.
- 증거제시는 그 자백이 진실이라고 확인된 뒤에 증거제시하는 것이 원칙이다. 확실한 것만 제시한다. 장물, 범행용구 등은 제시 전에 상대에게 그 모양, 특성, 수량(중량)등을 설명시켜 확인 후에 제시한다.
- 공범자를 조사할 때는 ① 범정이 경한 자, ② 성격이 약한자, ③ 순진한 자, ④ 다변자, ⑤ 감격성이 강한 자 순으로 조사하는 것이 효과적이다.
- 소년범인 촉법소년(10세 이상 14세 미만), 범죄소년(14세 이상 19세 미만) 등에 대해서는 소년, 보호자가 요청할 때에는 경찰관서에 소환하지 않고 경

찰관이 직접 가정, 학교 또는 직장을 방문하여야 한다.
- 피의자만이 알고 있는 사실은 진실성이 높다.
- 참고인 비용은 진술, 통역 및 번역을 마친 때와 검안, 해부 및 감정서를 제출한 때에 지체없이 지급하여야 한다. 그러나 참고인이 허위진술을 하였다고 인정할 만한 상당한 이유가 있거나 진술을 거부하였을 때 참고인 비용을 지불하지 않을 수 있다.

Ⅲ. 수사서류 작성요령

협의의 수사서류는 수사기관이 당해 사건에 관하여 공소를 제기·유지하고, 유죄판결을 받게 할 목적으로 스스로 작성한 서류이다. 또한 수사기관 이외의 자가 작성한 서류로서 수사기관이 수집한 서류 중 내용적 의미만으로 증거로 되는 서류이다.

- 간접증거로는 범행현장에 남은 범인의 지문, 상해사건의 피해자의 진단서이다.
- 수사서류의 작성근거는 ① 형사소송법, ② 범죄수사규칙, ③ 대통령령, ④ 형사소송규칙 등이 있다.
- 피의자 신문조서나 진술조서는 좌측여백에 작성자가 날인하고 우측여백에 진술자가 날인하여 간인한다.
- 수사결과보고서의 검토자가 확신을 가질 수 있도록 혐의유무를 강조하는 수식어(예: '순순히 시인', '충분히 인정', '명백히 증명')를 사용해서는 안된다.

⊙ 송치서류의 작성방법

- 송치서류는 ① 사건송치서 → ② 압수물총목록 → ③ 기록목록 → ④ 의견서 → ⑤ 그 밖의 서류로 한다. (암기: 압기의류)
- 의견서와 그 밖의 서류에는 각 장마다 면수를 기입한다. 의견서의 경우 1장으로 이루어진 때에는 1로 표시하고 2장으로 이루어진 때에는 1-1, 1-2, 1-3

의 방법으로 하여야 한다.

- 죄명은 경합범인 경우에는 가, 나, 다, 순으로 하되, 형이 중하거나 공소시효 장기순으로 한다.
- 미성년자의제강간죄와 같이 피해자의 나이 때문에 성립하거나 가중처벌하는 범죄의 경우는 반드시 연령표시를 하여야 한다.

- 처벌규정, 금지규정이 별도로 규정된 경우는 양자모두 기재한다.
- 간접정범, 총칙상 미수조항, 형의가중·감경규정, 임의적몰수, 추징, 형의 벌금 등 임시조치법은 기재하지 않는다.
- 적용법조 기재순서는 처벌규정-금지규정-공범(형법 제30조, 제31조, 제32조)-상상적 경합범(형법 제40조)-누범(형법 제35조)-실체적 경합범(형법 제37조, 제38조)-몰수, 소년범.(암기: '처지(같은)공범 상상누실 크다.')
- 범죄인지서는 최초 범죄를 인지한 경찰관이 작성한다. 고소·고발·자수·수사지휘는 범죄인지서를 작성하지 않는다. 범죄인지서 작성방법은 ① 피의자 인적사항 → ② 범죄경력 → ③ 범죄사실(범행시간 순서로 기재) → ④ 죄명 및 적용법조 → ⑤ 수사단서 및 범죄 인지경위
- 수사보고서는 원칙적으로 증거능력을 가지지 않는다.

⊙ **수사서류 및 장부의 보존기간**(범죄수사규칙 제277조)

- 25년: 체포·구속인명부, 영상녹화물관리대장, 압수부, 범죄사건부, 수사종결사건철
- 3년: 통신제한조치허가신청부
- 2년: 체포영장신청부, 구속영장신청부, 압수·수색·검증영장신청부

Ⅳ. QUIZ 및 정답/해설

1. 수사결과보고서에 대한 설명으로 가장 옳지 않은 것은?

① 수사결과보고서의 검토자가 확신을 가질 수 있도록 혐의유무를 강조하는 수

식어 (예: '순순히 시인', '충분히 인정', '명백히 증명')를 적절히 사용한다.

② 범죄사실, 적용법조, 증거, 혐의판단 이유 등을 기재한다는 점에서 제1심 판결문과 유사하다.

③ 혐의 유·무에 대한 확신이 서지 않아 서류를 검찰에 보내 검사의 의견을 물어 처리하는 것은 바람직하지 않다.

④ 범죄사실의 작성은 당사자에게는 사실관계를 특정 짓는 시작이 될 수 있으므로 신중하고 정확하게 기재해야 한다.

☞ 정답: 1번

2. 수사결과보고서의 '범죄사실' 작성법으로 가장 옳지 않은 것은?

① 2016년 4월 19일은 2016. 4. 19.로 기재한다.

② '경기 광주시 퇴촌면 가새골길 85 소재 나눔의 집'은 '경기 광주시 퇴촌면 가새골길 85에 있는 나눔의 집'으로 기재한다.

③ 피의자가 1명인 경우 이름을 기재하지 않고 '피의자'라고 쓴다.

④ 피의자가 2명일 경우 피의자 1), 피의자 2) 라고 표현한다.

☞ 정답: 4번

3. 수사결과보고서의 '범죄사실' 작성법으로 가장 옳지 않은 것은?

① 피의자와 죄명이 많아 복잡한 범죄사실은 '피의자별-죄명별-행위의 시간'순으로 정리한다.

② 범죄사실은 구체적 수단·방법의 묘사보다도 시간·장소 등과 같은 주요사실만 간단히 기재하는 것이 바람직하다.

③ '~한 것이다'라는 표현보다는 '~하였다'라는 표현이 자연스럽다.

④ 합동범(예: 특수절도)이나 상습범(예: 상습사기)인 경우 객관적으로 사실을 기재한 다음 구성요건에 맞춘 법률적 평가를 마지막에 한 문장으로 추가하여 기재한다.

☞ 정답: 2번

4. 수사결과보고서의 '수사결과 및 의견' 작성법으로 가장 옳지 않은 것은?

① 피해자, 피의자가 주장하는 모든 내용을 빠짐없이 기재하여야 한다.

② 진술자별로 기재하지 않고 쟁점이 2개 이상인 경우에는 각각의 쟁점을 명확히 밝혀 '다툼이 없는 사실-쟁점1-쟁점2-결론'의 순서를 따르는 것이 바람직하다.
③ 단순히 당사자의 주장을 나열하지 않고 수집·작성한 수사사항을 유기적으로 연결하여 입체적으로 작성한다.
④ 진술조서나 수사보고서를 인용할 때에는 어느 부분인지 명확히 밝히기 위하여 괄호로 쪽수를 표기하는 것이 바람직하다.

☞ 정답: 1번

(O·X 문제)

1. 조사는 기억을 환기하기 쉬운 순서로 질문한다. 즉 사건의 원인, 동기, 준비행위, 실행행위, 사후행위 등의 순서로 질문해야 하며 조사도중 범죄행위와 관계없는 질문을 해서는 안된다. (　　　)

2. 피조사자가 전과자일 경우에는 경험이 많은 조사관을 선정하여야 한다. (　　　)

3. 처음부터 사건의 핵심을 찌르지 말고 부드러운 분위기를 조성한 후 점차 범죄사실의 핵심에 들어가는 것이 바람직하다. (　　　)

4. 모순을 추궁할 경우에는 소문다답(단문장답)의 원칙에 따라 처음에는 피조사에게 적게 묻고 많은 진술을 하도록 하고, 세밀하게 몇 번이고 반복하여 질문한다. (　　　)

5. 증거제시는 그 자백이 진실이라고 확인된 뒤에 증거제시하는 것이 원칙이다. 확실한 것만 제시한다. (　　　)

6. 공범자를 조사할 때는 ① 범정이 경한 자, ② 성격이 약한자, ③ 순진한 자, ④ 다변자, ⑤ 감격성이 강한 자 순으로 조사하는 것이 효과적이다. (　　)

7. 소년범인 촉법소년(10세 이상 14세 미만), 범죄소년(14세 이상 19세 미만) 등에 대해서는 소년, 보호자가 요청할 때에는 경찰관서에 소환하지 않고 경찰관이 직접 가정, 학교 또는 직장을 방문하여야 한다. (　　)

8. **수사서류 및 장부의 보존기간**(범죄수사규칙 제277조)에서 체포・구속인명부, 영상녹화물관리대장, 압수부, 범죄사건부, 수사종결사건철 등은 25년이다. (　　)

☞ 정답: 1번 ~8번 모두 O

Ⅴ. 학습정리

⊙ 송치서류의 작성방법

- 송치서류는 ① 사건송치서 → ② 압수물총목록 → ③ 기록목록 → ④ 의견서 → ⑤ 그 밖의 서류로 한다. (암기: 압기의류)
- 처벌규정, 금지규정이 별도로 규정된 경우는 양자모두 기재한다.
- 적용법조 기재순서는 처벌규정-금지규정-공범(형법 제30조, 제31조, 제32조)-상상적 경합범(형법 제40조)-누범(형법 제35조)-실체적 경합범(형법 제37조, 제38조)-몰수, 소년범.(암기: '처지(같은)공범 상상누실 몰수 하자.')

⊙ 수사서류 및 장부의 보존기간(범죄수사규칙 제277조)

- 25년: 체포・구속인명부, 영상녹화물관리대장, 압수부, 범죄사건부, 수사종결

사건철
- 3년: 통신제한조치허가신청부
- 2년: 체포영장신청부, 구속영장신청부, 압수・수색・검증영장신청부

제 12 강

범죄 및 지문 감식

사건사례- "헝가리 부다페스트 다뉴브강에서 발생한 허블레아니호 침몰 사고 수습 현장에서 한국의 지문감식 기술"

한국 경찰청 신원감식팀은 지난달 31일 헝가리 부다페스트로 급파됐다. 대형 재난 현장에서 전문적인 신원감식을 담당하는 신원감식팀은 시신에서 채취한 지문과 경찰이 보유하고 있는 지문 정보와 대조하는 방식으로 신원을 확인하고 있다. 만 17세 이상 한국 국민일 경우 주민등록증을 만드는 과정에서 지문 정보를 등록하기 때문에 지문을 채취하면 2시간 이내에 신원확인이 가능하다. 헝가리 측은 치과 기록을 이용해, 한국은 지문 채취를 이용해 사망자들의 신원을 확인했다. 주산나 크레이츠 헝가리 경찰청 감시국장은 "헝가리는 이번 사고와 같은 경우 지문 채취에만 7~8일이 걸린다"라며 "한국 경찰이 우리 생각보다 훨씬 쉽게 지문을 재취하는 것에 놀랐다"고 말했다. "사고 당일 수습된 시신은 (지문이) 선명한 상태였다"며 "섭씨 25도 미만에서는 3개월까지 (지문 채취가) 가능하지만 수온이 올라가면서 지문 채취가 가능한 기간이 짧아지고 있다"

한국 수사팀의 지문감식 기술의 우수성은 지난 2004년 12월 태국에서 발생한 쓰나미 사고 현장에서 이미 알려졌다. 당시 한국은 100°C 물에 지문을 담가 순간적으로 팽창시킨 뒤 채취하는 '고온습열처리법'을 이용해 다른 나라보다 빠르게 사망자의 신원을 확인하는 데 성공했다. 이 때문에 미국 연방수사국(FBI)도 한국의 지문감식 기술에 관심을 갖고 기술을 배워가기도 했다.

Ⅰ. 학습목표 및 개요

- 범인을 발견하고 증거를 수집하여 사안의 진상을 밝히는 범죄감식이 무엇인지 알아보자
- 사람이 세상에 가지고 태어난 지문은 어떤 종류가 있으며, 어떻게 구별해야 하는지 알아보자

Ⅱ. 범죄 감식

1. 과학수사

범인을 발견하고 증거를 수집하여 사안의 진상을 밝히는 수사활동에 과학적 지식·기술과 감식시설·장비·기자재 등을 최대한으로 활용하는 수사를 가리킨다.

- **과학을 이용하는 수사**: 사회학, 철학 등 인문과학을 포함하는 광범위한 분야의 과학적 지식과 감식장비·기술을 최대한 활용하는 수사이다.
- 수사방법에 있어 과학적으로 행하는 수사
- 수사법칙에 따른 수사의 추진
- **추론기법 활용**: 과학수사는 연역법, 귀납법 등 추론 기법을 활용한 과학적 방법을 통해 결론을 도출하여야 한다.

2. 범죄감식

현장감식에 의해 수사자료를 발견하고 수집된 수사자료를 과학적으로 분석하여 행하는 수사를 의미한다.

- 과학수사의 중심이 되는 것은 감식수사이다.
- **중요성**: 과학수사의 중추, 범죄의 광역화 및 지능화, 주민 연대의식 약화, 인권의식 향상, 물증확보의 수단
- **자료감식**: 수집된 각종 기초자료를 컴퓨터 등에 수록하여 집중 관리함으로써 필요시 범죄수사에 활용하는 감식이다. ① 지문자료에 의한 신원·범죄경력 확인, ② 피의자 사진에 의한 범인추정, ③ 수법원지에 의한 감식, ④ 족흔적 자료에 의한 용의자 추정
- **기술감식**: 자연과학(법의학, 물리, 화학 등)의 지식·기술 등을 활용하여 경험과 육감으로서 파악할 수 없는 사물을 판별하는 감식이다. 필적감정, 성문감정, DNA 등 채취감정
- 일반적으로 범죄감식은 기술감식을 의미한다.
- 범죄현장에서 타다 남은 섬유조각이 발견된 경우 섬유의 종류를 알기 위해서는 국립과학수사연구소의 화학분석과에 감정을 의뢰해야 한다.

3. 지문감식

지문은 피부가 융기한 선이나 유두선 또는 융선이라 정의되나 통상적으로 손가락 말절장측부(지두내면) 융선의 문형을 지문이라 호칭하고 있다. 우리나라는 함부르크식 분류법을 따르고 있으나 주로 영미법계에서는 헨리식 븐류법이 널리 사용되고 있다.

- 지문은 인간뿐만 아니라 원숭이이나 침팬지 등도 갖고 있다.

- **특성**: 만인부동(일란성 및 네 쌍둥이도 모두 다르다), 종생불변(그 사람의 일생을 통하여 변화되지 않는다)
- **현장지문**: 범죄현장에서 범인의 것으로 의심되어 채취한 지문으로 피의자로부터 직접채취한 지문과 구별된다. 현재지문(육안으로 식별), 잠재지문(육안으로 식별되지 않음)
- **준현장지문**: 범인의 침입경로, 도주경로 및 예비장소 등에서 발견된 지문 또는 전당포 등에 비치된 거래대장에 압날된 지문 등 피의자 발견을 위하여 범죄현장 이외의 장소에서 채취한 지문을 말한다.
- **관계자지문**: 현장지문 또는 준현장지문 중에서 범인 이외의 자(피해자, 현장 출입자 등)가 남긴 것으로 추정되는 지문이다.
- **유류지문**: 현장지문 또는 준현장지문 중에서 관계자 지문을 제외하고 남은 지문이다. 유류지문은 범인의 지문일 가능성이 많다. 공범자의 지문도 유류지문에 해당한다.
- **갑종제상문**: 제상문의 삼각도의 위치가 우수에는 우측, 좌수에는 좌측에 있다.
- **을종제상문**: 제상문의 삼각도의 위치가 우수에는 좌측, 좌수에는 우측에 있다.
- **와상문**: 지문의 중심부가 한 바퀴 이상 돌아가는 와상선, 원형으로 생긴 환상선, 말발굽 같은 제상선 혹은 기타 융선이 독립적으로 또는 혼합하여 형성되어 둥글게 돌아가는 지문이다. 삼각도가 좌측과 우측에 있다(2개).
- **변태문**: 궁상문, 제상문, 와상문 중 어느 것에도 속하지 않는 문형으로서 점과 단선 기타 구불구불하게 특이한 융선으로 형성된 지문이다.

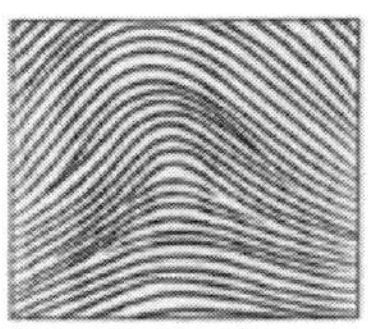
궁상문

제상문

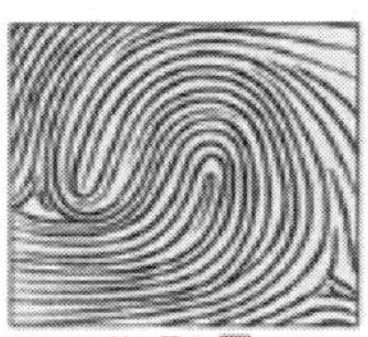
쌍기문

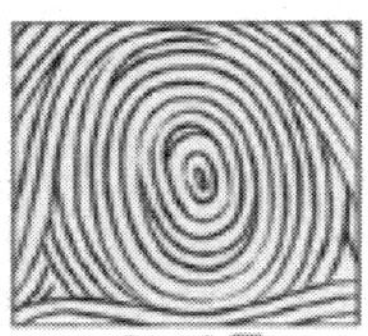
와상문

4. 지문의 분류방법(함부르크식 분류법)

- 궁상문(1)
- 갑종제상문(2)

- 을종제상문

내단과 외단사이의 가상의 직선에 접촉된 융선의 수를 기준으로 한다. 7개 이하(3), 8～11개(4), 12～14개(5), 15개 이상(6)

- 와상문

추적선과 우측 표준점 사이의 융선 수를 기준으로 한다.
상류와상문(우측각 위로 흘러 융선의 수가 4개 이상. 7)
중류와상문(우측각 위, 아래로 흘러 융선수가 3개 이하. 8)
하류와상문(우측각 아래로 흘러 융선의 수가 4개 이상. 9)

- 변태문: 궁상문, 제상문, 와상문 중 어느 것에도 속하지 않는 문형이다. (9에 점을 찍는다)
- 절단문: 지두절단(0)
- 손상문: 손상된 지문(0에다 점을 찍는다)

지문의 채취 순서: 시지, 중지, 환지, 소지, 무지의 순서로 한다. 주민등록증 뒷면에 날인된 지문은 해당자의 우수무지의 지문으로 10개의 번호 중 맨 끝의 번호가 주민등록증에 날인된 지문의 분류번호이다.

Ⅲ. 지문 감식

1. 현재지문

- **먼지에 인상된 경우**: 사진촬영에 의한 방법, 전사판에 의한 방법, 실리콘러버법(부패한 변사체의 지문이나 공구흔 채취에 주로 활용되며 검체가 구면체, 또는 요철면체일 때 적합한 방법이다. 실리콘러버법으로 채취한 지문은 역지문으로 정상지문으로 환원하는 작업이 필요하다)

2. 잠재지문

- **고체법**: 쇄모법, 롤(ROLL)법, 분사(Spray)법 (사용검체에 따른 분말을 살펴보면, 어두운색은 은색분말, 밝은색은 흑색분말, 황·청색은 적색분말을 사용한다)
- **액체법**: 닌히드린용액법(땀속에 함유되어 있는 아미노산(단백질)과 반응을 이용하여 자청색의 발색반응을 하는 방법, 전기다리미로 1분간 가열, 지문이 검출되면 사진촬영 한다(전사법을 활용하지 못한다)

초산은용액법(땀 속에 들어 있는 염분과 반응을 시켜 3분간 태양광선에 쬐어서 보라색(자색)으로 지문을 검출한다.

- **기체법**

° 옥도가스법(옥도가스〈요오드가스〉를 사용하여 분비물의 지방분을 다갈색으로 착색시켜 지문을 검출하는 방법이다.)

° 강력순간접착제법(본드의 증기에 의해 지문속에 함류되어 있는 염분, 지방분, 단백질 등과 화학반응을 일으켜서 백색의 잠재지문을 검출하는 방법이다. 전사판으로 채취하거나 사진촬영한다.),

° 오스믹산용액법(오스믹산의 증기에 의해 지문의 분비물에 화학반응을 일으켜서 흑색의 잠재지문을 검출하는 방법이다. 습기있는 지류, 장기간 경과된 지문, 나뭇잎사귀 등에 이용한다.)
° 진공금속지문채취기법(금과 아연을 증발시켜 도금의 형식으로 증거물에 입힘으로써 잠재지문을 현출한다)

3. 복식검출법

- 2가지 이상의 채취방법을 혼합하여 채취하는 방법이다.
- 광선이용→ 기체법→분말법→닌히드린용액법→초산은용액법 이다.

Ⅳ. QUIZ 및 정답/해설

1. 현장지문의 증명력 확보에 관한 다음 설명으로 적절치 못한 것은?
   ① 현장지문은 소송법상 간접증거라고 볼 수 있다.
   ② 현장지문은 범인의 지문이므로 지문을 통해 신원이 확인되면 바로 용의자로 특정한다.
   ③ 전사판에 현장지문을 채취할 경우 뒷면에 필요한 사항을 기입하여야 한다.
   ④ 채취보고서를 작성하고 채취한 지문에 대해서 전부 일련번호를 매긴다.

☞ 정답: 2번

2. 과학수사팀 O 경사는 절도 범죄현장에서 범인이 피해자 주택에 침입시 만진 것으로 추정되는 창문유리조각에서 잠재지문을 채취하고자 한다. 가장 적당한 방법은 무엇인가?
   ① 분말법 ② 닌히드린 용액법
   ③ 초산은 용액법 ④ 옥도가스에 의한 채취법

☞ 정답: 1번

3. 잠재지문의 채취법 중 미세한 분말을 지문이 인상되었다고 생각되는 물체에 도포(塗布)해서 분비물에 부착시켜 검출하는 방법을 무엇이라고 하는가?
   ① 고체법 ② 액체법
   ③ 기체법 ④ 강력순간접착제법

☞ 정답: 1번

4. 고체법에 대한 설명으로 타당하지 않은 것은?
   ① 흑색, 은색, 형광분말이 주로 사용된다.
   ② 밝은색의 검체에는 은색분말을 사용하면 효과적이다.
   ③ 모필(毛筆)로 지문 융선을 따라서 가볍게 쓸면서 검출한다.
   ④ 과다한 분말을 일시에 도포하여 불선명한 지문이 되지 않도록 한다.

☞ 정답: 2번

5. 닌히드린(Ninhydrin) 용액법에 대한 설명으로 타당하지 않은 것은?
   ① 땀속에 함유된 아미노산에 닌히드린을 작용시켜 자청색 또는 보라색의 발색반응을 시키는 방법이다.
   ② 검체의 상태에 따라 적시거나 도포한 후 전기다리미로 10~20초간 가열시킨다.
   ③ 닌히드린 용액이 증발한 후 담배라이터나 성냥불로 가열시킨다.
   ④ 닌히드린 용액을 도포한 후 그 부분을 손으로 만져서는 안 된다.

☞ 정답: 3번

6. 잠재지문 현출기법과 현출되는 색깔을 잘못 연결한 것은?
   ① 닌히드린용액법 - 자청색 ② 옥도가스법 - 다갈색
   ③ 강력순간접착제법 - 백색 ④ 오스믹산법 - 황색

☞ 정답: 4번(흑색)

(O · X 문제)

1. 과학수사는 연역법, 귀납법 등 추론 기법을 활용한 과학적 방법을 통해 결론을 도출하여야 한다. (　　　)

2. 자료감식은 수집된 각종 기초자료를 컴퓨터 등에 수록하여 집중 관리함으로써 필요시 범죄수사에 활용하는 감식이다. ① 지문자료에 의한 신원·범죄경력 확인, ② 피의자 사진에 의한 범인추정, ③ 수법원지에 의한 감식, ④ 족흔적 자료에 의한 용의자 추정 등이 있다. (　　　)

3. **준현장지문은** 범인의 침입경로, 도주경로 및 예비장소 등에서 발견된 지문 또는 전당포 등에 비치된 거래대장에 압날 된 지문 등 피의자 발견을 위하여 범죄현장 이외의 장소에서 채취한 지문을 말한다. (　　　)

4. **유류지문은** 현장지문 또는 준현장지문 중에서 관계자 지문을 제외하고 남은 지문이다. 유류지문은 범인의 지문일 가능성이 많다. 공범자의 지문도 유류지문에 해당한다. (　　　)

5. **갑종제상문은** 제상문의 삼각도의 위치가 우수에는 우측, 좌수에는 좌측에 있다. (　　　)

6. **와상문은** 지문의 중심부가 한 바퀴 이상 돌아가는 와상선, 원형으로 생긴 환상선, 말발굽 같은 제상선 혹은 기타 융선이 독립적으로 또는 혼합하여 형성되어 둥글게 돌아가는 지문이다. 삼각도가 좌측과 우측에 있다. (　　　)

7. **지문의 채취 순서는** 시지, 중지, 환지, 소지, 무지의 순서로 한다. (　　　)

8. 을종제상문은 내단과 외단사이의 가상의 직선에 접촉된 융선의 수를 기준으로 한다. 7개 이하(3), 8~11개(4), 12~14개(5), 15개 이상(6)이다. (　　)

9. 중류와상문은 우측각 위, 아래로 흘러 융선수가 3개 이하이고 8번이다. (　　)

10. 실리콘러버법은 부패한 변사체의 지문이나 공구흔 채취에 주로 활용되며 검체가 구면체, 또는 요철면체일 때 적합한 방법이다. (　　)

11. 사용검체에 따른 분말을 살펴보면, 어두운색은 은색분말, 밝은색은 흑색분말, 황·청색은 적색분말을 사용한다. (　　)

12. 옥도가스법은 옥도가스〈요오드가스〉를 사용하여 분비물의 지방분을 다갈색으로 착색시켜 지문을 검출하는 방법이다. (　　)

13. 오스믹산용액법은 오스믹산의 증기에 의해 지문의 분비물에 화학반응을 일으켜서 흑색의 잠재지문을 검출하는 방법이다. 습기있는 지류, 장기간 경과된 지문, 나뭇잎사귀 등에 이용한다. (　　)

14. 복식검출법은 광선이용→ 기체법→ 분말법→ 닌히드린용액법→ 초산은용액법 순서 이다. (　　)

☞ 정답: 1번 ~ 14번 모두 O

V. 학습정리

⊙ **준현장지문**: 범인의 침입경로, 도주경로 및 예비장소 등에서 발견된 지문 또는 전당포 등에 비치된 거래대장에 압날된 지문 등 피의자 발견을 위하여 범죄현장 이외의 장소에서 채취한 지문을 말한다.

⊙ **관계자지문**: 현장지문 또는 준현장지문 중에서 범인 이외의 자(피해자, 현장 출입자 등)가 남긴 것으로 추정되는 지문이다.

⊙ **유류지문**: 현장지문 또는 준현장지문 중에서 관계자 지문을 제외하고 남은 지문이다. 유류지문은 범인의 지문일 가능성이 많다. 공범자의 지문도 유류지문에 해당한다.

⊙ **지문의 분류방법**

- 궁상문(1)
- 갑종제상문(2)
- 을종제상문: 7개 이하(3), 8~11개(4), 12~14(5), 15개 이상(6)
- 와상문: 상류와상문(7), 중류와상문(8), 하류와상문(9)
- 변태문: 9에 점이 있음
- 절단문: 지두절단(0)
- 손상문: ⊙

제 13 강

족흔적 감식 및 법의 혈청학

사건사례- "족흔적 추적"

2005년 10월 9일 오전 3시 20분쯤 서울 관악구 봉천동 8-18번지 2층 수애원에서 2명의 중상자 발생. 같은 달 19일 오전 5시20분 봉천 10동 반 지하방에서 1명 사망, 1명 중상자 다시 발생. 2006년 3월 27일 오전 5시 2분쯤 봉천 8동 1554-35 2층에서 2명 사망. 1명 중상 등 봉천동에서 연이은 3건의 연쇄살인 및 살인미수 사건이 발생했다.
사건 현장에 투입된 과학수사요원들은 봉천 8동 사건현장의 방문 손잡이에서 지문감식 작업을 벌여 벌집문양의 장갑 흔적을 찾아냈다. 피해자 김00, 변00의 상처 부위 크기 및 방향성 형태를 추정, 분석한 결과 파이프 렌치 등 무게감 있는 공구용 둔기가 사용되었다는 점도 확인하게 된다.

수사요원들은 족흔적 검색시스템으로 범인이 P상표의 운동화를 신고 있었다는 또 다른 단서도 확보했다. 경찰은 이 사건의 피의자 정남규(38)가 단순강도사건 현행범으로 체포될 당시 버렸던 범행도구(파이프 린치, 장갑)를 감식하다가 그것이 서남부지역 연쇄 살인사건의 범행도구와 일치함을 알게 됐다.
또한 봉천동 살인사건 현장에서 채취한 장갑흔, 족적 등이 피의자의 것과 동일하다는 사실도 알아냈다. 확보된 증거를 토대로 피의자를 추궁한 끝에 서남부지역 등 18건의 연쇄살인 및 강도상해 사건은 피의자 한 사람에 의해 저질러진 단독 범행임을 밝혀냈다.
이 사건은 피의자가 "현장에 증거물을 남긴 것이 실수였다"는 말을 할 정도로 완벽한 과학수사의 승리로 기록되고 있다. 결국 정남규는 총 25건의 강도상해 및 살인행각을 벌여 13명을 살해하고 20명에게 중상을 입힌 혐의로 구속 기소된 뒤 지난

12일 대법원 3부에 의해 사형이 확정됐다.

광의의 족흔적 범위는 보행흔, 타이어흔, 도구흔, 치흔, 기타 다른 물건에 의해 인상된 모든 흔적을 말한다. 협의의 족흔적이란 사람 발에 의해 인상된 흔적, 즉 신발흔, 양말흔, 맨발의 흔적(족문) 등을 말한다.
족흔적이 현장에 남겨진 경우 의미하는 것은 상황에 따라 다르긴 하지만 여러 가지의 상황을 설명해 준다. 족흔적의 개수에 따라 공범여부를 확인, 용의자의 출입구와 도주로를 파악, 범행 시 용의자의 동선을 파악할 수 있다. 동일족흔적 감정 업무에서 가장 중요한 것은 신발의 크기와 마모 상태이다. 신발의 마모상태에 영향을 주는 것은 몸무게, 걸음의 형태, 그리고 직업 등을 고려할 수 있다. 걸음의 형태로 보면 바닥에 발을 디딜 때 앞바닥이 먼저 닿는 사람도 있고, 뒷굽이 먼저 닿는 사람도 있다. 또한 팔자걸음, 안짱걸음 등 걸음걸이의 형태에 따라 신발 바닥이 닳는 정도와 형태가 다르다. 가장 많이 사용되는 방법이 전사판을 이용한 채취, 의류나 이불 등 가죽이나 천 재질에 유류된 족흔적을 정전기 족흔적 채취기를 이용해서 채취하는 방법, 진흙이나 눈 위에 유류된 족흔적의 경우에는 석고를 이용하여 채취하는 방법, 혈흔 족흔적은 혈흔반응 시약으로 처리한 후 사진촬영 및 전사판을 이용하여 채취하는 방법 등이 있다.

휴대용 가변 광성기는 가시광선의 파장을 바꿔 범죄 현장에서 육안이나 기존 장비로는 전혀 불가능했던 족흔을 찾아내고, 족흔적 채취기는 발견한 족흔을 암실 원리를 이용, 깨끗하게 촬영하는 데 이용된다 .

Ⅰ. 학습목표 및 개요

1. 족흔적은 그 형상, 마멸, 파손 등의 특징이 각각 상이하기 때문에 범죄수사 자료 및 피의자의 범행 입증자료로서 범죄수사상 매우 중요하다.
2. 혈청학은 항원과 항체의 특이한 반응을 기본원리로 하는 학문이다.

Ⅱ. 족흔적 감식

족흔적이란 범인이 범죄현장에 남겨 놓은 보행흔적(족적)은 물론 범행에 사용했던 차량의 타이어 흔적과 도구흔 및 다른 물건에 의해 인상된 모든 흔적을 말한다. 지문, 필적, 인영, 탄흔, 혈흔은 족흔적이 아니다.

⊙ 족흔적 검색 및 발견방법

- **사광선 이용**: 족흔적을 형성하는 토사, 먼지 등을 미세한 융기부분에 사방향으로 부터 광선을 비추어 생기는 그림자에 의해 족흔적을 발견할 수 있다.
- **정전기 발생장치의 이용**: 방바닥, 마루바닥, 방석, 의자커버, 이불 위, 융단 등에 인상된 잠재족적을 정전기 발생장치에 의해 검색한다.

⊙ 족흔적 채취방법

- **사진촬영법**: 입체흔, 평면흔 등 모든 흔적은 우선 사진촬영 후 다른 방법으로 행하는 것이 원칙이다.
- **석고채취법**: 모래, 진흙, 연토, 눈 위에 입체상태로 인상된 입체족흔적을 채취할 때 쓰이는 방법이다. 경사진 곳의 흔적에 대해서는 주입구를 낮은 곳에 형성하여 석고액이 낮은 곳에서 높은 곳으로 서서히 주입되도록 한다.
- **젤라틴(jelatin)**: 나무판, 유리, 비닐장판, 마루바닥, 아스팔트, 콘크리트상의 평면족흔적을 채취할 때 쓰이며 우선 사진촬영한 다음에 전사함이 원칙이다.
- **실리콘러버법**: 실리콘에 촉매(경화제)를 혼합하여 이것을 흔적면에 가볍게 발라주어 채형하는 방법으로 주로 도구흔을 채취할 때 사용한다.
- **희미한 혈흔 족적 검출법**: 눈으로 잘 볼 수 없는 혈흔 족적, 혈흔 지문 등을 각종 시약을 사용하여 감청색, 감녹색으로 선명하게 발색시켜 채취하기 위하여 페놀프타렌용액, 벤지딘시약, 무색마라카이트 그린 시약(LMG), 오르쏘탈리딘용액을 사용한다.

- **희미한 흙먼지흔 검출법**: 토사, 진흙 등과 같이 철분이 함유되어 있는 물질에 의해 종이, 헝겊, 나무판 또는 장판 위에 희미하게 유류된 시약(치오시안산염)에 의해 적갈색으로 발색시켜 채취하는 방법이다.

Ⅲ. 법의 혈청학

법의 혈청학은 법의학의 검사대상 중 인체에서 유래되는 각종 증거물을 혈청학적인 실험방법에 의하여 감정 및 연구하는 학문이다. 혈액형의 판정결과는 범죄수사를 위한 범인의 색출 및 개인식별에 활용되고 있다.

⊙ **법의 혈청학의 대상**: 혈액(혈흔), 타액(타액반), 정액(정액반), 모발, 땀, 대소변, 기타 인체배설물, 골격, 치아. 인체의 장기편

혈액(혈흔)

혈흔으로 혈액형, 성별, DNA분석 등이 가능하다.

⊙ **혈흔검사의 방법**: 육안관찰 → 혈흔예비시험 → 혈흔확인시험 → 인혈증명시험 → 혈액형검사

① **육안관찰**

② **혈흔 예비시험**: 육안으로 혈흔 미발견할 경우에는 루미놀시험(형광색 반응), 블루스타 시약 을 사용하고, 육안으로 혈흔을 발견할 경우에는 무색마라카이트 그린 시험(녹색반응)한다. 루미놀 시험, 무색 마라카이트 그린 시험은 혈흔뿐만 아니라 우유, 커피, 녹슨 쇠, 정액 무즙 등과도 반응하므로 양성반응이 나타날지라도 혈흔으로 단정해서는 안 된다.

정액(정액반)

정액의 법의학적 증명은 성범죄 수사에 있어서 유력한 증거가 된다. 정자는 여

성의 질내에 36시간 또는 72시간까지 생존한다.

⊙ **정액검사의 방법**: 육안관찰 → 자외선조사에 의함(암실에서 자외선으로 조사하면 형광을 발함) →결 정형성시험

① 냉장상태로 운반하기 곤란할 때에는 청결한 거즈에 묻혀 그늘에서 건조시켜 종이봉투 또는 파라핀지에 포장하여야 한다.

② 부패된 시체에서는 정자의 검출이 불가능하다.

모발

① 모발로 확인가능한 사항: 유전자 검사(모근부착), 연령검사.

② 인체에서 직접 채취할 때에는 모발뿌리(모근)까지 채취하여야 하고, 모발을 절단하여 채취하는 경우 가능한 두피에 가깝게 절단하는 것이 바람직하다.

타액

① 범죄현장에 유류된 타액을 이용하여 범인의 혈액형 판단, 남녀식별이 가능하다.

② 과일 등에 이빨의 형태가 남아 있는 경우에는 거즈 등으로 타액을 흡입시키고 실리콘 러버로서 치흔을 채취하여야 한다.

③ 자외서검사(타액부착 유무 확인), 전분소화효소 검출시험(타액확인시험), 사람타액증명시험, 혈액형 검사 가능

대 · 소변

① 분뇨검사에 의해 혈액형 감별, 범인의 생활환경, 섭취음식물의 종류 식별, 사건의 종류 및 상황추정 등이 가능하다.

② 감정목적에 따라 채취방법이 달라진다.

◦ 혈액형 감별- 대변의 표면에서 채취

◦ 섭취음식물의 종류 감별- 대변 내부의 것을 채취

◦ 기생충의 감별- 대변의 각 부분을 조금씩 채취

③ 자외서검사(타액부착 유무 확인), 전분소화효소 검출시험(타액확인시험), 사람타액증명시험, 혈액형 검사 가능

Ⅳ. QUIZ 및 정답/해설

1. 족흔적의 보존에 대한 설명으로 틀린 것은?
   ① 사건 관계자나 경찰관 등의 부주의나 비바람 등에 의해 변형, 훼손되지 않도록 적절한 보호조치를 취한다.
   ② 신발 커버를 착용하면 유류되어 있는 족흔적을 밟더라도 훼손되지 않으므로 현장에 임장하는 경찰관은 반드시 신발커버를 착용하도록 한다.
   ③ 가능한 한 현장에는 통행판을 설치하여야 하나 통행판이 없을 시에는 박스나 복사용지를 깔아 최대한 잠재 족흔적을 보호하도록 한다.
   ④ 발견된 족흔적은 가능한 한 빨리 사진 촬영 후 채취하고, 나중에 채취할 경우에는 증거물임을 표시하는 등 보존조치를 철저히 해야 한다.

☞ 정답: 2번

2. 다음과 같은 사건에 있어서 형사 D가 족적(신발흔)채취를 위해 준비해야 하는 것으로 가장 적당한 것은?

> 절도범 C는 눈이 많이 내린 겨울 새벽 3시 서울 도심에 있는 부유층 주택에 사다리를 놓고 담을 넘어 신발을 벗고 맨발로 안방 창문을 통해 침입한 후 현금 2백만원, 다이아몬드 반지 등을 절취·도주하였다.

① 젤라틴　　② 석고
③ 실리콘　　④ 벤지딘 시약

☞ 정답: 2번

3. 강도범 C는 강남의 부유층 집의 가스배관을 타고 침입하여 거실을 지나 안방으로 가서 남녀를 포박하고 재물을 강취한 후 도주하였다. 이 경우 거실 바닥에 있는 족

흔적 채취에 활용할 수 있는 방법은?

① 석고채취법 ② 실리콘러버법
③ 젤라틴전사법 ④ 정전기채취법

☞ 정답: 3번

4. 법의혈청학의 방법으로 감정할 수 없는 사항은?

① 혈액, 타액, 정액, 땀 ② 골편, 치아
③ 농약의 성분 ④ 대·소변

☞ 정답: 3번

5. 혈흔검사를 할 때의 순서로 맞는 것은?

① 혈흔예비시험- 혈흔확인시험- 인혈증명시험- 혈액형검사
② 혈흔확인시험- 혈흔예비시험- 인혈증명시험- 혈액형검사
③ 혈흔증명시험- 혈흔예비시험- 혈흔확인시험- 혈액형검사
④ 혈흔확인시험- 인혈증명시험- 혈흔예비시험- 혈액형검사

☞ 정답: 1번

(O·X 문제)

1. 루미놀 시험은 어두운 곳에서 이루어지는 혈흔 예비검사이다. (　　　)

2. 정자는 여성의 질내에 36시간 또는 72시간까지 생존한다. (　　　)

3. 유동성 정액은 청결한 거즈에 묻혀 그늘에서 건조 한다. (　　　)

4. **사광선 이용은** 족흔적을 형성하는 토사, 먼지 등을 미세한 융기부분에 사방향으로부터 광선을 비추어 생기는 그림자에 의해 족흔적을 발견할 수 있다. (　　　)

5. **석고채취법은** 모래, 진흙, 연토, 눈 위에 입체상태로 인상된 입체족흔적을 채취할 때 쓰이는 방법이다. (　　　)

6. **젤라틴(jelatin)은** 나무판, 유리, 비닐장판, 마루바닥, 아스팔트, 콘크리트상의 평면족흔적을 채취할 때 쓰이며 우선 사진촬영한 다음에 전사함이 원칙이다. (　　　)

7. **법의 혈청학의 대상은** 혈액(혈흔), 타액(타액반), 정액(정액반), 모발, 땀, 대소변, 기타 인체배설물, 골격, 치아. 인체의 장기편 등이다. (　　　)

8. **혈흔검사의 방법은** 육안관찰 → 혈흔예비시험 → 혈흔확인시험 → 인혈증명시험 → 혈액형검사 등 순서이다. (　　　)

9. 과일 등에 이빨의 형태가 남아 있는 경우에는 거즈 등으로 타액을 흡입시키고 실리콘 러버로서 치흔을 채취하여야 한다. (　　　)

10. 혈액형 감별에서 대변은 표면에서 채취 해야 한다. (　　　)

☞ 정답: 1번 ~ 10번 모두 O

Ⅴ. 학습정리

⊙ **족흔적 채취방법**

- **사진촬영법**: 입체흔, 평면흔 등 모든 흔적은 우선 사진촬영 후 다른 방법으로 행하는 것이 원칙이다.
- **석고채취법**: 모래, 진흙, 연토, 눈 위에 입체상태로 인상된 입체족흔적을 채취할 때 쓰이는 방법이다. 경사진 곳의 흔적에 대해서는 주입구를 낮은 곳에 형성하여 석고액이 낮은 곳에서 높은 곳으로 서서히 주입되도록 한다.
- **젤라틴(jelatin)**: 나무판, 유리, 비닐장판, 마루바닥, 아스팔트, 콘크리트상의 평면족흔적을 채취할 때 쓰이며 우선 사진촬영한 다음에 전사함이 원칙이다.
- **실리콘러버법**: 실리콘에 촉매(경화제)를 혼합하여 이것을 흔적면에 가볍게 발라주어 채형하는 방법으로 주로 도구흔을 채취할 때 사용한다.

⊙ **법의 혈청학의 대상**: 혈액(혈흔), 타액(타액반), 정액(정액반), 모발, 땀, 대소변, 기타 인체배설물, 골격, 치아, 인체의 장기편

제 14 강

유전자 감식 및 법화학

사건사례- "유병언 변사사건"

유병언은 2014년 6월 12일 전남 순천 송치재 인근 밭에서 변사체로 발견
국과원은 독극물에 의한 사망 여부를 확인하기 위해 유병언 회장의 간과 폐, 근육 등 감정물을 일반독물과 마약류, 케톤체류 등으로 감정했다. 사인 분석에서 뱀 등 맥독성 동물에 의한 중독 또는 약물에 의한 사망 가능성은 낮아 배제됐다

간과 폐는 모두 음성 반응을 보였고 근육은 케톤체류의 경우에만 음성 반응을 보였으며 나머지는 반응이 나타나지 않았다.

당시 국과수 원장은 목 등 질식사 가능성, 지병 등에 의한 사망 가능성, 멍 등 외력에 의한 사망 가능성 등을 모두 분석했으나 시신이 심하게 부패하고 내부장기가 소실된 탓에 사인을 판명하지 못했다고 설명했다.

시신이 발견된 현장에서 수거한 증거물들에서 DNA를 분석한 결과 소주병과 스쿠알렌병에서 유병언 회장의 DNA가 검출됐다고 밝혔다. 유병언 회장 주변에서 발견된 술병들에서는 약독물이 검출되지 않았다.

또한 부검을 통해 확인한 좌측 대퇴골 길이와 추정 신장, 왼쪽 둘째 손가락 끝마디뼈 결손, 치아 및 DNA 분석 결과 변사체가 유병언 회장이 맞다고 확인했다.
또 유병언 회장이 불과 17~18일 만에 반 백골화 상태가 될 수 있느냐는 논란에 대해서도 충분히 가능한 일이라고 밝혔다.

Ⅰ. 학습목표 및 개요

디엔에이신원확인정보의 이용 및 보호에 과한 법률에 근거한 DNA지문 분석법은 고도의 기술을 필요로 한다. 감식이 가능한 시료와 양, 증거물 채취 및 보존 요령을 확인한다.

또한 가스중독사건, 비소·수은 중독사건, 본드류 흡입사건, 음주 후 교통사고, 폭발물 사건, 폐수오염여부 등 다양한 범죄사건의 발생시 증거 제시 및 사건의 공정한 해결을 위해 자연과학의 전반적인 지식을 응용하는 감정방법을 살표보고자 한다.

Ⅱ. 유전자 지문 감식

1. 유전자와 유전자지문

1) **유전자(DNA)**: 생물의 생명현상에 대한 정보가 포함된 화학물질인 디옥시리보핵산(Deoxyribonucleic acid, DNA)을 말한다. 부모의 특징이 자식에게 전해지는 것을 유전이라고 하고 이와 같은 일을 맡아 하는 것을 유전자라고 하는데 유전자의 본체, 즉 유전적 성질을 지배하는 물질이 DNA이다.
2) **DNA 지문**: DNA단면인 '미니새터라이트' 부위의 패턴은 개인에 따라 고도의 특이성을 나타내어 마치 손가락의 지문과도 같이 천차만별이기 때문에 디엔에이지문이라고 한다. DNA지문은 일란성 쌍둥이만이 동일하다. 1개의 DNA시료를 사용했을 때 두사람이 똑같을 가능성을 보일 확률은 약 3억분의 1 이하이다.

3) **DNA 감식시료**: 사람의 혈액, 타액, 모발, 구강점막 등 DNA 감식의 대상이 되는 것을 말한다.
4) **DNA 감식**: 개인 식별을 목적으로 DNA 중 유전정보가 포함되어 있지 아니한 특정 염기서열 부분을 검사·분석하여 DNA 신원확인정보를 취득하는 것을 말한다.
5) **DNA 신원확인정보**: 개인 식별을 목적으로 DNA 감식을 통하여 취득한 정보로서 일련의 숫자 또는 부호의 조합으로 표기된 것을 말한다.
6) **DNA 신원확인데이터베이스 제도**: DNA신원확인정보의 이용 및 보호에 관한 법률이 제정됨에 따라 살인, 강도, 강간, 약취, 유인 등 재범의 가능성이 높거나 강력범죄로 발전할 가능성이 높은 일정 범죄를 저지른 사람의 DNA신원확인정보를 미리 확보·관리하는 DNA신원확인정보데이터베이스 제도를 도입됨. 범죄자 DNA 데이터베이스 제도를 세계에서 최초로 도입한 나라는 영국이다.(1995. 4월 도입)

2. 유전자지문 감식을 필요로 하는 사건

DNA지문 분석법은 고도의 기술을 필요로 하며, 또한 시약 등 비용이 고가이므로 반드시 다음과 같은 경우에 한하여 DNA지문 분석을 의뢰해야 한다.

1) 사건에서 혈액형이 동일한 피해자와 피의자가 모두 피를 흘려 흉기 또는 의복 등에 묻은 혈흔이 과연 누구의 피인지를 반드시 식별할 필요가 있는 경우
2) 강간피해자인 여성과 피의자의 혈액형이 동일하면서 현장에서 검출된 정액이 과연 피의자의 정액인지 증명을 필요로 하는 경우
3) 혈액형 검사만으로 친생자유무가 증명되지 않은 경우
4) 토막 시체 유기사건에서 토막난 시체조직들이 동일인의 조직인지를 식별할 필요가 있을 경우

3. 유전자지문 감식이 불가능한 시료

1) 대 · 소변(사람의 혈액이 혼합되어 배출된 특수한 경우는 가능), 모근없는 두모, 타액(구강세포 있는 경우는 가능)
2) 용혈된 혈액, 부패 · 희석 · 오염된 혈흔 · 혈액 · 정액(반), 오래방치된 장기조직편 등에서는 DNA분석이 불가능할 때가 많다. 신발 밑창은 땀이 흡수되어 있으므로 유전자 채취가 가능하다.

4. DNA지문 감식에 필요한 시료의 양

신선혈흔 및 정액반(DNA증폭실험의 경우 1cm × 1cm 크기), 인체조직 5g, 모근부착 머리카락 최소한 3개 이상, 혈액 2ml 이상

5. 유전자지문 감식을 위한 증거물 채취 및 보존요령

1) **유동혈액**: 항응고제인 EDTA가 들어 있는 시험관에 채혈하여 서늘한 곳에 보관 · 운반한다. 빠른 시간 내에 면천조각 또는 거즈에 전사하여 그늘에서 완전히 건조시킨 다음에 종이봉투에 넣어 운반한다.
2) **정액**: 성폭력사건 감식에 있어 정액을 채취할 때 질 내부의 경우 마른 면봉을 사용하고, 다른 신체부위는 생리식염수를 적신 면봉을 사용하되 최소 면봉 3개 이상 채취해야 한다.
3) **모발**: 뿌리세포가 다치지 않도록 주의를 기울여 채취 · 운반해야 한다. 백골사체에서 시료를 채취할 때는 대퇴부 부위 4cm 정도를 절단하여 의뢰하는 것이 바람직하다.

※ 루미놀시약이나 정액반 여부를 검사하는 SM테스트 시약은 너무 많이 분무하면 DNA분석에 장애가 되므로 최소량을 사용하는 것이 좋다.

Ⅲ. 법 화학

가스중독사건, 비소·수은 중독사건, 본드류 흡입사건, 음주후 교통사고,폭발물 사건, 폐수오염여부 등 다양한 범죄사건의 발생시 증거 제시 및 사건의 공정한 해결을 위해 자연과학의 전반적인 지식을 응용하는 감정기법이다.

1. 화학적 감정의 대상물질

1) **유해 화학 물질**: 화학물질관리법에 규정되어 있으며, 원소와 화학반응에 의하여 생성되는 물질을 말한다. 주 감정대상 화학물질은 알코올류(메틸알코올, 에틸알코올), 청산류, 산·알카리류, 살서제류(쥐약), 유해성 금속류(비소, 수은, 납, 크롬 등), 할로겐화 탄산수소, 환각성 유기 용매류, 연료용 가스류(액화석유가스, 액화천연가스 등), 일산화탄소, 유화수소 등
2) **폭발성 물질**: 폭약류, 뇌관화약류, 화학가스 등
3) **환경 오염 물질**: 각종 산업체에서 배출되는 폐수 및 폐기물에 의한 농작물 및 양어장의 피해 여부나 상수도원의 오염 및 폐기물의 종류·성분 등에 대한 감정

☞ 각종 유해화학물질의 특징

① **에틸알콜**: 치사량은 혈중알콜농도 0.5%이며, 호흡억제로 사망한다.

② **청산류**: 청산, 청산칼륨, 청산나트륨 등이 있으며, 세포내 산화환원기능에 장애를 가져와 호흡마비로 인하여 사망에 이르고 치사량은 0.2~0.3g이다.

③ **일산화탄소**: 미량에서도 조직내 헤모글로빈과 결합하여 CO-Hb를 형성하므로 혈액의 산소운동 능력을 저하시켜 조직내 산소결핍을 초래한다. 급성 중독으로 사망하면 혈액과 더불어 시체얼룩이 빨간색을 띤다. 혈액이 분석시료로 가장 적당하다.

④ **프로판가스**: 액화석유가스(LP가스)는 프로판가스로 공기보다 1.5~2배 정도 비중이 높아 평온한 대기에서 아래쪽으로 가라앉는 성질이 있다. 순수한 LP 가스는 무색, 무취하나 가정용 연료는 메카탄을 첨가하여 마늘냄새가 난다. 프로판가스를 액상으로 접촉시 화상 또는 동상의 위험이 있다.

⑤ **아비산**: 금속류 중 대표적인 독물로서 유리산업, 세라믹 및 유기비소 화합물체 등에 이용되고 약 80%는 살서제나 살충제로 이용되며, 치사량은 경구투입시 약 0.1~0.3g이다.

※ 감정시 시료채취 방법

① **유해화학물질**: 위 내용물(약100g 정도 채취), 혈액(순환혈액을 50ml 이상 채취), 소변(전량을 채취), 모발과 손톱채취

② **휘발성 물질 흡입사건**: 휘발을 방지할 수 있도록 밀봉 포장하여야 한다.

③ **교통사고**: 채취된 운전자의 유동혈액은 부패 및 응고방지처리를 하여 송부하여야 한다.

④ **환경오염사고**: 폐수인경우에는 세척된 용기에 4ℓ 정도 채취 후 채취연월일, 장소, 수역명칭 및 생산품목 등 참고가 될 자료를 명시하여 송부하여야 한다.

2. 약독물 감정(독극물)

1) **부식독(腐蝕毒)**: 조직에 접촉되면 단백질을 괴사시켜 국소적인 부식을 초래하는 독물, 산(황산, 염산, 질산, 초산 등), 강 알칼리(양잿물), 페놀

2) **실질독(實質毒)**: 속찬기관의 세포에 침범해 대사를 장애하고 여러 조직실질의 변성괴사를 일으킴, 수은, 황인, 아비산, 승홍

3) **효소독(酵素毒)**: 특이한 효소계에 특이적으로 작용(ATP생성저해 등)하는 독물, 황화수소, 유기인제류(parathion 등)

4) **혈액독(血液毒)**: 체내에 흡수되어 혈액 중 헤모글로빈과 결합하여 두통, 현기증, 구토, 안면홍조, 호흡곤란, 체온강화, 경련, 의식불명 등의 증상을 거쳐

내부 질식으로 사망, 청산, 청산가리, 청산소다, 유화수소, CO(일산화탄소)

5) **신경독(神經毒)**: 중추신경계의 기능을 장애하는 독물, 에테르, 클로로포름, 복어독, 수면제, 알코올(에탄올, 메탄올), 알카로이드 류

※ 약독물 감정대상

① **의약품**: 로라제팜, 디아제팜 등의 신경안정제들은 거의 대부분이 향정신성의 약품으로 지정되어 있고 이것들을 다량복용하면 위험하다. 수면제 등 독실아민은 쉽게 구할 수 있는 성분으로서 이로 인해 사망하는 경우가 많다.

② **마취제류**: 에테르, 크로로포름 등

③ **복어독**: 복어의 알이나 내장 중에 있는 데트로도톡신이라는 성분은 독성이 매우 강하며 미량만 먹어도 사망에 이르는 물질이다.

④ **독성한약**: 독성 한약재에는 부자(천오두, 초오), 스코폴리아근(량탕근, 미치광이풀), 호미카(마전자) 등의 알칼로이드 함유식물들이 있다.

※ 약독물 감정물 채취요령

① **자·타살 사건**: 사건현장에서는 음독약물이나 음식물의 잔여품, 구토물,용기, 약포장지 등 독물이 함유 또는 부착되었을 것으로 사료되는 모든 물건을 채취토록 한다. 감정 목적이 약물, 독물, 일산화탄소 등의 가스중독사 여부나 주취 정도를 측정할 경우 감정물에 어떠한 물질도 첨가해서는 안된다. 매장되었던 시체에서 채취할 경우 관의 내부에 칠한 페인트류, 관의 외측 위·아래 흙 등도 대조 시험용으로 채취한다.

② **중독치사 사건**: 의료 및 약화사고 시비사건의 경우에는 치료에 사용되었던 모든 조제약, 주사약, 수액세트, 주사기 등과 조제약에 대한 처방전을 함께 송부한다.

③ **가스중독**: 일산화탄소 중독사의 경우 가장 좋은 시료는 혈액이다.

④ **한약재 진위여부**: 웅담, 우황, 녹용 등의 진위여부는 충분량의 시료(약200g)와 진품을 함께 송부한다.

⑤ **농약류**: 양어장이나 음용수에 살포된 경우 오염되지 않은 유리병이나 플라스

틱 병에 충분한 양(100ml 이상)의 물을 채취해야 하며 물고기를 채취할 경우 물고기의 내장이나 아가미를 채취해야 한다.

Ⅳ. QUIZ 및 정답/해설

1. DNA 증거물 채취에 대한 설명이다. 옳은 것은 모두 몇 개인가?

A. 현장에서 발견된 혈액, 혈흔은 DNA감정을 의뢰할 수 있는 좋은 시료이다.
B. 정액이나 정액반은 육안으로 식별이 어려우므로 성폭력사건 등의 현장에서는 정액이 검출될 가능성이 있는 증거물을 수거하여 그대로 감정 의뢰하는 것이 효과적이다.
C. 성폭력사건 감식에 있어 정액을 채취할 때 질 내부의 경우 마른 면봉을 사용하고, 다른 신체부위는 생리식염수를 적신 면봉을 사용하되 최소 면봉 3개이상 채취해야 한다.
D. 백골사체에서 시료를 채취할 때는 대퇴부 부위 4cm 정도를 절단하여 의뢰하는 것이 바람직하다.
E. DNA 감정물을 의뢰할 때는 가능하면 피해자와 용의자, 사건 관련자들의 혈액이나 구강세포 등 대조증거물을 의뢰하면 신속하게 구분할 수 있어 수사에 도움이 된다.
F. 모발을 채취할 경우에는 모근 부위가 있는 모발이 바람직하다.

① 3개 ② 4개
③ 5개 ④ 6개

☞ 정답: 4번

2. DNA분석을 위한 증거물 채취요령으로 타당하지 않은 것은?
① 혈흔은 생리식염수를 깨끗한 거즈에 소량 적신 다음 채취·건조시켜서 통풍이 잘되는 규격봉투에 넣어 신속히 송부해야 한다.
② 혈흔이 부패하거나 높은 열에 노출되지 않도록 각별히 주의를 요한다.
③ 혈흔 예비시험에 사용되는 루미놀 시약은 충분히 사용하여야 유전자형 분석이 용이하다.
④ 정액반 여부를 검사하는 예비시약인 SM테스트 시약은 최소량을 사용하는 것이 바람직하다.

☞ 정답: 3번
루미놀 시약을 너무 많이 분무하면 유전자형 분석에 장애가 되므로 최소량을 분무하는 것이 바람직하다.

3. DNA 유전자 지문에 관한 기술로 틀린 것은?
① DNA분석이 가능한 시료는 사람혈흔, 혈액, 정액 및 정액반, 모발, 기타 장기 조직편이다.
② 혈흔과 정액반을 건조된 상태에서 냉장고에 보존했다 하더라도 1~2년 경과하였다면 DNA 분석이 불가능한 것이 일반적이다.
③ 1개의 DNA 시료를 사용했을 때에 두 사람이 똑같을 가능성을 보일 확률은 약 3억분의 1 이하이다.
④ DNA는 사람마다 천차만별이나 일란성 쌍둥이만은 동일하다.

☞ 정답: 2번
혈흔과 정액반은 건조된 상태에서 냉장고에 보관했을 경우 1~2년 경과한 후에도 DNA분석이 가능하다.

(O · X 문제)

1. DNA지문은 일란성 쌍둥이만이 동일하다. 1개의 DNA시료를 사용했을 때 두사람이 똑같을 가능성을 보일 확률은 약 3억분의 1이하이다. (　　)

2. DNA지문감식에 필요한 시료는 신선혈흔 및 정액반(DNA증폭실험의 경우 1cm × 1cm 크기), 인체조직 5g, 모근부착 머리카락 최소한 3개 이상, 혈액 2ml 이상이다. (　　)

3. **유동혈액은** 항응고제인 EDTA가 들어 있는 시험관에 채혈하여 서늘한 곳에 보관·운반한다. 빠른 시간 내에 면천조각 또는 거즈에 전사하여 그늘에서 완전히 건조시킨 다음에 종이봉투에 넣어 운반한다. (　　)

4. 루미놀시약이나 정액반 여부를 검사하는 SM테스트 시약은 너무 많이 분무하면 DNA분석에 장애가 되므로 최소량을 사용하는 것이 좋다. (　　)

5. 에틸알콜의 치사량은 혈중알콜농도 0.5%이며, 호흡억제로 사망한다. (　　)

6. 아비산은 금속류 중 대표적인 독물로서 유리산업, 세라믹 및 유기비소 화합물체 등에 이용되고 약 80%는 살서제나 살충제로 이용되며, 치사량은 경구투입시 약 0.1～0.3g이다. (　　)

7. 부식독(腐蝕毒)은 조직에 접촉되면 단백질을 괴사시켜 국소적인 부식을 초래하는 독물, 산(황산, 염산, 질산, 초산 등), 강 알칼리(양잿물), 페놀 등이 있다. (　　)

8. 로라제팜, 디아제팜 등의 신경안정제들은 거의 대부분이 향정신성의약품으로 지정되어 있고 이것들을 다량복용하면 위험하다. 수면제 등 독실아민은 쉽게 구할 수 있는 성분으로서 이로 인해 사망하는 경우가 많다. (　　)

9. 웅담, 우황, 녹용 등의 진위여부는 충분량의 시료(약200g)와 진품을 함께 송부한다. (　　)

10. 법화학은 가스중독사건, 비소・수은 중독사건, 본드류 흡입사건, 음주후 교통사고,폭발물 사건, 폐수오염여부 등 다양한 범죄사건의 발생시 증거 제시 및 사건의 공정한 해결을 위해 자연과학의 전반적인 지식을 응용하는 감정기법이다. (　　)

☞ 정답: 1번 ～ 10번 모두 O

Ⅴ. 학습정리

⊙ 유전자지문 감식을 위한 증거물 채취 및 보존요령

① **유동혈액**: 항응고제인 EDTA가 들어 있는 시험관에 채혈하여 서늘한 곳에 보관·운반한다. 빠른 시간 내에 면천조각 또는 거즈에 전사하여 그늘에서 완전히 건조시킨 다음에 종이봉투에 넣어 운반한다.

② **정액**: 성폭력사건 감식에 있어 정액을 채취할 때 질 내부의 경우 마른 면봉을 사용하고, 다른 신체부위는 생리식염수를 적신 면봉을 사용하되 최소 면봉 3개 이상 채취해야 한다.

③ **모발**: 뿌리세포가 다치지 않도록 주의를 기울여 채취·운반해야 한다. 백골사체에서 시료를 채취할 때는 대퇴부 부위 4cm 정도를 절단하여 의뢰하는 것이 바람직하다.

※ 루미놀시약이나 정액반 여부를 검사하는 SM테스트 시약은 너무 많이 분무하면 DNA분석에 장애가 되므로 최소량을 사용하는 것이 좋다.

⊙ 감정시 시료채취 방법

① **유해화학물질**: 위 내용물(약 100g 정도 채취), 혈액(순환혈액을 50ml 이상 채취), 소변(전량을 채취), 모발과 손톱채취

② **휘발성 물질 흡입사건**: 휘발을 방지할 수 있도록 밀봉 포장하여야 한다.

③ **교통사고**: 채취된 운전자의 유동혈액은 부패 및 응고방지처리를 하여 송부하여야 한다.

④ **환경오염사고**: 폐수인 경우에는 세척된 용기에 4ℓ 정도 채취 후 채취연월일, 장소, 수역명칭 및 생산품목 등 참고가 될 자료를 명시하여 송부하여야 한다.

⑤ **한약재 진위여부**: 웅담, 우황, 녹용 등의 진위여부는 충분량의 시료(약

200g)와 진품을 함께 송부한다.

⑥ **농약류**: 양어장이나 음용수에 살포된 경우 오염되지 않은 유리병이나 플라스틱 병에 충분한 양(100ml 이상)의 물을 채취해야 하며 물고기를 채취할 경우 물고기의 내장이나 아가미를 채취해야 한다.

제 15 강

법물리학 및 기타 과학수사

사건사례- "거짓말탐지기 검사 (심리생리검사), 자신을 무시했다는 이유로 아내를 살해"

11시 30분께 고양시 내 한 주상복합아파트 거실에서 2살과 5살 자녀가 집에서 자고 있는 사이 안방에서 아내를 살해했다.
경찰은 당시 별거 중이던 남편인 이씨를 용의자로 지목했으나 알리바이를 풀기 힘들고 마땅한 증거도 찾을 수 못하자 거짓말 탐지기 조사결과와 미세증거 등으로 압박, 이씨의 범행일체를 자백 받았다.

이씨는 경찰조사에서 "연상의 아내가 무직상태로 공인중개사 시험을 준비하는 자신에게 '능력 없는 놈 꺼져라'는 등 막말을 퍼붓고 무시하는 처사에 화가 났다"며 "아내의 복부를 발로 차고 목을 졸라 살해했다"고 진술했다. 그러면서 "연상의 아내가 무직상태로 공인중개사 시험을 준비하는 자신에게 '능력 없는 놈 꺼져라'는 등 막말을 퍼붓고 무시하는 처사에 화가 났다", "아내의 복부를 발로 차고 목을 졸라 살해했다"

심리생리검사에 대해 "심리생리분석기(폴리그래프 등)에 의해 사람의 심리변화에 따른 혈압, 맥박, 호흡, 피부 전류저항 및 뇌파 변화 등을 측정, 기록한 후 그 기록의 해석으로 진술의 사실 여부를 추론하는 심리분석기법을 말한다", 대검찰청 예규에는 검사 결과의 정확성을 담보하기 위해 '임산부, 지적 장애인, 정신분열증 환자에 대해선 검사를 할 수 없다고 규정하고 있다. 아울러 '극도의 피로상태에 있거나 충분히 자지 아니하여 그 의식이 불명료한 때' 등 검사를 받는 사람의 심리적·정신적 상태가 불완전한 경우 검사를 하지 않을 수 있다.

거짓말탐지기 검사의 정확도는 90% 이상으로서 최고 97%에 이른다고 알려져 있다. 하지만 좀더 깊이 생각해 보면 정확도가 97%라 하더라도 산술적으로 100명 중 3명은 잘못된 결과가 나올 수 있다는 것이다. 검사 대상이 1,000명으로 늘어나면 30명, 1만명이면 300명에 대해 잘못된 결과가 나올 수 있다는 의미도 될 수 있어 거짓말탐지기 검사 결과를 맹신하는 것은 위험하다.

일반적으로 거짓말탐지기 검사 결과는 재판에서 유죄의 증거로 사용되지 않는다. 보다 엄밀히 말하면 대법원에서는 일정한 요건이 충족되면 거짓말탐지기의 검사 결과에 대해 증거능력을 부여할 수 있다는 입장이지만 현실적으로 이를 모두 충족하기는 쉽지 않기 때문이다.
대법원은 ① 거짓말을 하면 반드시 일정한 심리상태의 변동이 일어나고, ② 그 심리상태의 변동은 반드시 일정한 생리적 반응을 일으키며, ③ 그 생리적 반응에 의해 피검사자의 말이 거짓인지 아닌지가 정확히 판정될 수 있다는 세 가지 전제 요건이 충족돼야 한다고 판시한 바 있다.

Ⅰ. 학습목표 및 개요

1. 물체를 감정하여 필적과 인영, 총기발사흔, 치흔, 윤적, 지문, 족적, 의류상의 흉기흔, 공구흔, 충격흔 파괴흔 등 여러 가지가 있다. 이러한 흔적흔을 감정하여 물체의 동일성 여부 등을 확인하는 것이다.
2. 거짓말 탐지기 등 과학수사 방법을 소개하고자 한다.

Ⅱ. 법물리학

1. 물리학 감정

법과학에서 어떤 물체를 감정하여 그 물체가 어떠한 종류의 것인지, 동일한지, 변형된 원인이 무엇인지, 흔적이 어떻게 형성된 것인지, 두 흔적이 동일한지 등 수사상 필요한 의문점을 알아내는 방법을 말한다.

① **물체의 동일성 감정**: 수거되는 휴지, 섬유, 장갑, 포박용 철사, 나일론 끈 등 현장에 유류된 물체와 용의자가 가지고 있는 관련된 물체와의 동일 여부는 범인임을 증명하는 결정적 증거가 될 수 있다. 또한 두 감정물이 한 개의 물체이었는데 분산된 것인지를 감정의뢰하고자 할 때에는 수거된 전량을 손상이나 변형 없이 송부하여야 한다. 섬유동일성 감정에 있어서 증거물이 미량인 경우에는 특히 오염에 유의하여 스카치테이프 등으로 고정하여 송부한다.

② **동적흔적**: 형태와 상호접촉에 의하여 부착될 수 있는 물질의 비교 검사가 병행된다. 흉기흔, 공구흔, 충격흔, 필적이 있다.

③ **정적흔적**: 흔적의 형태만의 비교도 가능하다. 인영, 윤적, 지문, 총기발사흔, 족적, 치흔이다.

2. 문서감정

① 평소 필적이 대조자료로서 가장 적합하므로 충분히 수집하여 의뢰한다.

② 감정자료를 시필자에게 보여주거나 읽히지 말고 읽어주며 용의자가 그 내용을 입으로 따라 말하면서 받아쓰도록 한다.

③ 필적감정의 검토: 자획구성의 검토, 자획형태의 검토, 필압의 검토, 필세의 검토(속도), 배자의 검토(위치), 오자·오용이 검토, 필순의 검토

3. 성문감정

① 각 개인마다 특성이 있어서 충분한 양의 음성만 확보되면 교묘하게 남의 목소리를 흉내 내더라도 본래 목소리의 기본적인 특징을 찾아낼 수 있다.
② 녹음테이프를 감정의뢰하는 경우에는 원본을 복사하여 복사본을 의뢰기관이 보관하도록 하고 반드시 원본을 감정의뢰 한다. 녹음된 테이프를 감정의뢰 할 때에는 녹음에 사용된 기기 및 방법을 명시하고, 녹음내용을 기록한 녹취서를 작성하여 동봉한다.
③ 소음이나 주변음이 녹음되어 있고 그에 관한 정보가 있다면 제공한다.

4. 총기감정

① 현장에서 발사물의 수집 시 많은 인원의 공동작업을 피하고 적은 인원이 침착하게 수집하여야 한다.
② 수사관은 현장에서 총기확인시험 등을 피하고 전문가 지시에 따라야 한다.
③ 바닥에 총기를 떨어뜨린 자국이 있거나 총공 내에 흙이나 기타 이물질이 들어있는 경우에는 자살을 뒷받침해 주는 단서가 된다.
④ 수사관은 총기에 의한 손상부위가 오염되지 않도록 하여야 하며, 핏자국이 있는 의복은 포장 전에 건조시켜야 한다.
⑤ 탄환에 의한 식별에서 강선수가 6조 우선이라면 범인이 군인일 가능성이 크다. 강선의 꼬임이 좌선일 경우에는 사제총기류이고 우선일 경우와 구경이 0.30일 경우에는 군용 소총류로 판단된다.

Ⅲ. 기타 과학수사

1. 거짓말탐지기(Polygraph, 폴리그래프) 수사

정신적 동요로 인한 생리적 변화의 과정에서 일어나는 심장의 움직임과 혈압, 맥박의 변화 및 전류에 대한 피부저항도의 변화와 호흡운동의 변화상태 등을 기록하여 진술의 진위를 발견하고자 하는 수사이다.

① **일반검사:** 피검사자가 부인하는 진술의 진위를 자료없이 반복 확인하는 검사로서 검사하고자 하는 사건의 개요와 진술조서를 첨부하여 의뢰하면 된다.
② **자료검사:** 사건과 관련되어 피검사자에게 공개되지 않은 유형·무형의 자료가 있을 때 실시하며, 이 자료를 이용하여 범행관련 여부를 알아내는 검사법으로 일반검사 후 자료가 있을 때 병행하게 된다.
③ 검사의 타당도와 신뢰도를 위하여 동일한 질문내용을 3회 이상 질문하여야 한다.
④ 거짓말 탐지기 검사의뢰는 가능한 한 수사의 초기단계에서 하여야 한다.

2. 슈퍼임포즈 감정법(Superimposition methode)

슈퍼임포즈감정법(영상중첩법)은 물건 위에 물건을 겹치어 간다는 사진상의 용어로서, 이중으로 겹치는 방법을 말하며 법의학적으로 활용되어 시체의 신원을 확인하는 방법으로 사용되고 있다.

① 두개골만으로 두형, 봉합의 상황, 치아의 소견 등을 상세히 검사한 후에 신장, 체격, 성별, 외상 등을 검사해야 한다.

② 열차사고, 항공기 추락사고, 대형 화재사고, 부패로 백골화된 시체 등의 신원을 확인하는데 많이 활용된다.

3. 몽타주의 작성

① 목격자의 목격상태가 어느 정도인지 충분히 인터뷰를 통해 체크한 뒤 사람을 선정하는 것이 바람직하다. 목격자가 다수일 경우 그 중 정확히 목격한 사람, 용의자의 정면 얼굴을 여러 번 보면서 대화를 나누었던 사람, 밝은 장소나 낮에 목격한 사람이다.

② 수사종합시스템 및 인근주민 사진 등을 사전에 목격자에게 열람시키면 범인의 인상과 혼동하게 되어 기억이 흐려지게 되므로 반드시 사진 등을 열람하기 전에 작성을 의뢰하여야 한다.

4. 법최면수사

범죄현장에서 사건해결의 단서는 없고, 피해자나 목격자조차도 시간의 경과나 공포, 당황, 흥분, 어둠 등의 여건으로 범죄당시의 상황을 제대로 기억하지 못할 때 최면을 이용하여 기억을 재생케 함으로써 수사의 단서를 제공하거나, 수사의 방향설정에 도움을 주기 위하여 사용되어지는 수사기법이다.

① 법최면은 수사목적상 적합하다고 판단되는 경우에 한하여, 피최면자가 동의할 경우에만 실시하여야 한다. 다만, 피의자나 용의자를 대상으로 실시하여서는 아니된다.(과학수사기본규칙 제31조)

② 극도의 주의를 하지 않으면 의도적이든 의도적이 아니든 최면술사에 의하여 거짓자료가 나올 수 있는 위험성이 있다.

Ⅳ. QUIZ 및 정답/해설

1. 문서의 감정방법과 그 특징을 설명한 것으로 타당하지 않은 것은?
   ① 불명문자(不明文字)의 경우 광학적 방법이나 화학적 검사방법을 이용하여 문자를 검출・해독할 수 있다.
   ② 개인필적의 항상성과 희소성을 전제로 자료를 대조함에 있어 필세, 필압, 배자형태, 필순, 자획구성 등에 주목하여 감정한다.
   ③ 워드문자감정에는 워드활자의 도안, 크기, 배열상태, 활자 간의 간격, 프린트 기종 등에 따른 차이점을 관찰하는 방법으로 감정한다.
   ④ 복사본도 필적의 기필부분이나 종필부분에서 나타나는 운필상의 미세한 특징을 비교함으로써 감정하는 데 적합하다.

☞ 정답: 4번
사본은 필적의 기필부분이나 종필부분에서 나타나는 운필상의 미세한 특징 등이 나타나지 않는 경우가 많으므로 감정자료로서는 적합하지 않다

2. P경찰서 형사팀장이 피해자의 집에 사랑의 편지를 계속 쓰면서 괴롭혀온 용의자를 검거하여 시필(詩筆)을 작성하도록 시킨 경우 그 내용으로 틀린 것은?
   ① 필적감정을 위해서는 감정자료와 대조할 수 있는 대조자료를 수집해야 한다.
   ② 받아 적을 내용을 수사관이 직접 낭독해 주고 용의자가 꼭 그 내용을 입으로 따라 말하도록 하면서 적도록 하여야 한다.
   ③ 기재조건을 변경하면 자연스러운 필적을 볼 수 없으므로 용의자에게 바른 자세로 시필을 작성하게 해야 한다.
   ④ 시필은 10통 이상 작성토록 하고 반드시 말미 부분에 작성일자와 자신의 서명을 쓰도록 한다.

☞ 정답: 3번
시필을 수집하는 경우 받아 적을 내용을 수사관이 직접 낭독해 주고 용의자가 꼭 그 내용을 입으로 따라 말하면서 적도록 하여야 하며(인간의 뇌는 각기 다른 두가지 동작을 하게 되면 뇌에 혼란이 와서 자연히 평소 습성이 나타남), 기재조건을 변경해서(서서, 앉아서, 엎드려서, 누워서 등) 받아야 한다.

3. 협박전화의 수사에 사용되는 성문(聲紋)에 대한 설명으로 타당하지 않은 것은?
   ① 음파는 사람마다 독특해서 음성분석기로 성문을 감정할 수 있다.
   ② 제2차 대전 당시 미군군이 적의 무전병 목소리를 분석한 적이 있다.
   ③ 범인이 남의 목소리를 흉내 내면 성문이 타인처럼 변하여 버린다.
   ④ 성문분석은 미국, 일본, 영국 등의 법정에서 증거로 채택되고 있다.

☞ 정답: 3번

4. 거짓말탐지기를 이용한 검사에 관한 설명으로 옳지 못한 것은?
   ① 거짓말탐지기 검사는 일반검사와 자료검사로 구분한다.
   ② 자료검사 중 유형의 자료검사는 피검사자에게 수사 시 공개된 자료를 가지고 검사하게 된다.
   ③ 무형의 자료검사는 별도의 준비자료 없이 단어를 열거하여 하는 검사이다.
   ④ 일반검사는 피검사자가 부인하는 진술의 진위를 자료없이 반복 확인하는 검사이다.

☞ 정답: 2번(유형의 자료검사는 사용될 자료가 피검사자에게 공개되지 않은 것이어야 한다.)

5. 거짓말탐지기 검사에서 피검사자(被檢査者)에 해당하는 사람은?
   ① 혐의가 있어 수사를 받는 용의자만을 말한다.
   ② 참고인, 목격자 등은 제외한다.
   ③ 죄증이 확실한 피의자만을 말한다.
   ④ 사건과 관련된 용의자, 피의자, 참고인 등 모든 사람을 말한다.

☞ 정답: 4번(사건과 관련된 용의자, 피의자, 참고인 등을 가리지 않는다.)

(O · X 문제)

1. 감정자료를 시필자에게 보여주거나 읽히지 말고 읽어주며 용의자가 그 내용을 입으로 따라 말하면서 받아쓰도록 한다. (　　　)

2. 녹음테이프를 감정의뢰하는 경우에는 원본을 복사하여 복사본을 의뢰기관이

보관하도록 하고 반드시 원본을 감정의뢰 한다. (　　　)

3. 탄환에 의한 식별에서 강선수가 6조 우선이라면 범인이 군인일 가능성이 크다. (　　　)

4. **일반검사는** 피검사자가 부인하는 진술의 진위를 자료없이 반복 확인하는 검사로서 검사하고자 하는 사건의 개요와 진술조서를 첨부하여 의뢰하면 된다. (　　　)

5. 거짓말 탐지기 검사의뢰는 가능한 한 수사의 초기단계에서 하여야 한다. (　　　)

6. 슈퍼임포즈감정법(영상중첩법)은 물건 위에 물건을 겹치어 간다는 사진상의 용어로서, 이중으로 겹치는 방법을 말하며 법의학적으로 활용되어 시체의 신원을 확인하는 방법으로 사용되고 있다. (　　　)

☞ 정답: 1번 ~ 6번 모두 O

Ⅴ. 학습정리

⊙ 성문감정

① 각 개인마다 특성이 있어서 충분한 양의 음성만 확보되면 교묘하게 남의 목소리를 흉내내더라도 본래 목소리의 기본적인 특징을 찾아낼 수 있다.

② 녹음테이프를 감정의뢰하는 경우에는 원본을 복사하여 복사본을 의뢰기관이 보관하도록 하고 반드시 원본을 감정의뢰 한다. 녹음된 테이프를 감정의뢰할 때에는 녹음에 사용된 기기 및 방법을 명시하고, 녹음내용을 기록한 녹취서를 작성하여 동봉한다. 소음이나 주변음이 녹음되어 있고 그에 관한 정보가

있다면 제공한다.

⊙ **거짓말탐지기(Polygraph, 폴리그래프) 수사**

① **일반검사**: 피검사자가 부인하는 진술의 진위를 자료없이 반복 확인하는 검사로서 검사하고자 하는 사건의 개요와 진술조서를 첨부하여 의뢰하면 된다.

② **자료검사**: 사건과 관련되어 피검사자에게 공개되지 않은 유형·무형의 자료가 있을 때 실시하며, 이 자료를 이용하여 범행관련 여부를 알아내는 검사법으로 일반검사 후 자료가 있을 때 병행하게 된다.

③ 검사의 타당도와 신뢰도를 위하여 동일한 질문내용을 3회 이상 질문하여야 한다.

④ 거짓말 탐지기 검사의뢰는 가능한 한 수사의 초기단계에서 하여야 한다.

제 16 강

법의학

사건사례- "마포 만삭 의사부인 살해 사건(부검)"

2011년 1월 14일, PM 5:09 A오피스텔 2201호

유명 사립 의과대학 레지던트 4년차인 백모(당시 31)씨가 장모 이모씨에게 전화를 걸었다. "아내가 욕조에 넘어져 죽은 것 같아요."

20대 후반 여성 A씨로 155㎝ 자그마한 키, 잠옷 차림에 화장기는 전혀 보이지 않았다. 욕조를 가로질러 배를 위로 한 채 누워 있었다. 양다리는 허벅지 아래가 욕조 밖으로 나온 상태. 발바닥이 욕실 바닥을 향해 있었지만, 바닥에 닿지는 않았다. 욕조 안쪽 오른쪽 면에 뒤통수 부분이 닿아 앞쪽으로 접혀 있는 머리. 확실히 '이상한 자세'였다.

백씨 이마에는 왼쪽 아래 대각선 방향으로 'ㄴ'자 형태 상처가 있었다. 가로 1㎝, 세로 0.5㎝ 정도 깊게 패인 왼쪽 팔뚝 상처를 포함해 양 팔뚝에는 9개가 넘는 긁힌 생채기가 남아 있었다. 오른쪽 관자놀이와 귀 밑, 왼쪽 뺨, 등과 어깨도 긁힌 상처투성이었다.

17일 AM 10:00 국립과학연구원 부검실
시신 부검이 시작됐다. 독극물이나 약물 성분 역시 검출되지 않았다. 알코올도 나오지 않았다. 다만 외상이 여러 곳에서 발견됐다. 목, 이마 쪽 피부가 까져 있었고, 눈가가 찢겨진 채 멍이 살짝 들어 있었다. 팔 다리에도 몇 군데 멍자국이 있었다. 결정적인 건 목 안쪽 기도 등에서 나온 내부출혈이었다. 목에 집중된 어떤 힘이 가해졌

다는 뜻이었다. '손에 의한 목눌림 질식사.' 경찰은 첫 번째 부검결과가 온 다음날(2일) 백씨를 '부인을 살해한 피의자'로 즉각 체포했다.

"피의자 백모씨가 1월 14일 오전 3시에서 6시 41분 사이 피의자 아파트에서 아내 A와 불상의 이유로 다툰 뒤 손으로 아내 목을 눌러 질식사로 사망하게 하고, 사고사로 위장하기 위해 욕실 욕조에 유기했다." 범행 동기로 집중됐다. "전문의 1차 시험 불합격 가능성, 게임습벽 등이 복합적으로 작용한 것으로 추정된다"고 설명했다. 백씨가 가진 컴퓨터에 97개 게임파일, 4만7,413개 판타지 소설이 저장돼 있었다.

부검 결과도 추가 공개했다. A씨 손톱 밑에서 발견된 백씨 DNA, 안방 장롱 위에 던져뒀던 백씨가 입었던 옷에서 검출된 A씨 혈흔. 특히 욕실에서 발견된 A씨 얼굴에 남겨진 핏자국. "피해자 얼굴 오른 눈꼬리부위에서 오른쪽 귀 방향으로 흐른 핏자국이 있었다. 하지만 발견 당시 A씨 얼굴은 왼쪽으로 기울어져 있었다. 출혈 이후 (피가 마를 만큼) 일정 시간이 흐른 뒤 이동이 됐거나 자세가 변경됐다는 것이다."

Ⅰ. 학습목표 및 개요

1. 사망에 따른 시체의 현상을 알아보자.
2. 손상에 가하여진 물체, 상황, 작용방법 등을 추정하여 사인을 추정해 보자.

Ⅱ. 법의학

1. 사망과 검시

사망이란 심박동 및 폐호흡의 영구적 정지를 말한다. 최근 심장이식 관련 의학계에서 뇌사설(뇌기능의 영구 정지가 사망)이 인정되고 있지만 이는 특수한 목적에 국한되는 것일 뿐 법의학에서는 심폐사가 사망의 시점이 된다.

⊙ 사망 증명 문서

- **사망 진단서**: 의사가 사망48시간 전에 시체가 된 사람을 진료한 사실이 있고, 사인을 명백하게 설명할 수 있는 경우에 한하여 발부하는 문서이다.
- **시체검안서**: 사망진단서를 발부할 수 없는 조건 하에서 죽음을 증명하기 위한 의사의 문서

2. 검시

⊙ 검시(檢視)란 사망이 범죄로 인한 것인지 여부를 판단하기 위하여 오관의 작용으로 시체의 상황을 검사하는 것을 말한다. 변사자 검시의 주체는 검사이다. 검사는 사법경찰관에게 검시를 대행시킬 수 있다. 사람의 죽음이 범죄에 기인되거나 이와 관련되었다고 생각되는 변사체 검시를 사법검시라고 하며, 죽음의 원인이 범죄와 관련이 없는 변사체 검시를 행정검시라고 한다.

⊙ 검시(檢屍)란 의사가 수사기관을 보조하여 자·타살여부, 사인, 사망 후 경과시간 등 죽음에 대한 의학적 판단을 위하여 시체에 행하는 검사이다. 종류로는 검안(檢案, 시체를 손괴함이 없이 외표 소견만을 검사), 부검(질병에 의해 사망한 경우 병리해부, 범죄와 관련되지 않은 행정해부, 범죄와 관련되었거나 가능성이 있는 부검인 사법해부 가있다)

3. 시체현상

사람이 죽으면 생전의 생리작용이 사라지고 시체에만 나타나는 변화 혹은 현상을 말한다.

⊙ 시체의 초기현상

① **체온의 하강**: 남자가 여자보다, 마른사람이 비만한 사람보다, 소아·노인이

젊은 사람보다 체온 하강의 속도가 빠르다. 시체의 냉각속도는 대체적으로 사후 10시간 이내에는 시간당 1°C씩 하강한다.

② **시체건조**: 표피에 외상이 있었던 부위는 특히 건조가 빠르다.

③ **시체얼룩**: 사망으로 혈액순환이 정지되면 적혈구의 자체 무게에 의해 신체의 낮은 곳으로 모이는 혈액침하현상이 발생하여 시체하부의 피부가 암적갈색으로 변화하는데 이를 시체얼룩이라고 한다. 사후 30분~1시간 경과 후부터 나타나기 시작한다.

※ 사후 4~5시간 이내에 시체의 위치를 바꾸어 놓으면 시체얼룩도 이동한다(이동성 시체얼룩), 사후10시간 후에는 시체의 위치를 바꾸어 놓더라도 이미 형성된 시체얼룩은 사라지지 않는다. 주위온도가 높을수록 시체얼룩은 빠르게 나타난다. 급사나 질식사에서는 진하고 빠르게 형성된다.

※ 색깔

◦정상적인 시체얼룩(끈졸림시체): 암적색

◦익사, 청산(사이안산)중독, 일산화탄소 중독, 저체온사, 사망후 차가운 곳에 둔 경우: 선홍색(빨간색)

◦염소산칼륨 중독, 아질산소다 중독: 갈색조(황갈색, 암갈색, 초콜릿색)

◦황화수소가스중독: 녹갈색

④ **시체굳음**: 사후 2~3시간이 경과하면 턱관절에서부터 굳어지기 시작하여 사후 12시간 정도 되면 굳음이 전신에 미친다. 30시간 이후부터 굳음이 풀어지기 시작한다. 진행순서는 ① 턱 → ② 어깨 → ③ 팔, 다리 → ④ 발가락, 손가락(Nysten법칙) 급사체는 굳음의 지속시간이 길다. 근육이 발달할수록 경직은 강하고, 소인·소아·노약자는 약하게 나타나고 속히 와해된다.

⑤ **각막의 혼탁**: 각막은 ① 사후 12시간 전후 흐려져서 ② 사후 24시간이 되면 현저하게 흐려지고 ③ 사후 48시간이 되면 불투명해진다.

⊙ 시체의 후기현상

① **부패**: 사후 3~5일 경과하면 얼굴의 안구, 눈꺼풀, 입술 등이 부풀어 올라 이른바 사천왕현상으로 보이게 된다. 부패의 3대 조건은 공기, 온도(20~30°C), 습도(60~66%)이다. 부패진행속도는 Casper의 법칙(공기는 1주, 물은 2주, 흙은 8주이다)

② **자가용해**: 체내에 있는 각종 분해효소가 장기나 뇌 등에 작용하여 단백질, 지방질, 탄수화물 등이 분해되고 더 나아가 장기 등의 조직이 분해되는 것을 말한다.

③ 미이라화

④ **시체밀랍화**: 비정형적 부패형태로 대부분 수중 또는 수분이 많은 지중에서 형성된다. 체내의 지방분해 효소 또는 세균의 효소에 의하여 중성지방이 가수 분해되어 고체 형태의 지방산이나 비누와 같은 불용성의 시랍을 형성한다.

⑤ **백골화**: 성인의 시체는 7~10년 후, 소아 시체는 사후 4~5년 후 완전 백골화가 된다.

3. 손상사

법의학에서 손상이란 물리력에 의한 형태상의 파괴만을 손상이라 하며 외상과 동의어로 사용하고 있다.

⊙ 둔기(鈍器)에 의한 손상

① **피부까짐(표피박탈)**: 피부의 맨 바깥층의 표피만 벗겨져 진피가 노출되는 손상을 말한다.

② **피부밑출혈(타박상)**: 둔력에 의하여 피부는 파열되지 않고 피하조직이 좌멸되고 주모 모세혈관, 정맥 등이 파열되어 일어나는 출혈을 말한다.

③ **찢은 상처**: 견고한 둔체가 인체에 작용하여 좌멸된 손상을 형성한 것으로 차량에 받치거나 벽돌, 각목 등으로 구타당했을 때 생성된 손상을 말한다.

④ **찢긴 상처**: 피부가 극도로 긴장되어 탄력성의 한계를 넘어 피부가 외력방향에 따라 파열된 손상을 말한다.

⊙ 예기에 의한 손상

① **벤 상처(절창)**: 상처바닥은 상처구멍의 길이에 비하여 대체로 짧다.

② **찔린 상처(자창)**: 상처벽의 길이가 길다.

③ **큰칼 상처(할창)**: 도끼, 식도, 낫과 같이 중량이 있고 폭이 넓으며 대개 자루가 달려 내리쳤을 때 형성된다. 큰 칼 상처가 있으면 대부분 타살이다.

4. 질식사

호흡에 의한 생리적 가스교환이 중단되어 생체가 무산소증에 빠져 세포내에 탄산과잉증이 생기는 상태 하에서 사망에 이르는 것을 말한다. 그 원인에 따라 외질식과 내질식(청산중독 등)으로 나누어지는데 법의학에서는 외질식에 의한 사망만 질식사라고 한다.

⊙ 질식사의 3대 징후

① 점출혈(일혈점): 피부, 결막, 점막 밑, 장막 밑 등에서 일혈점(점상출혈)이 생긴다.

② 혈액의 암적색 유동성

③ 내장의 울혈

⊙ 질식사의 종류

① 목맴(의사): 시체얼룩은 시체의 하부인 손, 발 끝에 생긴다. 결막에 일혈점이 적고 얼굴은 창백하다.

② 끈졸림사(교사): 타살이 대부분이다. 결막에 일혈점이 많다.

③ 손졸림사(액사): 손졸림자국은 비교적 광범위하고 뚜렷하게 나타난다.

④ 익사

Ⅲ. QUIZ 및 정답/해설

1. 관내 야산에 어떤 여자가 목을 매고 죽어 있다는 신고를 받고 출동한 경찰관이 현장을 관찰하여 살해 후 자살로 이장된 것으로 판단하였다면, 시체의 어떤 상황을 관찰하고 이렇게 판단하였겠는가?
   ① 목의 끈자국이 끈과 일치되고 있으며 끈자국 내에 이물이 없다.
   ② 목을 매달 때 받은 손상 이외 신체의 다른 손상흔적이 없다.
   ③ 시체의 바로 밑에 피해자의 것으로 보이는 배설물이 있다.
   ④ 눈꺼풀 결막에 점출혈이 있고 시체얼룩이 시체의 등 부위에서 발견되었다.

☞ 정답: 4번
얼굴에 울혈이 심하고 시체얼룩이 시체의 등 부위에서 발견되었다면 거짓목맴을 의심해보아야 한다. (전형적인 완전목맴에 있어서는 얼굴과 눈꺼풀 결막이 창백하다)

2. P 경찰서 형사팀 형사 D는 천장에 목을 매고 자살했다는 112신고를 받고 현장에 출동하여 시체를 유심히 살펴보고 타살이라는 심증을 가지게 되었다. D형사가 이렇게 판단한 이유는?
   ① 끈자국이 아래쪽이 깊고 위쪽이 얕다.
   ② 끈자국은 목 부위 주위를 평등하게 두러싸고 있다.
   ③ 눈꺼플에 점출혈이 적고 얼굴은 창백하며 발등은 암적색을 띤다.
   ④ 끈자국의 끈매듭의 반대쪽에 있다.

☞ 정답: 2번
거짓목맴의 경우 활력반응이 없고 끈 자국은 평등하게 경부를 둘러싸고 있으며 때로는 손졸림사의 경우에 나타나는 손톱자국이 보이는 경우도 있다.

3. 손졸림사(액사)에 있어서의 외부소견으로 볼 수 없는 것은?
   ① 사망 초기에는 손졸림자국이 잘 보이지 않는 경우도 있으므로 세밀한 관찰이 필요하다.
   ② 손톱자국이 불규칙하게 나타나는 경우가 있다.

③ 손끝자국은 손톱자국과 동반되거나 손톱자국이 없더라도 목 부위 및 코 주위에 손가락에 의하여 원형의 피부밑 출혈이 나타난다.
④ 손졸림사는 대부분 타살이나 자살인 경우에도 많이 발견된다.

☞ 정답: 4번
손졸림자국은 사망직후에는 잘 보이지 않다가 12시간 이상 경과후 발현되는 경우도 있으므로 세밀한 관찰이 필요하다. 손졸림사는 항상 타살이다.

4. 목맴에 의한 시체(의사)의 외부소견으로 타당하지 않은 것은?
① 끈이 부드럽고 폭이 넓거나 굵을수록 끈자국의 깊이가 얕아 경계가 불명확하다.
② 목 앞부위나 목 옆부위는 하부연조직이 섬세하여 끈자국이 깊고 뚜렷하게 나타난다.
③ 끈자국에서는 일반적으로 피부밑 출혈을 볼 수 있다.
④ 수건이나 스카프와 같이 부드럽고 폭이 넓은 끈을 사용하고 사망 직후 바로 끈을 제거하였다면 끈자국을 볼 수 없을 수도 있다.

☞ 정답: 3번
끈의 힘에 의하여 피하의 혈관이 파탄되더라도 끈이 계속적으로 압박하기 때문에 혈액이 피하조직에 침입할 수 없어 끈자국에서는 일반적으로 피부 밑 출혈을 볼 수 없다.

5. 손상사에 있어 각 상처에 대한 설명으로 적당하지 않은 것은 ?
① 타박상은 일반적으로 외력이 가하여진 부위에 발생하나 때로는 그 부위의 주변이나 멀리 떨어진 곳에서도 형성될 수 있다.
② 좌열창은 둔기로 가격을 받거나 둔체에 부딪쳐 피부가 찢어지는 손상으로서, 좌창은 찧은상처, 열창은 찢긴 상처라고 표현하기도 하며, 예기에 의한 절창(베인 상처)과는 상처 가장자리의 불규칙함이나 피부까짐이 수반되었는지 유무를 보고 구별하여야 한다.
③ 도끼나, 삽, 낫 등에 의해 생긴 상처를 자창(큰칼 상처)이라고 하는데 자창의 특징은 절단면이 깔끔하고, 외력의 힘이 크게 작용하기 때문에 상처 주변에 피하출혈이 없는 대신 직하방에 골절이 동반될 수 있다.
④ 표피박탈은 피부의 바깥층 표피가 벗겨져 나가 진피가 노출되는 손상으로 대부분 둔기의 압박, 마찰에 의해 형성될 수 있으며, 피부까짐이라고도 표현

한다.

정답: 3번
도끼 등 무겁고 날의 폭이 넓거나 두꺼운 흉기에 의한 상처는 할창(큰칼 상처)이라고 한다

6. 시체의 초기현상이 아닌 것은?
① 시체의 건조 ② 시체의 부패
③ 시체의 냉각 ④ 혈액침전 및 시체얼룩

☞ 정답; 2번

7. 시체의 체온하강에 대한 설명으로 타당하지 않은 것은?
① 사망하면 체내에서 열을 생산하는 화학적 현상은 정지되나 복사 및 전도 등 체열을 방산하는 물리학적 현상은 계속된다.
② 시체의 체온은 시간이 경과할수록 떨어져 결국 주위의 온도와 같아지게 된다.
③ 체온하강은 습도가 낮을수록, 통풍이 좋을수록, 수분이 빨리 증발되므로 하강의 속도는 빠르다.
④ 청장년은 어린이나 노인보다, 여자는 남자보다, 비만한 사람은 마른사람보다 냉각속도가 빠르다.

☞ 정답: 4번

(O · X 문제)

1. 시체검안서는 사망진단서를 발부할 수 없는 조건 하에서 죽음을 증명하기 위한 의사의 문서이다. ( )

2. 검시(檢視)란 사망이 범죄로 인한 것인지 여부를 판단하기 위하여 오관의 작용으로 시체의 상황을 검사하는 것을 말한다. ( )

3. 사람의 죽음이 범죄에 기인되거나 이와 관련되었다고 생각되는 변사체 검시

를 사법검시라고 하며, 죽음의 원인이 범죄와 관련이 없는 변사체 검시를 행정검시라고 한다. (   )

4. 남자가 여자보다, 마른사람이 비만한 사람보다, 소아·노인이 젊은 사람보다 체온 하강의 속도가 빠르다. (   )

5. 시체의 냉각속도는 대체적으로 사후 10시간 이내에는 시간당 1°C씩 하강한다. (   )

6. 사후 4~5시간 이내에 시체의 위치를 바꾸어 놓으면 시체얼룩도 이동한다(이동성 시체얼룩), 사후10시간 후에는 시체의 위치를 바꾸어 놓더라도 이미 형성된 시체얼룩은 사라지지 않는다. (   )

7. 정상적인 시체얼룩(끈졸림시체) 색깔은 암적색이다. (   )

8. 익사, 청산(사이안산)중독, 일산화탄소 중독, 저체온사, 사망후 차가운 곳에 둔 경우 시체얼룩 색깔은 선홍색(빨간색)이다. (   )

9. 황화수소가스중독의 경우 시체얼룩 색깔은 녹갈색이다. (   )

10. 시체굳음 진행순서는 ① 턱 → ② 어깨 → ③ 팔, 다리 → ④ 발가락으로 진행된다. (   )

11. 시체부패의 3대 조건은 공기, 온도(20~30°C), 습도(60~66%)이다. (   )

12. 시체부패 진행속도 Casper의 법칙은 공기는 1주, 물은 2주, 흙은 8주이다. (   )

13. 둔기(鈍器)에 의한 손상 종류로는 피부까짐(표피박탈), 피부밑출혈(타박

상), 찢은 상처, 찟긴 상처 등이다. (   )

14. 예기에 의한 손상 종류로는, 벤 상처(절창), 찔린 상처(자창), 큰칼 상처(할창) 등이 있다. (   )

15. 질식사의 3대 징후로는 점출혈(일혈점), 혈액의 암적색 유동성, 내장의 울혈 등이 있다. (   )

☞ 정답: 1번 ~ 15번 모두 O

Ⅳ. 학습정리

⊙ 색깔

◦ 정상적인 시체얼룩(끈졸림시체): 암적색

◦ 익사, 청산(사이안산)중독, 일산화탄소 중독, 저체온사, 사망 후 차가운 곳에 둔 경우: 선홍색(빨간색)

◦ 염소산칼륨 중독, 아질산소다 중독: 갈색조(황갈색, 암갈색, 초콜릿색)

◦ 황화수소가스중독: 녹갈색

⊙ **시체굳음**: 사후 2~3시간이 경과하면 턱관절에서부터 굳어지기 시작하여 사후 12시간 정도 되면 굳음이 전신에 미친다. 30시간 이후부터 굳음이 풀어지기 시작한다. 진행순서는 ① 턱 → ② 어깨 → ③ 팔, 다리 → ④ 발가락, 손가락(Nysten법칙) 급사체는 굳음의 지속시간이 길다. 근육이 발달할수록 경직은 강하고, 소인 · 소아 · 노약자는 약하게 나타나고 속히 와해된다.

⊙ **각막의 혼탁**: 각막은 ① 사후 12시간 전후 흐려져서 ② 사후 24시간이 되면 현저하게 흐려지고 ③ 사후 48시간이 되면 불투명해진다.

제 17 강

유치인 보호 및 행정

사건사례- "해남경찰서에서 살인 혐의로 유치장에 입감된 피의자가 숨진 채 발견"

사건 당시 유치장은 지키고 있던 경찰은 꾸벅꾸벅 졸고 있던 것으로 확인돼 경찰의 유치장 관리실태가 도마 위에 올랐다.

28일 전남 해남경찰서에 따르면 전날 살인 혐의로 체포돼 유치장에 수감 중이던 김모(59)씨가 쓰러진 채 발견된 시각은 이날 오전 6시 21분이다.
경찰은 119구급대에 신고를 함과 동시에 심폐소생술을 했지만, 김씨는 호흡·맥박이 끊긴 채 병원으로 이송돼 결국 사망 판정을 받았다.
사건 당시 유치장 내 CCTV를 확인 결과 유치장 담당 경찰관은 김씨가 화장실에서 극단적인 선택을 할 당시 졸고 있던 것으로 드러났다. 졸다가 잠깐 눈을 뜬 경찰관은 뒤늦게 김씨가 쓰러져 있는 것을 발견했다.

울산 중부경찰서 유치장 방 안에서 저녁 식사 후 지급된 16cm 길이의 칫솔을 삼켰다.

경기 용인동부경찰서 화장실에서 유치장 입감 전 성폭행 사건으로 붙잡힌 40대 피의자가 자신의 흉기로 자해하는 사건이 발생했다.
다른 경찰서에서 조사를 받고 유치장이 있는 이 경찰서로 온 피의자는 "화장실에 다녀오겠다"며 경찰관들의 눈을 따돌린 뒤 자해했다.
당시 경찰은 피해자의 신체 수색을 소홀히 했다는 지적을 받았다.

유치장에서 수갑이나 포승줄을 이용해 사지를 뒤로 묶어 결박하는 것은 비인도적이라는 국가인권위원회의 판단이 나왔다.

Ⅰ. 학습목표 및 개요

1. 유치장 설치에 관한 구체적 법규는 경찰관직무집행법 제9조(유치장)이다. 이에 따른 유치인 보호근무에 대해 알아보자.
2. 호송은 피호송자를 인수관서 또는 출석시켜야 할 장소와 유치시킬 장소에 직접호송해야 한다.

Ⅱ. 유치인 보호

1. 유치인 보호

유치인(피의자, 피고인, 구류인 및 의뢰입감자)의 도주, 증거인멸, 자해행위, 도주원조 등을 미연에 방지하고, 동시에 유치인의 생명 및 신체를 보호하기 위하여 신체의 자유를 구속하는 것을 말한다.

⊙ 근거법규

① 형의집행 및 수용자의 처우에 관한 법률
② 피의자 유치 및 호송규칙
③ 경찰관직무집행법 제9조
④ 유치장설계표준규칙
⑤ 호송경찰관출장소근무규칙

⊙ 유치장의 관리

① 경찰서장은 피의자의 유치 및 유치장의 관리에 전반적인 지휘·감독을 하고

피의자의 유치 및 유치장의 관리에 책임을 진다.

② 화장장실을 포함한 그 내부를 관찰할 수 있는 구조로 설치하는 것에 대해 타당성을 인정할 수 있다.다만, 하체를 가려줄 만한 높이의 하단부 차폐벽 위에 반투명재료를 사용한 차폐시설 설치, 환기시설 등을 갖추어 유치인 인권을 보호해야 한다.(헌재 2000헌마546)

2. 유치인 수용절차

피의자를 유치할 때에는 유치장을 사용하여야 한다. 다만, 질병 기타 특별한 사유가 있어 경찰서장이 필요하다고 인정한 때에는 의료기관 등 적절한 장소에 유치할 수 있다.

⊙ 유치인보호주무자의 입출감 지휘

① 피의자를 유치장에 입감시키거나 출감시킬 때에 유치인 보호주무자가 발부하는 피의자 입(출)감지휘서에 의하여야 한다.

② 동시에 3인 이상의 피의자를 입감시킬 때에는 경위이상 경찰관이 입회하여 순차적으로 입감시켜야 한다.

⊙ 신체 등의 검사

① 신체, 의복, 소지품 검사는 동성의 유치인보호관이 실시하여야 한다.

② 신체 등의 검사는 유치인보호주무자가 피의자 입(출)감지휘서에 지정하는 방법으로 유치장내 신체검사실에서 하여야 한다.

③ 검사방법은 외표검사(죄질이 경미하고 동작과 언행에 특이사항이 없으며 위험물 등을 은익하고 있지 않다고 판단되는 유치인에 대하여는 신체 등의 외부를 눈으로 확인하고 손으로 가볍게 두드려 만져 검사한다.), 간이검사(일반적으로 유치인에 대하여 탈의막 안에서 속옷은 벗지 않고 신체검사의를 착용하도록 한 상태에서 위험물 등의 은닉여부를 검사한다.), 정밀검사(살인, 강도, 절도, 강간, 방화, 마약류, 조직폭력 등 죄질이 중하거나 근무자 및 다

른 유치인에 대한 위해 또는 자해할 우려가 있다고 판단되는 유치인에 대하여는 탈의막 안에서 속옷을 벗고 신체검사의로 갈아입도록 한 후 정밀하게 위험물 등의 은닉여부를 검사하여야 한다)가 있다.

⊙ 유치인 분리 · 유치

① 형사범과 구류 처분을 받은 자, 19세 이상의 사람과 19세 미만의 사람, 신체장애인 및 사건관련의 공범자 등은 유치실이 허용하는 범위 내에서 분리하여 유치하여야 하며, 신체장애인에 대하여는 신체장애를 고려한 처우를 하여야 한다.

② 여성은 남성과 분리하여 유치하여야 한다.

③ 여성유치인은 친권이 있는 18개월 이내의 유아에 대해 경찰서장의 허가를 받아 대동할 수 있다.

④ 외국인 유치인에 대하여 원칙적으로 분리 입감하여야 한다.

⊙ 위험물 등의 보관

① 유치인보호주무자는 위험물 또는 휴대금품을 보관할 때에는 임치증명서를 교부하고 같은 임치 및 급식상황표에 명확히 기재하여야 하며, 금품과 귀중품은 유치장 내 금고에 보관하여야 한다.

② 구두끈 안경의 경우 자해할 현저한 위험이 없다고 판단되는 경우 소지를 허용할 수 있다.

3. 유치인 보호관의 근무요령

자살 또는 도주의 우려나 사고 우려자는 유치보호관 근무일지의 인계사항에 적색으로 기재하고 특별히 감시하여야 한다.

① 변호인의 선임 등에 관한 요청, 처우에 관한 요청, 환형유치된 자의 가족 등에의 통지요청, 질병 치료요청, 기타 합리적이고 타당한 요구 등에는 지체없

이 유치인보호주무자에게 보고하고 결과를 당해 유치인에게 알려주어야 한다.

② 유치보호관이 유치인으로부터 수사자료 기타 참고사항을 발견하였을 때에는 지체없이 유치인 보호 주무자 및 수사과장에게 보고하여야 한다.

③ 유치장 내외의 청소를 매일 1회 이상 실시하고, 유치장 내외에 대한 약품소독을 매주 1회 이상 실시하여야 한다.

4. 유치인 접견 · 접수 및 인권보호

① 국가인권위원회 위원 등과의 면담절차 및 방법 등은 변호인과의 접견 · 접수에 준한다.

② 접견시간은 평일에는 09:00~21:00까지로 한다. 다만, 원거리에서 온 접견 희망자 등 특별한 경우에는 경찰서장의 허가를 받아 22:00까지 연장할 수 있다.

③ 비변호인이 접견하는 경우에는 유치인보호주무자가 지정한 경찰관이 입회하되, 도주 및 증거인멸의 우려가 없다고 인정되는 때에는 경찰관이 입회하지 않을 수 있다.

④ 당해사건의 변호인 또는 변호인이 되려는 자가 접견하는 경우에는 경찰관이 입회하여서는 아니된다. 경찰관이 입회하지 않는 경우라도 도주, 자해, 통모 등의 방지를 위해 가시거리에서 관찰할 수 있다.

⑤ 경찰서 청문감사관은 매일 일과시작 후 신속히 유치장내의 진정함을 확인하여 진정서가 있을 경우 지체없이 이를 국가인권위원회에 등기우편으로 송부하여야 한다.

Ⅲ. 호송

즉결인, 형사피고인, 피의자 또는 구류인 등을 검찰청, 법원, 교도소 또는 경찰서로 연행하기 위하여 이동하면서 간수하는 것을 말한다.

① 호송관 수는 어떠한 경우라도 2명이상 지정하여야 한다.
② 호송관이 5명 이상 10인 이내일 경우에는 경사 1인, 호송관이 11인 이상일 때에는 경위 1인을 지정해야 한다.
③ 피호송자가 사망하였을 때와 피호송자가 발병하였을 때의 비용은 각각 그를 인계받은 관서가 부담하여야 한다.
④ 통지를 받을 가족이 없거나, 통지를 받은 가족이 통지를 받은 날부터 3일 내에 그 시신을 인수하지 않으면 구, 시, 읍, 면장에게 가매장을 의뢰하여야 한다.

Ⅳ. QUIZ 및 정답/해설

1. '유치'의 근거 법규가 아닌 것은?
   ① 형의집행 및 수용자의 처우에 관한 법률
   ② 경찰관직무집행법
   ③ 사법경찰관리집무규칙
   ④ 피의자유치 및 호송규칙

☞ 정답: 3번

2. 유치장 내 신체 등의 검사에 대한 설명으로 틀린 것은?
   ① 유치인 보호관은 유치인의 생명 신체에 대한 위해를 방지하고, 유치장 내의 안전과 질서유지를 위해 필요하다고 인정될 때는 유치인의 신체, 의류 등을 검사할 수 있다.
   ② 신체검사의 종류로는 외표검사, 간이검사, 정밀검사가 있다.
   ③ 죄질이 경미하고 언행에 특이사항이 없으며, 위험물 등을 은닉하고 있지 않다고 판단되는 유치인에 대해서는 외표검사를 실시한다.
   ④ 일반적으로 유치인에 대해서는 속옷을 벗고 신체검사의로 갈아입힌 후 간이검사를 실시해야 한다.

☞ 정답: 4번

3. 유치장에서 사용하는 관계부책에 대한 설명 중 틀린 것은 ?
① 유치인보호관 근무일지에는 유치인보호관의 근무상황, 감독순시 상황, 정기 점검결과, 수감자 현황, 유치인의 의뢰사항과 조치결과 등을 기재하여야 한다.
② 체포·구속인 접견부에는 유치인 및 접견신청자의 성명, 유치인과의 관계, 접견일시 등을 기재하여야 하고, 담화요지 등 대화내용은 기재하여서는 아니 된다.
③ 임치 및 급식상황표에는 임치금품의 수량과 처리상황을 기재하고 급식상황을 관·사식을 구분하여 표시하여야 한다.
④ 체포·구속인 명부에는 체포·구속 및 석방사항, 죄명, 인상착의, 범죄경력 및 가족관계 등을 기록하여야 한다.

☞ 정답; 2번

4. 피의자의 유치에 관한 설명으로 가장 타당하지 않은 것은?
① 형사범과 구류 처분을 받은 자, 19세 이상의 사람과 19세 미만의 사람, 신체 장애인 및 사건 관련의 공범자 등은 유치실이 허용하는 범위 내에서 분리하여 수용하여야 한다.
② 여성유치인은 친권이 있는 18개월 이내의 유아에 대해 경찰서장의 허가를 받아 대동할 수 있다.
③ 유아대동 신청에 대해 유아가 질병, 부상 등의 사유로 유치장에서 생활하는 것이 부적당하더라도 친모의 요구와 유아의 인권에 유의하여 되도록 허락하여야 한다.
④ 유치인보호관은 신규 입감 유치인에게 인권침해를 당했을 때에 「국가인권위원회법 시행령」에 따라 진정할 수 있음을 알리고, 그 방법을 안내해야 한다.

☞ 정답: 3번

5. 유치인의 인권보호와 관련된 설명 중 맞지 않은 것은?
① 국가인권위원회 소속 직원 등이 유치인과 면담하는 경우 자유로운 분위기에서 면담이 이루어질 수 있는 장소를 제공하고, 진술을 방해하지 않도록 하여

야 한다.

② 국가인권위원회 소속 직원 등과의 면담은 변호인과의 접견, 접수에 준하도록 하여야 하므로 어떠한 경우에도 대화내용을 녹음하거나 녹취할 수 없다.

③ 유치인의 인권침해 진정권을 보장하기 위하여 진정서를 작성한다는 의사표시를 한 경우 이를 금지 및 방해하거나 작성된 진정서를 열람, 압수, 폐기하여서는 아니된다.

④ 경찰서 청문감사관은 매주 월요일 일과시작 직후 신속히 유치장 내의 진정함을 확인하여 진정서가 있을 경우 이를 국가인권위원회에 등기로 송부하여야 한다.

☞ 정답: 4번

(O · X 문제)

1. 피의자를 유치장에 입감시키거나 출감시킬 때에 유치인 보호주무자가 발부하는 피의자 입(출)감지휘서에 의하여야 한다. (　　　)

2. 형사범과 구류 처분을 받은 자, 19세 이상의 사람과 19세 미만의 사람, 신체장애인 및 사건관련의 공범자 등은 유치실이 허용하는 범위 내에서 분리하여 유치하여야 하며, 신체장애인에 대하여는 신체장애를 고려한 처우를 하여야 한다. (　　　)

3. 여성유치인은 친권이 있는 18개월 이내의 유아에 대해 경찰서장의 허가를 받아 대동할 수 있다. (　　　)

4. 당해사건의 변호인 또는 변호인이 되려는 자가 접견하는 경우에는 경찰관이 입회하여서는 아니된다. 경찰관이 입회하지 않는 경우라도 도주, 자해, 통모 등의 방지를 위해 가시거리에서 관찰할 수 있다. (　　　)

5. 경찰서 청문감사관은 매일 일과시작 후 신속히 유치장내의 진정함을 확인하여 진정서가 있을 경우 지체없이 이를 국가인권위원회에 등기우편으로 송부하여야 한다. ( )

6. 피호송자가 사망하였을 때와 피호송자가 발병하였을 때의 비용은 각각 그를 인계받은 관서가 부담하여야 한다. ( )

☞ 정답: 1번 ~ 6번 모두 O

Ⅴ. 학습정리

⊙ 유치장 근거법규

① 형의집행 및 수용자의 처우에 관한 법률
② 피의자 유치 및 호송규칙
③ 경찰관직무집행법 제9조
④ 유치장설계표준규칙
⑤ 호송경찰관출장소근무규칙

⊙ 검사방법은 외표검사, 간이검사, 정밀검사(살인, 강도, 절도, 강간, 방화, 마약류, 조직폭력 등 죄질이 중하거나 근무자 및 다른 유치인에 대한 위해 또는 자해할 우려가 있다고 판단되는 유치인에 대하여는 탈의막 안에서 속옷을 벗고 신체검사의로 갈아입도록 한 후 정밀하게 위험물 등의 은닉여부를 검사하여야 한다)가 있다.

⊙ 유치인 분리 · 유치

① 형사범과 구류 처분을 받은 자, 19세 이상의 사람과 19세 미만의 사람, 신체

장애인 및 사건관련의 공범자 등은 유치실이 허용하는 범위 내에서 분리하여 유치하여야 하며, 신체장애인에 대하여는 신체장애를 고려한 처우를 하여야 한다.

② 여성은 남성과 분리하여 유치하여야 한다.

③ 여성유치인은 친권이 있는 18개월 이내의 유아에 대해 경찰서장의 허가를 받아 대동할 수 있다.

④ 외국인 유치인에 대하여 원칙적으로 분리 입감하여야 한다.

⊙ 위험물 등의 보관

① 유치인보호주무자는 위험물 또는 휴대금품을 보관할 때에는 임치증명서를 교부하고 같은 임치 및 급식상황표에 명확히 기재하여야 하며, 금품과 귀중품은 유치장 내 금고에 보관하여야 한다.

② 구두끈 안경의 경우 자해할 현저한 위험이 없다고 판단되는 경우 소지를 허용할 수 있다.

제 18 강

우범자 첩보수집 및 범죄통계

사건사례- "진주 방화 · 살인사건"

조현병 환자 안인득(42)이 자신이 사는 집에 불을 지르고 흉기를 휘둘러 5명이 사망하고 18명이 중경상을 입은 진주 아파트 참사와 관련, 사건 발생 한 달 전 '안인득이 문제를 일으킬 수 있다'는 범죄첩보와 위층 입주민의 '신변보호' 상담이 모두 무시됐던 것으로 경찰 진상조사에서 드러났다.

3월 13일 진주경찰서 계양파출소 직원이 경찰 범죄정보시스템(CIS)에 '안인득이 문제를 일으킬 수 있다'는 범죄첩보를 올렸지만, 경찰서 생활안전계나 형사계 등에서 '참고'만 하고 후속조치는 하지 않은 것으로 드러났다.

또 같은 날 안인득의 위층 입주민(1명 사망, 1명 중상)은 경찰서를 찾아가 안인득이 집까지 뒤따라오고 오물을 두고 가는 CCTV 장면을 보여주며 신변보호 요청 상담을 했지만, 경찰은 '신변보호 요건이 안 된다. 아파트 경비실이나 관리사무실에 부탁해 보라'며 돌려보낸 것으로 파악됐다. 경찰은 사건 발생 전 안인득과 관련된 112 신고 8건 중 4건의 처리 과정에서도 정신질환을 의심한 경찰관들이 자·타해 위험 예방을 위한 행정입원 조치를 하지 않는 등 조치상 미흡한 점이 있었다고 밝혔다.

고위험군으로 꼽히는 상습 폭력 전과자에 대한 경찰 관리는 상당히 부실하다. 경찰은 폭력, 상해, 강도, 방화 등의 범죄를 저지른 뒤 형기를 마친 전과자 가운데 재범 우려가 있는 우범자에 대해 경찰청 예규인 '우범자 첩보수집에 관한 규칙'을 토대로 나름대로 관리를 하고 있다. 우범자는 전자발찌 부착 대상자와 달리 제재 규정도 없기 때문에 갑자기 살던 동네를 떠나 재범 우려가 커져도 경찰이 마땅히 손을 쓸 방법이 없다.

Ⅰ. 학습목표 및 개요

1. 우범자에 대하여 자료보관, 범죄관련성 여부에 관한 첩보를 수집함으로써 재범의 위험을 방지하고 수집된 첩보를 통해 수사자료로 활용함을 목적으로 한다.
2. 경찰, 검찰, 특별사법경찰관서에서 형사 입건한 각 사건에 대하여 범죄통계원표를 작성한다.

Ⅱ. 우범자 첩보수집

우범자란 범죄단체의 조직원 또는 불시에 조직화가 우려되는 조직성폭력배 중 범죄사실 등으로 보아 죄를 범할 우려가 있는 사람이다. 또한 살인, 방화, 강도, 절도, 약취·유인, 총기 제조·이용 범죄, 마약류사범의 범죄경력이 있는 자 중 그 성벽, 상습성, 환경 등으로 보아 죄를 범할 우려가 있는 고위험자이다.

우범자첩보수집 등에 관한 규칙(2017.2.1. 경찰청예규 제520호)에 따라 우범자에 대하여 자료보관, 범죄관련성 여부에 관한 첩보를 수집함으로써 재범의 위험을 방지하고 수집된 첩보를 통해 수사자료로 활용함을 목적으로 한다.

1. 우범자 선정

1) 우범자 선정은 ① 범죄단체의 조직원 또는 불시에 조직화가 우려되는 조직

성폭력배 중 범죄사실 등으로 보아 죄를 범할 우려가 있는 사람, ② 살인, 방화, 약취·유인, 총기 제조·이용 범죄로 금고형 이상의 실형을 받고 출소한 사람, ③ 강도·절도·마약류 관련 범죄로 3회 이상 금고형 이상의 실형을 받고 출소한 사람, ④ 폭파협박 범죄로 3회 이상 벌금형 이상의 형을 선고 받은 사람 등이다.

2) 우범자는 편입 후, 자료를 전산에 입력하고 범죄관련성 여부에 대해 첩보를 입수한다.

3) 심사위원회의는 3명 이상 5명 이내이 위원으로 구성하고, 경찰서 형사(수사)과장을 위원장으로 하며, 간사 1인을 둔다. 위원회는 특별한 사정이 없는 한 매분기별로 개최한다.

2. 우범자의 편입 및 삭제

1) 우범자 편입은 귀주지 경찰서장은 교도소장 등 수형기관의 장으로부터 출소통보를 받은 출소예정자가 우범자에 해당하는 경우 우선 우범자로 편입하여 첩보 수집하고, 해당분기 내 심사위원회를 통해 죄를 범할 우려가 없다고 인정되는 경우 삭제하여야 한다.

2) 우범자 편입 대상자가 소재불명일 경우 귀주지 경찰서장은 먼저 우범자로 편입한 후 주민등록지 경찰서로 이첩하고, 주민등록지 경찰서에 소재확인 후 소재불명시 행방불명처리 하여야 한다.

3) 우범자 편입대상자가 관내 거주하지 않고 소재가 확인되었을 경우 관할경찰서로 통보하고, 통보를 받은 경찰서장은 지체없이 소재를 확인하여 우범자로 편입하여야 한다.

4) 우범자 삭제는 ① 3년을 초과하는 실형 후 출소하여 우범자에 편입된 사람이 5년이 경과한 경우, ② 3년 이하의 실형 후 출소하여 우범자에 편입된 사람이 3년이 경과한 경우에 우범자에 해당하는 죄를 범하지 않은 자 중 재범의 위험성이 없어 더 이상 관리가 필요하지 않다고 인정되는 자는 심사위원회의 의결을 거쳐 삭제한다.

5) 우범자 사망, 전출 또는 심사위원회의 결정으로 우범자를 삭제하는 경우 전산입력카드를 폐기한다.

3. 첩보수집

1) 경찰서장은 형사(수사)과 직원 중 우범자 업무 담당자와 우범자별 담당자를 지정하고, 지구대장(파출소장)은 우범자별 담당자를 지정하여야 한다.
2) 형사(수사)과 담당자는 우범자에 대해서 편입 후 1년 동안 매 분기별 1회 이상 범죄관련여부에 대한 첩보를 수집, 지구대(파출소) 담당자는 우범자에 대하여 매 분기별 1회 이상 범죄관련여부에 대한 첩보를 수집하여 경찰서장에게 보고하여야 한다.
3) 수집된 첩보는 우범자 첩보관리 시스템에 입력한다.

4. 우범자 전산입력 및 전출

경찰서장은 우범자가 타 관할로 전출한 것을 확인하였을 때는 우범자 전산입력카드 원본을 송부하여야 한다.

Ⅲ. 범죄통계

범죄통계라 함은 범죄의 발생, 검거 등을 계속적으로 집계하여 분석·검토함으로써 사회의 치안 상태 및 이에 대처하는 경찰활동의 실태를 객관적으로 파악하고 수사운영, 방범대책 등 시책을 유효·적절하게 추진하기 위한 자료를 말한다.

- 근거는 경찰 범죄통계 작성 및 관리에 관한 규칙(경찰청 훈령)이다.

- 종류는 발생통계원표, 검거통계원표, 피의자통계원표 등 3종으로 구분한다.

1. 범죄통계원표의 작성

1) 발생통계원표는 사건발생시 발생(고소, 고발, 인지 등 포함)된 수사기관에서 발생 즉시 작성한다. 발생사건의 미검거로 타 기관에 이송하였을 때도 발생통계원표만은 작성한다.
2) 검거통계원표, 피의자통계원표는 검거 또는 이송(검사 수사지휘사건 포함)을 받아 최종 수사종결(송치)한 수사기관에서 송치시에 작성한다. 검거원표는 공범 중 일부만을 검거한 경우에도 작성한다.
3) 작성하는 경우는 기소 또는 불기소(혐의 없음, 죄가 안됨, 공소권 없음) 의견으로 송치하는 경우이다. 작성하지 않는 경우는 ① 군사법원 관할 사건, ② 경범죄처벌법 위반사건, ③ 고소· 고발 각하의견으로 송치하는 경우, ④ 관세법위반 등으로 통고처분에 그치는 경우 등이다.
4) 범죄통계원표의 작성요령은 발생통계원표, 검거통계원표는 사건수에 따라 1건당 1매이다. 피의자 통계원표는 사람수인 1인당 1매이다.
5) 범죄건수의 결정에 있어서 ① 동일기회를 이용하여 동일한 장소에서 전후 수회에 걸쳐 행하여진 동일죄종에 속하는 행위는 1건으로 한다.(일가족살인 행위, 어느 세대에 침입하여 수인에 대하여 행한 강도, 절도), ② 범죄수단 또는 결과인 행위가 수개의 죄명에 해당하는 경우에는 그 중 중한죄 또는 주된 죄 1건으로 한다.(문서를 위조·행사하여 사기를 한 경우 사기죄로 한다.), ③ 동일한 취지, 명목 하에 동일한 수단·방법으로 불특정다수인을 대상으로 하여 행하여진 동일한 죄종에 속하는 행위(광고, 통신 등 방법에 의한 사기 등), 하나의 업으로서 또는 직업적으로 반복 행하여진 동일죄종에 속하는 행위는 포괄 1건(부정품의 연속판매에 의한 수개의 외설물죄)으로 한다.

Ⅳ. QUIZ 및 정답/해설

1. 다음 우범자 중 자료보관 대상자에 해당하는 사람은?
   ① 살인으로 실형(금고형 이상)을 받고 출소한 사람 중 재범의 우려가 있는 자
   ② 강간, 추행의 죄로 실형을 받고 출소한 사람 중 재범위험성이 낮은 자
   ③ 강도죄로 3회 이상 금고형 이상의 실형을 받고 출소한 사람 중 재범의 우려가 있는 자
   ④ 방화로 실형을 받고 출소한 사람 중 재범의 우려가 있는 자

☞ 정답: 2번

2. 우범자 편입요령에 대한 설명으로 거리가 먼 것은?
   ① 경찰서장은 각종 출소 통보를 받는 경우 거주 여부 등을 파악한다.
   ② 우범자 편입 대상자가 소재 불명인 경우 우범자로 편입하지 않고 행방불명 처리한다.
   ③ 우범자 편입대상자가 타 관내 거주 사실이 확인되면 관할 경찰서로 통보한다.
   ④ 전입 통보 받은 경찰서장은 지체없이 소재를 확인하여 우범자로 편입한다.

☞ 정답: 2번

3. 우범자 심사위원회의 설명으로 적당하지 않은 것은?
   ① 3명 이상 5명 이내의 위원으로 구성한다.
   ② 심사위원회는 특별한 사정이 없는 한 매 반기별로 개최한다.
   ③ 심사위원회는 수집된 첩보 등을 기초로 첩보수집 기간의 연장, 우범자 등급의 변경, 삭제에 대한 결정을 한다.
   ④ 심사위원장은 결정 내용을 신속히 경찰서장에 보고한다.

☞ 정답: 2번

4. 우범자 처리 요령으로 적당하지 않은 것은?
① 관내에 소재불명 우범자 발견했을 때에는 즉시 해당 관서에 통보한다.
② 우범자가 타 관할로 전출한 것을 확인했을 때에는 우범자 전산입력카드 사본을 송부한다.
③ 주거지가 확실한 우범자는 주민등록 등재지 관할서에서 필요한 조치를 한다.
④ 각 지방경찰청장은 관할 내 소재불명 우범자 현황을 분기별 경찰청장에 보고한다.

☞ 정답: 2번

(O · X 문제)

1. 우범자 편입 대상자가 소재불명일 경우 귀주지 경찰서장은 먼저 우범자로 편입한 후 주민등록지 경찰서로 이첩하고, 주민등록지 경찰서에 소재확인 후 소재불명시 행방불명처리 하여야 한다. (　　)

2. 형사(수사)과 담당자는 우범자에 대해서 편입 후 1년 동안 매 분기별 1회 이상 범죄관련여부에 대한 첩보를 수집, 지구대(파출소) 담당자는 우범자에 대하여 매 분기별 1회 이상 범죄관련여부에 대한 첩보를 수집하여 경찰서장에게 보고하여야 한다. (　　)

3. 경찰서장은 우범자가 타 관할로 전출한 것을 확인하였을 때는 우범자 전산입력카드 원본을 송부하여야 한다. (　　)

4. 발생통계원표는 사건발생시 발생(고소, 고발, 인지 등 포함)된 수사기관에서 발생 즉시 작성한다. 발생사건의 미검거로 타 기관에 이송하였을 때도 발생통계원표만은 작성한다. (　　)

5. 검거통계원표, 피의자통계원표는 검거 또는 이송(검사 수사지휘사건 포함)을

받아 최종 수사종결(송치)한 수사기관에서 송치시에 작성한다. 검거원표는 공범 중 일부만을 검거한 경우에도 작성한다. (　　)

☞ 정답: 1번 ~ 5번 모두 O

Ⅴ. 학습정리

⊙ 우범자 선정은 ① 범죄단체의 조직원 또는 불시에 조직화가 우려되는 조직성폭력배 중 범죄사실 등으로 보아 죄를 범할 우려가 있는 사람, ② 살인, 방화, 약취·유인, 총기 제조·이용 범죄로 금고형 이상의 실형을 받고 출소한 사람, ③ 강도·절도·마약류 관련 범죄로 3회 이상 금고형 이상의 실형을 받고 출소한 사람, ④ 폭파협박 범죄로 3회 이상 벌금형 이상의 형을 선고 받은 사람 등이다.

⊙ 우범자는 편입 후, 자료를 전산에 입력하고 범죄관련성 여부에 대해 첩보를 입수한다.

⊙ 심사위원회의는 3명 이상 5명 이내이 위원으로 구성하고, 경찰서 형사(수사)과장을 위원장으로 하며, 간사 1인을 둔다. 위원회는 특별한 사정이 없는 한 매분기별로 개최한다.

⊙ 우범자 삭제는 ① 3년을 초과하는 실형 후 출소하여 우범자에 편입된 사람이 5년이 경과한 경우, ② 3년 이하의 실형 후 출소하여 우범자에 편입된 사람이 3년이 경과한 경우에 우범자에 해당하는 죄를 범하지 않은 자 중 재범의 위험성이 없어 더 이상 관리가 필요하지 않다고 인정되는 자는 심사위원회의 의결을 거쳐 삭제한다.

⊙ 우범자 사망, 전출 또는 심사위원회의 결정으로 우범자를 삭제하는 경우 전산입력카드를 폐기한다.

⊙ 발생통계원표는 사건발생시 발생(고소, 고발, 인지 등 포함)된 수사기관에서 발생 즉시 작성한다. 발생사건의 미검거로 타 기관에 이송하였을 때도 발생

통계원표만은 작성한다.

⊙ 검거통계원표, 피의자통계원표는 검거 또는 이송(검사 수사지휘사건 포함)을 받아 최종 수사종결(송치)한 수사기관에서 송치시에 작성한다. 검거원표는 공범 중 일부만을 검거한 경우에도 작성한다.

⊙ 작성하는 경우는 기소 또는 불기소(혐의 없음, 죄가 안됨, 공소권 없음) 의견으로 송치하는 경우이다. 작성하지 않는 경우는 ① 군사법원 관할 사건, ② 경범죄처벌법 위반사건, ③ 고소·고발 각하의견으로 송치하는 경우, ④ 관세법위반 등으로 통고처분에 그치는 경우 등이다.

제 19 강

범죄피해자 보호대책 및 수사본부

사건사례- "의붓딸 살인사건"

전남 무안군 한 농로에 세운 승용차 안에서 재혼한 남편 김모(31)씨와 함께 중학생 딸 A양을 살해하고 이튿날 오전 5시 30분쯤 A양 시신을 저수지에 버린 혐의다. 남편 김씨는 시신이 저수지 수면 위로 떠오르자 반나절 만에 경찰에 자수했다. 경찰 조사에서 김씨는 자신을 성범죄자로 신고한 의붓딸에게 복수하려고 살인을 저질렀다고 자백했다.
김씨는 "목포 집에 있던 A양을 아내 유씨가 공중전화로 불러냈고, 승용차 뒷좌석에서 A양을 목 졸라 살해할 때 아내는 앞좌석에서 생후 13개월 된 아들과 함께 있었다
경찰은 숨진 딸 A양의 시신에서 수면제인 졸피뎀 성분이 검출된 것을 확인했으며, 유씨가 범행 이틀 전 이 수면제를 처방받은 사실을 파악했다. 부부는 범행 전 수면제를 드링크 음료에 타 A양이 마시게 한 것으로 조사됐다. 이들 부부가 딸의 시신을 저수지 바닥에 가라 앉히려는 목적으로 그물을 구입한 사실도 확인했다.

A양 신고 이후 사망까지 경찰서와 지방경찰청에서 A양이 의붓아버지와 떨어져 지내고 있다는 것 외에는 관심을 갖지 않았다고 밝혔다. 특히 아동 대상 성범죄 특성을 고려해 A양의 심리상태, 피해의 재발 여부, 가해자의 위험성 등 안전을 살피는 노력을 해야 했음에도 이 같은 노력이 거의 전무했다고 판단했다. 게다가 경찰은 A양이 신고했던 성범죄 수사 과정에서 절차위반, 업무소홀, 이송지연, 수사미진 등을 저질렀던 것으로 드러났다.

성범죄 사건의 경우 피해자가 요청할 경우 성폭력범죄 등 사건의 심리·재판 및 피해자 보호에 관한 예규에 따라 대기실 설치, 비공개 신청 가능 안내 고지 등의 혜택

을 받을 수 있다.

범죄피해자가 범죄피해구조금이나 경제적 지원을 받기 위해서는 관할 검찰청에 반드시 신청을 해야 했는데 피해자가 제도를 잘 모르고 있으면 신청이 이뤄지지 않는 경우가 종종 발생했다. 또 피해자의 피해 상황을 확인하지 못한 검찰이 범죄피해자에게 신청을 안내할 수 없어 지원이 누락되는 사례가 발생하기도 했다.

개선해야 할 스토킹 피해 보호자 사건
스토킹 피해자인 여성 A씨는 법원에서의 충격을 잊을 수가 없다. 매일 집 앞에 찾아와 기다리고 원치 않는 물건을 대문 앞에 두는 등 1년 여의 기나긴 스토킹 기간을 견디다 못한 A씨는 가해자 B씨를 수사기관에 신고했다. 접근금지도 신청했다. 문제는 거기서 발생했다. 접근금지 가처분 심문기일이 열려 법원에 간 A씨는 B씨와 정면으로 마주쳤다. 사전에 법원에서 가해자를 마주칠 수 있다는 사실을 전혀 안내받지 못한 A씨는 소스라치게 놀랐다. 심문이 끝난 후 혹시라도 가해자가 따라올까 겁났던 A씨는 번개처럼 뛰어나와 여자화장실로 숨었다. 40분을 넘게 숨어있던 A씨는 나와서도 다른 장소로 이동 후 귀가했다.

"성범죄자 사건은 가해자와 피해자가 대면하지 않고도 가처분 심문이 가능하도록 돼 있는 걸로 아는데, 일반 폭행 스토킹 사건인 이 건에 대해서는 사전에 신변보호 신청 등 아무런 안내도 해주지 않았다", "가해자가 '죽여버리겠다'고 협박까지 해 거주지도 옮긴 상황임을 증거자료로 확인했는데 법원에서 모두 제대로 확인했는지 조차 의문이다"

Ⅰ. 학습목표 및 개요

1. 범죄피해자의 신속한 피해회복을 위한 보호대책을 확인해 보자.
2. 사회적 이목을 집중시키거나 중대한 영향을 미칠 우려가 인정되는 중요사건에 대한 수사본부의 운영을 알아보자.

Ⅱ. 범죄피해자 보호대책

⊙ 범죄피해는 폭행·상해 피해자의 신체적 피해나 절도·사기 피해자의 재물이나 재산 손실 등과 같이 범죄에 의해 입게 되는 직접적인 피해를 '1차적 피해(직접적 피해)'라고 한다.

⊙ 피해자는 범죄에 의한 직접적인 피해뿐 아니라, 실직 등에 의한 경제적 손해, 수사·재판 과정에 있어서의 정신적·시간적 부담, 언론의 취재·보도에 의한 불쾌감, 대인관계 약화 등 피해를 통틀어 '2차적 피해'라고 한다.

⊙ '피해자'란 범죄로 인하여 피해를 입은 사람과 그 배우자(사실상의 혼인관계를 포함한다), 직계친족 및 형제자매를 말한다(피해자 보호 및 지원에 관한 규칙)

※ Trauma란 심적외상, 마음의 상처를 말한다. 그리스어 traumat에서 나온 말로 상처를 뜻하며, 신체적인 손상 및 생명을 위협하는 심각한 상황(어렸을 때의 학대, 전쟁의 경험 등)에 직면한 후 나타나는 정신적인 장애가 1개월 이상 지속되는 질병이다.

※ PTSD란 심적 외상 후 스트레스 장애(외상성 스트레스장애)를 말한다. 사건·사고의 피해가 초래하는 정신적 영향으로 심적 외상에 의해 발생한 신체적·정신적인 제 증상을 말한다. (미국 베트남전 참전 군인, 일본 지하철 독가스 사건 피해자들이 겪는 공포스런 기억재발, 만성정신분열증). 증세는 개인에 따라 충격 후에 나타나거나 수일에서 수년이 지난 후에 나타날 수도 있다.

1. 범죄피해자 보호 추진 체계

1) 피해자보호추진위원회

① 피해자 보호 및 지원정책을 체계적으로 추진하기 위하여 경찰청에 피해자 보호추진위원회를 둔다.

② 위원장은 경찰청 차장으로, 위원은 위원장을 포함하여 15인 이내로 한다.

2) 특정범죄신고자 보호(특정범죄신고자 등 보호법)

① **불이익처우 금지**: 피고용자가 범죄신고 등을 하였다는 이유로 해고 기타 불이익한 처우를 하여서는 아니된다.

② **신변안전조치**

③ **인적사항 기재생략**: 검사 또는 사법경찰관은 범죄신고 등과 관련하여 조서나 그 밖의 서류를 작성할 때 보복을 당할 우려가 있는 경우에는 그 취지를 조서 등에 기재하고 범죄신고자의 성명·연령·주소·직업 등 신원을 알 수 있는 사항은 기재하지 아니한다.

④ **인적사항 공개금지**

⑤ **보좌인 지정**: 사법경찰관·검사 또는 법원은 범죄신고자 등이나 그 친족 등이 보복을 당할 우려가 있는 경우에는 직권 또는 범죄신고자 등, 그 법정대리인이나 친족 등의 신청에 의하여 범죄신고자 등 보좌인을 지정할 수 있다. 보좌인은 범죄신고자 등의 법정대리인, 친족 또는 대통령령으로 정하는 자 중에서 지정한다. 다만, 수사기관 종사자는 보좌인이 될 수 없다.

⑥ **구조금 지급**: 중대한 경제적 손실 또는 정신적 고통을 받았거나 이사·전직 등으로 비용을 지출하였거나 지출할 필요가 있는 때에는 구조금을 지급할 수 있다. 구조금 지급은 관할지방검찰청 범죄신고자 구조심의회에서 심사·결정 후 지급한다.

⑦ **주요 변동상황 통지**: 재판 및 신병에 관련된 변동상황을 범죄신고자 등에게 통지할 수 있다.

⑧ 임의적 감면: 범죄신고자 등에 대하여 형을 감경 또는 면제할 수 있다.

2. 범죄 피해자 구조제도(범죄피해자보호법)

범죄로 인하여 생명·신체에 대한 피해를 입은 국민에 대하여 국가가 구조금을 지급하여 피해자를 구조해 주는 제도를 말한다.

① 구조금은 유족구조금·장해구조금 및 중상해구조금으로 구분하며, 일시금으로 지급한다.
② 신청은 해당 구조대상 범죄피해의 발생을 안 날로부터 3년이 지나거나 해당 구조대상 범죄피해가 발생한 날로부터 10년이 지나면 할 수 없다. 구조금을 받을 권리는 그 구조결정이 해당 신청인에게 송달된 날로부터 2년간 행사하지 아니하면 시효로 소멸한다.
③ 정당행위, 정당방위에 따라 처벌되지 아니하는 행위 및 과실에 의한 행위로 피해를 받은 경우에는 범죄피해자 보호법이 적용되지 아니한다

⊙ 범죄 피해자 보호를 위한 각종 제도

① 범죄신고자 보호 및 구조: 특정범죄 신고자 등 보호법, 성매매 알선 등 행위의 처벌에 관한법률, 범인검거 등 공로자 보상에 관한 규정
② 무보험 차량 교통사고 및 뺑소니 피해자 구조제도
③ 형사절차에 있어서 배상명령
④ 범죄 피해자 구조제도
⑤ 법률구조제도
⑥ 국민건강보험제도를 이용한 피해자 구조제도
⑦ 의사상자 예우 등에 관한 제도

Ⅲ. 수사본부의 운영

특별한 중요한 사건이 발생하고 수사를 통일적으로 추진할 필요가 있다고 인정할 때에는 수사본부를 설치한다.

1. 수사본부는 비상설 조직이다. 수사본부의 설치 해체 및 수사본부장과 부본부장의 임명은 지방경찰청장이 행한다.
2. 설치대상 사건은 약취·유인, 방화, 강도, 강간, 국가중요시설물 파괴 및 인명피해가 발생한 테러사건 또는 그러한 테러가 예상되는 사건, 피해자가 많은 업무상 과실치사상, 살인, 실종, 조직폭력사건 중 중요하다고 인정되는 사건이다. 기타 사회적 이목을 집중시키거나 중대한 영향을 미칠 우려가 있다고 인정되는 중요사건이다.
3. 본부장은 지방경찰청 수사업무담당 부장 또는 지방경찰청 차장이다.
4. 서류와 기록사본 보존기간은 ① 범인을 검거하였을 경우에는 3년, 검거하지 못한 사건인 경우에는 공소시효 완성후 1년이다.
5. 수사본부는 사건 발생지를 관할하는 경찰서 또는 지구대·파출소 등 지역경찰관서에 설치하는 것을 원칙으로 한다. 다만 지방청장은 관계기관과의 협조, 사건의 내용 및 성격을 고려하여 다른 곳에 설치하는 것이 적당하다고 인정될 때에는 다른 장소에 설치할 수 있다.

⊙ 특별수사본부

① 경찰청장은 중요사건 중 경찰고위직의 내부비리사건, 사회적 관심이 집중되고 공정성이 특별하게 중시되는 사건에 대하여는 직접 특별수사본부를 설치하여 운영할 수 있다.

② 특별수사본부장은 경찰청장이 경무관급 경찰관 중에서 지명한다.

③ 특별수사본부장은 그 직무에 관하여 경찰청장 등 상급자의 지휘·감독을 받

지 않고 수사결과만을 경찰청장에게 보고한다.

Ⅳ. QUIZ 및 정답/해설

1. '범죄피해자 보호법'에 관한 다음 설명 중 가장 적절하지 않은 것은?
   ① 타인의 범죄행위로 인하여 생명· 신체에 피해를 받은 사람을 구조함으로써 범죄피해자의 복지 증진에 기여함을 목적으로 한다.
   ② 구조금은 유족구조금, 장해구조금, 중상해구조금으로 구분되고 일시금으로 지급한다.
   ③ 정당행위, 정당방위, 긴급피난에 따라 처벌되지 아니하는 행위는 적용대상이 아니다.
   ④ 구조금을 받을 권리는 그 구조결정이 해당 신청인에게 송달된 날부터 2년간 행사하지 아니하면 시효로 인하여 소멸된다.

☞ 정답: 3번(정당행위, 정당방위에 따라 처벌되지 아니하는 행위 및 과실에 의한 행위로 피해를 받은 경우에는 범죄피해자 보호법이 적용되지 아니한다)

2. 「특정범죄신고자등보호법」에 대한 설명으로 옳은 것은?
   ① 수사기관 종사자는 범죄 신고자의 보좌인이 될 수 있다.
   ② 범죄신고자 등이 '보복을 당할 우려가 있는 경우'라 함은 범죄신고 등과 관련하여 생명 또는 신체에 대한 위해나 재산 등에 대한 피해를 입거나 입을 우려가 있다고 인정할 만한 충분한 이유가 있는 경우를 말한다.
   ③ 사법경찰관은 범죄신고 등과 관련하여 범죄신고자 등이 보복을 당할 우려가 있는 경우에는 조서 등에 그 취지를 기재하고 범죄신고자 등의 인적사항의 전부 또는 일부를 기재하지 아니할 수 있다.
   ④ 범죄신고 등을 함으로써 그와 관련된 자신의 범죄가 발견 될 경우, 그 범죄신고자 등에 대해 형을 감경 또는 면제한다.

☞ 정답: 2번

3. 「범죄피해자보호법」에 대한 설명으로 적절하지 않은 것은?
   ① 구조금은 일시금으로 지급한다.
   ② 구조금은 유족구조금, 장해구조금, 중상해구조금으로 구분된다.
   ③ 정당방위로 인하여 처벌되지 아니하는 행위로 인한 피해도 반드시 적용대상이 된다.
   ④ 형사미성년자, 심신장애자의 범죄행위로 인한 피해도 적용대상이 된다.

☞ 정답: 3번

4. 수사본부에서 수사본부장·부본부장의 지명 및 수사본부의 해산권자로 가장 적당한 자는?
   ① 지방청장　　　② 지방경찰청 차장
   ③ 경찰서장　　　④ 경찰청 차장

☞ 정답: 1번

5. 다음은 「수사본부 설치 및 운영규칙」상 수사본부에 대해 설명한 것이다. 이에 대한 설명으로 가장 적절하지 않은 것은?
   ① 약취·유인, 방화사건은 수사본부 설치대상에 포함된다.
   ② 수사본부는 사건 발생지를 관할하는 지방경찰청에 설치하는 것이 원칙이다.
   ③ 범인을 검거하지 못한 사건인 경우에는 수사본부 사건기록 사본의 보존기간은 공소시효 완성 후 1년이다.
   ④ 지방경찰청장은 오랜 기간 수사하였으나 사건해결의 전망이 없는 경우 수사본부를 해산할 수 있다.

☞ 정답: 2번

(O·X 문제)

1. **특정범죄신고자 보호(특정범죄신고자 등 보호법)**에는 불이익처우 금지, 신변안전조치, 인적사항 기재생략, 인적사항 공개금지, 보좌인 지정, 구조금 지급, 주요 변동상황 통지, 임의적 감면 (범죄신고자 등에 대하여 형을 감경 또는

면제할 수 있다) 등이 적용된다. (   )

2. 범죄피해자 구조금 신청은 해당 구조대상 범죄피해의 발생을 안 날로부터 3년이 지나거나 해당 구조대상 범죄피해가 발생한 날로부터 10년이 지나면 할 수 없다. 구조금을 받을 권리는 그 구조결정이 해당 신청인에게 송달된 날로부터 2년간 행사하지 아니하면 시효로 소멸한다. (   )

3. 수사본부는 비상설 조직이다. 수사본부의 설치 해체 및 수사본부장과 부본부장의 임명은 지방경찰청장이 행한다. (   )

4. 수사본부는 사건 발생지를 관할하는 경찰서 또는 지구대·파출소 등 지역경찰관서에 설치하는 것을 원칙으로 한다. (   )

5. 경찰청장은 중요사건 중 경찰고위직의 내부비리사건, 사회적 관심이 집중되고 공정성이 특별하게 중시되는 사건에 대하여는 직접 특별수사본부를 설치하여 운영할 수 있다. (   )

☞ 정답: 1번 ~ 5번 모두 O

Ⅴ. 학습정리

⊙ 범죄 피해자 구조제도(범죄피해자보호법)

① 구조금은 유족구조금·장해구조금 및 중상해구조금으로 구분하며, 일시금으로 지급한다.

② 신청은 해당 구조대상 범죄피해의 발생을 안 날로부터 3년이 지나거나 해당 구조대상 범죄피해가 발생한 날로부터 10년이 지나면 할 수 없다. 구조

금을 받을 권리는 그 구조결정이 해당 신청인에게 송달된 날로부터 2년간 행사하지 아니하면 시효로 소멸한다.

③ 정당행위, 정당방위에 따라 처벌되지 아니하는 행위 및 과실에 의한 행위로 피해를 받은 경우에는 범죄피해자 보호법이 적용되지 아니한다

⊙ 수사본부는 비상설 조직이다. 수사본부의 설치 해체 및 수사본부장과 부본부장의 임명은 지방경찰청장이 행한다.

⊙ 설치대상 사건은 약취·유인, 방화, 강도, 강간, 국가중요시설물 파괴 및 인명피해가 발생한 테러사건 또는 그러한 테러가 예상되는 사건, 피해자가 많은 업무상 과실치사상, 살인, 실종, 조직폭력사건 중 중요하다고 인정되는 사건이다. 기타 사회적 이목을 집중시키거나 중대한 영향을 미칠 우려가 있다고 인정되는 중요사건이다.

⊙ 본부장은 지방경찰청 수사업무담당 부장 또는 지방경찰청 차장이다.

⊙ 서류와 기록사본 보존기간은 ① 범인을 검거하였을 경우에는 3년, 검거하지 못한 사건인 경우에는 공소시효 완성후 1년이다.

⊙ 수사본부는 사건 발생지를 관할하는 경찰서 또는 지구대·파출소 등 지역경찰관서에 설치하는 것을 원칙으로 한다.

제 20 강

강력범죄 특징 및 살인 강도 사건수사

사건사례- "사람 아닌 짐승 죽였다" (김부남 사건)

1970년대 한 9살 소녀가 무참히 성폭행 당하는 사건이 발생한다. 남겨진 소녀는 참을 수 없는 수치심과 극심한 고통에도 가족에게 나쁜 일이 생길까 두려워 경찰 신고는 물론 어디에도 자신이 성폭력을 당했다는 사실을 말할 수 없었다. 그렇게 성폭력 피해자 김부남은 홀로 남겨졌다. 극심한 외상 후 스트레스(트라우마)는 곧 증상으로 나타났다. 혼자 멍하니 있는가 하면 알 수 없는 불안감에 시달리며 지나치게 화장실을 자주 찾았다. 김부남은 당연히 학업에 집중할 수 없었고 친구들과도 멀어졌다. 늘 불안하고 우울한 날들의 연속이었다.

그러다 사춘기를 넘어 성인이 된 김부남은 중매를 통해 결혼한다. 결혼생활은 순탄하지 못했다. 남편의 손길이 '9살 소녀 김부남'을 성폭행했던 송백권의 손길로 느껴졌기 때문이다. 아무리 노력해도 부부관계는 회복될 수 없었다. 결국, 김부남은 그 누구에게도 말하지 못했던 성폭력 피해 사실을 남편에게 털어놨다. 하지만 오히려 남편은 처가로 전화해 김부남의 과거 성폭력 사실로 결혼 생활을 지속하기 어렵다고 하소연했다. 김부남의 가족은 그제야 딸이 어릴 때 중년 남성에게 성폭행을 당했다는 사실을 알게 되었다. 이후 김부남과 한 정신병원을 찾아 진료를 받았다.

정신과 의사는 멍하니 하늘만 쳐다보고 중얼거리며 사람을 회피하는 등의 증상을 근거로 김부남에게 '조현병' 진단을 내린다. 김부남 가족은 경찰을 찾아 성폭행 피해 사실을 알렸지만, 당시 법은 성폭행 처벌의 경우 '피해자가 고소해야 처벌할 수 있는 친고죄인데 이미 고소 기한인 6개월이 지나버렸기 때문에 소용이 없다'는 답을 듣고 심한 절망감에 빠진다. 이후 김부남은 극심한 분노와 절망감 사이에서 혼란스런 시기를 보내다 결국 '조현병'이 이어지면서 정신병원 입원과 퇴원을 반복한다. 그러다 두 번째 결혼을 통해 만난 남편과 부부 관계를 갖게 되었지만, 오히려 '9살 소녀 김부남'의 일그러진 모습이 떠올라 소리를 지르고 남편을 밀쳐대는 발작 증세가 더 심해졌다. 결국, 김부남은 고향 동네를 찾아 자신을 성폭행한 송백권을 찾아 폭언과 협박을 하며 화를 풀었지만, 상황은 나아지지 않았다. 사실상 생지옥을 살아가던 김부남은 송백권으로부터 성폭행을 당한 지 20년이 지난 1991년 1월 30일 그의 집을 찾아갔다. 김부남은 문을 박차고 송백권의 방 안으로 들어가 흉기를 꺼내 들어 송백권의 신체 주요 부위를 향해 휘둘렀다. 그러다 다시 하복부 쪽을 향해 마구 휘둘렀다. 고통에 몸부림치는 송백권의 비명을 닫고 달려온 이웃 주민들이 김부남을 붙잡고 흉기를 뺏으려 하자 김부남은 온 힘을 다해 흉기를 뺏기지 않으려 애썼다.

'9살 소녀 김부남'에 갇혀버릴 수밖에 없던 성폭력 트라우마로 평생을 살아간 김부남은 그렇게 잔혹한 살인자가 되었다. 신고를 받고 현장에 출동한 경찰은 살인 혐의로 김부남을 현행법으로 체포했다.
살인 혐의로 재판에 넘겨진 김부남은 법정에서 "나는 사람이 아닌 짐승을 죽였어요"라고 진술했다. 1991년 8월 26일 1심 법원은 피고인 김부남에 대해 "원래 가지고 있던 내성적이고 조현병인 성격이 아홉 살 때의 성폭행 경험으로 인하여 더욱 정신분열성인 성격으로 발달되었다"고 판단했다. 재판부는 이어 "이러한 치명적인 경험이 적절히 치유되지 못하여 결혼 후에도 정상적인 성생활이 어려워지고 더욱이 이혼으로 충격을 받게 되면서 증상이 악화되었다. 아홉 살 때의 강간 경험이 외상 후 스트레스 장애로 발전하고 이상한 행동, 부적절한 정서, 흥미의 결여, 심한 사회적 고립과 위축 등의 증상이 나타나는 잔재형 조현병 환자로, 이 사건 범행 당시에도 이와 같은 증상이 갑자기 발현되면서 억제할 수 없는 충동에 의한 행동의 장애를 보였던 것이다"라고 판단했다.

다만 "범행 당시에 1차 흉기를 뺏기자 과도로 재차 피해자를 가해하는 등의 범행 방법과 수단, 그 범행 동기와 경위, 시간과 방법 등을 논리 정연하게 구체적으로 진술하고 있는 점 등을 종합할 때 사물을 변별하거나 의사를 결정할 능력이 없어 범죄의 책임을 물을 수 없는 '심신 상실'의 상태가 아니라 감형의 대상인 '심신 미약' 상태에 있었다"고 판단했다.
법원은 김부남에 대해 징역 2년 6개월을 선고하고 집행을 3년간 유예하면서 1년간의 치료 감호 명령을 내렸다. 항소심과 대법원 최종심에서도 항소와 상고를 기각하고 원심 판결을 그대로 인정했다. 김부남은 이후 약 1년 7개월간 공주 치료감호소에서 치료감호를 받은 뒤 1993년 5월 석방됐다.

현행법은 13세 미만 아동에게 폭행이나 협박에 의한 강간 및 강제추행에 대해서는 공소시효를 적용하지 않고 있다. 최근 개정안은 조직 내 위계나 위력으로 13세 미만 아동·청소년을 간음하거나 추행한 경우에도 공소시효를 적용하지 않는 내용을 담고 있다.

Ⅰ. 학습목표 및 개요

1. 강력범죄는 완벽한 현장보존과 과학적이고 합리적인 현장관찰 및 증거수집을 필요로 한다.
2. 살인범 수사는 그 동기가 무엇인가에 따라 수사방향이 달라진다.
3. 강도사건의 경우에는 신속하고 치밀한 수사로 범인검거에 주력하여 피해확산을 방지해야 한다.

Ⅱ. 강력범죄의 특징

방화, 살인, 강도, 강간 등 흉기나 강한 물리적 유형력을 이용하여 1차적으로 생명 · 신체에 위해를 가하고, 2차적으로 재산상 피해를 가져오는 범죄를 말한다.

1. 강력범죄의 수사는 즉시 현장에 임장하여 신속한 출동수사 및 감식활동을 하는 것이 사건해결의 관건이 된다. 따라서 모든 절차는 단시간 내에 조직적이고 체계적으로 이루어 져야 한다.
2. 범인이 불명하므로 범인의 특정에 주력한다.
3. 일반적으로 사전의 치밀한 계획에 의해 범행, 범행 은폐, 현장 위장이 이루

어지므로 다각적인 수사방향 설정이 필요하다.

4. 시체가 사망 후 철도, 자동차 등으로 수송되어 범행장소와는 다른 곳에서 발견되었을 때, 그 장소를 제2의 현장이라고 한다

Ⅲ. 살인범죄 수사

고의로 타인의 생명을 빼앗는 것을 내용으로 하며, 피해자 가족, 현장부근 주민들에게 직접적으로 충격을 준다.

1. 존속살해는 ① 자기 또는 배우자의 직계존속(법률상의 개념), ② 혼인 외의 출생자가 생모를 살해한 경우, ③ 타인의 양자로 입양된 경우에도 실부모와의 친자관계는 그대로 존속한다.
2. 살인범죄 수사 진행과정: ① 초동조치(현장출동)→ ② 현장관찰 → ③ 기초수사(피해자 중심, 현장중심, 피해품 수사) → ④ 수사방침 결정(전체 인원이 참석하여 분야별 수사결과를 보고하고 토론하여 결정) → ⑤ 수사활동 → ⑥ 피의자 조사 → ⑦ 방증자료 수집결과의 재검토(현장검증) → ⑧ 참고인 조사(목격자 재조사, 피해자 유족 처벌희망 여부 파악)

⊙ 기초수사

① **피해자 중심 수사**: 피해자 신원확인(십지지문 채취), 원한·치정관계, 가출인·실종자 수사

② **현장 중심 수사**: 현장수색, 현장 주변의 목격자 확보, 우범자 파악 등

③ **피해품 수사**: 피해품의 장물수배를 통한 역추적으로 범인을 검거

⊙ 수사활동

① 참고인 및 목격자를 상대로 탐문수사

② 현장을 중심으로 한 수사

③ 범인의 인상·특징에 의한 수사
④ 감별수사: 친족이나 고용인 등 피해자와 관계 있는 자
⑤ 유류품 수사: 현장에 있던 칼의 제조회사와 판매처 수사
⑥ 감식수사
⑦ 용의자 내사 및 추적수사

⊙ 검거단서 수집
① 인적·무형적 단서: 수사관의 수사경험을 통한 판단이나 상상과 이를 토대로 한 직무질문, 전과자·불량배에 대한 착안을 말한다.
② 직접적 물적단서: 현장유류품, 지문, 족적, 혈흔, 공구흔, 장물(강도살인의 경우)
③ 간접적인 물적단서: 법의학적 감정 등 과학기술방법에 의한 판단결과
④ 수동적 단서: 피해신고, 밀고, 자수 등

⊙ 살인의 3대 동기는 재물, 원한, 치정이다.
⊙ 살인사건의 현장관찰에서 범행동기를 가장 잘 추정할 수 있는 방법은 연고감 수사이다.

Ⅳ. 강도 사건 수사

강도죄는 상대방이 반항을 억압할 정도의 폭행 또는 협박으로 타인의 재물을 강취하거나 기타 재산상의 이익을 취득하거나 제3자로 하여금 취득하게 함으로써 성립하는 범죄이다.

1. 강도사건은 수법범죄에 해당한다. 수법으로는 침입강도, 노상강도, 인질강도, 준강도 등이 있다.
2. 피의자가 대질조사를 요구하는 경우에도 목격자, 관련 근거 등으로 대질조사

가 필요하지 않다고 판단되면 대질조사를 실시하지 않는다.

3. 총기사용 인질강도 긴급배치는 중요한 도주 예상 길목에 최소한 2명 이상의 무장경찰관을 배치하는 것이 효과적이다.
4. 택시강도의 경우, 도난 택시 발견 경찰서는 즉시 해당관서에 통보하고 현장 보존에 유의한다.

※ 강력사건과 국민참여재판

① 국민참여재판은 피고인이 원하지 않는 경우 실시하지 않는다.

② 합의부 관할 사건(지방법원판사에 대한 제척・기피사건 제외)이 대상사건에 포함되며, 대상사건의 미수죄・교사죄・방조죄・예비죄・음모죄에 해당하는 사건도 포함된다.

Ⅴ. QUIZ 및 정답/해설

1. 살인사건의 수사에서 공범수사에 해당하는 것은?

① 범행현장에서 족적의 수와 흉기의 개수를 확인한다.
② 범행시간에 주변에 있던 목격자를 중심으로 수사한다.
③ 현장에 있던 칼의 제조회사와 판매처를 수사한다.
④ 친족이나 고용인 등 피해자와 관계 있는 자를 수사한다.

☞ 정답: 1번

2. 살인범의 검거단서에 대한 연결로 가장 적절한 것은?

① 직접적인 물적단서- 법의학적 감정결과 등 과학기술방법에 의한 판단결과
② 간접적인 물적 단서- 지문, 족적, 혈흔, 공구흔 등의 흔적, 장물
③ 인적・무형적 단서- 전과자, 불량배에 대한 착안
④ 수동적 단서- 현장 유류품

☞ 정답: 3번

3. 살인사건 수사에 대한 설명으로 가장 옳은 것은?

① 살인의 범행동기가 재물인 경우 금품을 물색한 흔적을 남기게 되는 것이 대부분이고 범죄현장은 참혹한 점이 특징이다.

② 살인사건 현장관찰로 범행동기를 추정할 수는 없다.

③ 시체가 사망 후 철도, 자동차 등으로 수송되어 범행장소와는 다른 곳에서 발견되었을 때, 그 장소를 간접현장이라고 한다.

④ 법의학적 감정 등 과학기술방법에 의한 판단 결과는 살인범의 검거를 위한 간접적인 물적단서에 해당된다.

☞ 정답: 4번

(O · X 문제)

1. 존속살해는 자기 또는 배우자의 직계존속(법률상의 개념), 혼인 외의 출생자가 생모를 살해한 경우, 타인의 양자로 입양된 경우에도 실부모와의 친자관계는 그대로 존속한다. (　　)

2. 기초수사에는 피해자 중심 수사, 현장 중심 수사, 피해품 수사 등이 있다. (　　)

3. 직접적 물적단서에는 현장유류품, 지문, 족적, 혈흔, 공구흔, 장물(강도살인의 경우) 등이 해당된다. (　　)

4. 간접적인 물적단서에는 법의학적 감정 등 과학기술방법에 의한 판단결과 등이 해당된다. (　　)

5. 국민참여재판은 피고인이 원하지 않는 경우 실시하지 않는다. (　　)

6. 국민참여재판은 합의부 관할 사건(지방법원판사에 대한 제척·기피사건 제

외)이 대상사건에 포함되며, 대상사건의 미수죄·교사죄·방조죄·예비죄·음모죄에 해당하는 사건도 포함된다. (   )

☞정답: 1번 ~ 6번 모두 O

Ⅵ. 학습정리

1. **살인범죄 수사 진행과정**: ① 초동조치(현장출동)→ ② 현장관찰 → ③ 기초수사(피해자 중심, 현장중심, 피해품 수사) → ④ 수사방침 결정(전체 인원이 참석하여 분야별 수사결과를 보고하고 토론하여 결정) → ⑤ 수사활동 → ⑥ 피의자 조사 → ⑦ 방증자료 수집결과의 재검토(현장검증) → ⑧ 참고인 조사(목격자 재조사, 피해자 유족 처벌희망 여부 파악)

2. 기초수사

① **피해자 중심 수사**: 피해자 신원확인(십지지문 채취), 원한·치정관계, 가출인·실종자 수사

② **현장 중심 수사**: 현장수색, 현장 주변의 목격자 확보, 우범자 파악 등

③ **피해품 수사**: 피해품의 장물수배를 통한 역추적으로 범인을 검거

3. 검거단서 수집

① **인적·무형적 단서**: 수사관의 수사경험을 통한 판단이나 상상과 이를 토대로 한 직무질문, 전과자·불량배에 대한 착안을 말한다.

② **직접적 물적단서**: 현장유류품, 지문, 족적, 혈흔, 공구흔, 장물(강도살인의 경우)

③ **간접적인 물적단서**: 법의학적 감정 등 과학기술방법에 의한 판단결과

④ **수동적 단서**: 피해신고, 밀고, 자수 등

4. 살인의 3대 동기는 재물, 원한, 치정이다.
5. 살인사건의 현장관찰에서 범행동기를 가장 잘 추정할 수 있는 방법은 연고감 수사이다.

제 21 강

성폭력사건 수사

사건사례- "서진환 끔찍한 강간 중곡동 주부 살인사건"

지난 2012년 8월 20일, 서울 광진구 중곡동의 한 가정집에서 가정주부 이모(37)씨가 전자발찌를 찬 전과 11범에게 살해를 당했다. 중곡동 주부살인사건 13일 전에도 서진환이 성폭행을 저지른 정황도 드러났다. 범인은 당시 42세인 서진환으로 이미 강간, 절도, 강도상해 등 전과11범이었다. 그는 16년간 교도소 생활을 했던 인물이었고 혐의 대부분이 성폭력 관련 범죄인 흉악범이었다.

2012년 8월 20일 서진환은 밤새 자신의 컴퓨터로 음란물을 보던 그는 비아그라 2알을 먹고 철저하게 범행을 계획했다. 그는 청테이프와 흉기(칼) 등 범행도구를 챙겨 성폭행 대상을 찾아 거리로 나섰고 오전 9시 30분경 피해자 이 씨는 유치원에 다니는 자녀들을 통학차량 타는 곳에 바래다 주기 위해 잠시 집을 비웠다. 서진환은 그 사이 빈 집에 침입해 숨어있다가 이 씨가 돌아오자 무자비하게 폭행했다. 아랫집 주민이 이 씨의 비명을 듣고 장 근처 치안센터에 가서 신고했으나 그 사이 서진환은 현관문으로 도망가려는 이 씨를 붙잡아 미리 준비한 칼로 찔렀다.

1심에서 사형을 선고받은 서진환은 이후 반성문을 제출했고, 항소심에서 무기징역으로 깎였다. 재판부는 "법정에서 잘못을 뉘우치는 의사를 부족하게나마 밝혔다"고 밝혔다. 2심에서도 그대로 유지됐다.

서진환은 현장에서 체포됐고 이 씨는 곧바로 병원으로 옮겨졌으나 곧 사망했다. 사망원인은 과다출혈로 인한 쇼크사였다. 피해자 이씨의 남편은 아내의 상태에 대해 “얼마나 맞았는지 모든 얼굴이 새까맣더라 입술은 다 찢어지고 머리에는 얼마나 많이 흘렸는지 피가 있고"라고 당시 상황을 전했다.

서진환은 이 씨를 무차별 폭행으로 사망에 이르게 한 이유에 대해 "수많은 여자를 강간해 왔지만 그렇게 심하게 반항하는 여자는 처음 봤다"고 말했고 또한 "전자발찌에 대해 스트레스를 받는다"고 전해 분노를 샀다.

남편 박씨는 국가를 상대로 손해배상 청구 소송을 냈다. 범인 서진환이 2004년 강도강간죄로 복역했을 때 검찰이 특례법이 아닌 일반형법을 적용해 3년 빨리 출소했고, 또 아내가 살해되기 전 발생한 또 다른 성폭행 사건 후 재빠른 DNA 대조가 이뤄지지 않아 추가범행이 일어났다는 이유다. 이에 재판부는 '검찰의 실수는 인정하나 고의성은 없었으며 사건과 인과관계가 없다'는 이유로 패소 판결을 내렸다.

서진환·고종석 사건 이후 화학적 거세 대상을 늘려야 한다는 의견도 힘을 얻었다. 법무부는 성충동 약물치료를 16세 미만 피해자 대상 성폭력범에서 모든 피해자 대상 성폭력범으로 확대했다. 하지만 약물치료 명령이 자기결정권과 인격권 등 기본권을 침해하고 헌법의 과잉금지 원칙에 위배된다는 해석도 나온다

"대검은 형이 확정된 수형자 DB를 갖고 있고, 국립과학수사연구원(국과수)는 현장증거물 등의 DB와 형이 확정되지 않은 구속피의자 DB를 갖고 있다" "형사사법정보(KICS) 시스템의 연계서버로 신속하게 정보를 공유하고 있어도 시스템상 문제가 없는지 살펴보아야 한다", "국과수는 우선 자신들이 관리하고 있는 현장증거물 DNA와 구속피의자 DB를 검색한 뒤 일치하는 정보가 없을 경우 대검에 범죄자 DB 검색을 의뢰하곤 한다"

Ⅰ. 학습목표 및 개요

1. 「성폭력범죄의 처벌 등에 관한 특례법」을 살펴보자.
2. 성폭력 범죄자에 대한 전자장치 부착 명령을 살펴보자.

Ⅱ. 성폭력사건 수사

종전의 성기 중심적, 물리적 강제행위에 초점을 둔 범죄개념에서 성을 매개로 여성에게 가해지는 강제 및 통제행위로서 신체적, 정신적, 언어적 폭력을 포괄하는 새로운 성범죄 개념으로 변화하였다. 강간, 각종 성폭행, 성적학대와 성적 희롱, 성기노출, 음란전화 등이 성범죄에 해당한다.

1. 성폭력범죄의 처벌 등에 관한 특례법상 성폭력범죄

1) **특수강도강간 등**: 주거침입, 야간주거침입절도, 특수절도, 특수강도의 죄를 범한 자가 강간, 유사강간, 강제추행, 준강제추행의 죄를 범한 경우
2) **특수강간·특수강제추행**: 흉기 기타 위험한 물건을 휴대하거나 2인 이상이 합동하여 강간, 강제추행, 준강간, 준강제추행의 죄를 범한 경우
3) **친족관계에 의한 강간·강제추행**: 친족관계에 있는 자가 강간, 강제추행, 준강간, 준강제추행의 죄를 범한 경우(친족: 4촌 이내의 혈족·인척과 동거하는 친족을 말하며 사실상 친족 포함, 의붓아버지도 친족관계에 포함된다.)
4) **장애인에 대한 강간·강제추행 등** : 신체적인 또는 정신적인 장애가 있는 사람에 대하여 폭행이나 협박으로 유사강간행위를 한 경우
5) **13세 미만 미성년자 강간 등** : 13세 미만 미성년자를 강간, 강제추행, 준강간, 준강제추행, 위계 또는 위력에 의한 간음·추행한 경우이다. (※ 13세 미만 미성년자를 단순히 간음한 경우는 미성년자의제강간죄이다, 청소년은 「아동·청소년의 성보호에 관한 법률」에 따라 처벌되며, 연 19세 미만이다.)
6) **강간 등 상해·치상**
7) **강간 등 살인· 치사**
8) **업무상위력 등에 의한 추행**: 업무·고용 기타 관계로 인하여 자기의 보호 또는 감독을 받는 사람에 대하여 위계 또는 위력으로써 추행한 경우이다.

9) **공중밀집장소 추행**: 대중교통수단, 공연·집회장소 기타 공중이 밀집하는 장소에서 그 사람을 추행한 경우이다.
10) **성적목적을 위한 공공장소 침입행위**: 자기의 성적 욕망을 만족시킬 목적으로 공중화장실, 목욕장 등 대통령령으로 정하는 공공장소에 침입하거나 같은 장소에서 퇴거의 요구를 받고 응하지 아니한 경우이다.
11) **통신매체이용 음란**: 성적 욕망을 유발하거나 만족시킬 목적으로 전화·우편·컴퓨터 기타 통신매체를 통하여 성적 수치심이나 혐오감을 일으키는 말이나 음향, 글이나 도화, 영상 또는 물건을 상대방에게 도달하게 한 경우이다.
12) **카메라등 이용촬영**: 카메라나 그 밖에 이와 유사한 기능을 갖춘 기계장치를 이용하여 성적욕망 또는 수치심을 유발할 수 있는 다른 사람의 신체를 그 의사에 반하여 촬영하거나 그 촬영물을 반포·판매·임대·제공 또는 공공연하게 전시·상영한 경우이다.

2. 성폭력범죄의 처벌 등에 관한 특례법(형사절차상 특징)

1) **직계존속 고소**: 성폭력범죄에 대하여는 형사소송법 제224조(고소의 제한)의 규정에 불구하고 자기 또는 배우자의 직계존속을 고소할 수 있다.
2) **진술녹화 의무**: 성폭력범죄의 피해자가 19세 미만이거나 신체장애 또는 정신장애로 사물을 변별하거나 의사를 결정할 능력이 미약한 때에는 피해자의 진술내용과 조사과정을 영상물 녹화장치에 의하여 촬영·보존하여야 한다. 피해자 또는 법정대리인이 이를 원하지 않을 때에는 촬영을 하여서는 아니 된다.
3) **심리 비공개**: 성폭력범죄에 대한 심리는 그 피해자의 사생활을 보호하기 위하여 결정 또는 피해자 등의 신청으로 이를 공개하지 아니할 수 있다.
4) **피해자 전담조사제**: 경찰청장은 각 경찰서장으로 하여금 성폭력범죄 전담 사법경찰관을 지정하도록 하여 특별한 사정이 없는 한 이들로 하여금 피해자를 조사하게 하여야 한다.

5) **신뢰관계자 동석**: 검사, 피해자 또는 법정대리인이 신청할 때에는 재판에 지장을 줄 우려가 있는 등 부득이한 경우가 아니면 피해자와 신뢰관계에 있는 사람을 동석하게 하여야 한다.
6) **진술조력인 참여**: 성폭력피해자가 13세 미만의 아동이거나 신체적인 또는 정신적인 장애로 의사소통이나 의사표현에 어려움이 있는 경우 원활한 조사를 위하여 직권이나 피해자, 그 법정대리인 또는 변호사의 신청에 따라 진술조력인으로 하여금 조사과정에 참여하여 의사소통을 중개하거나 보조하게 할 수 있다.
7) 피해자 신원 누설금지
8) **비디오 등에 의한 신문**: 법원은 일부 성폭력범죄의 피해자를 증인으로 신문하는 경우 검사와 피고인 또는 변호인의 의견을 들어 비디오 등 중계장치에 의한 중계를 통하여 신문할 수 있다.
9) **증거보전 특례**: 피해자나 그 법정대리인 또는 경찰은 피해자가 공판기일에 출석하여 증언하는 것에 현저히 곤란한 사정이 있을 때에는 그 사유를 소명하여 제30조에 따라 촬영된 영상물 또는 그 밖의 다른 증거에 대하여 해당 성폭력범죄를 수사하는 검사에게 형사소송법 제184조 제1항에 따른 증거보전의 청구를 할 것을 요청할 수 있다.

※ 피해자가 16세 미만이거나 신체장애 또는 정신상의 장애로 사물을 변별하거나 의사를 결정할 능력이 미약한 때에는 공판기일에 출석하여 증언하는 것이 현저히 곤란한 사정이 있는 것으로 본다.

10) **보호관찰**: 법원이 성폭력범죄를 범한 사람에 대하여 형의 선고를 유예하는 경우에는 1년 동안 보호관찰을 받을 것을 명할 수 있다. 성폭력범죄자가 소년인 경우에는 반드시 보호관찰 등을 명하여야 한다.
11) **전문가 의견 조회**: 법원은 정신과의사·심리학자 등 관련전문가에게 행위자 또는 피해자의 정신·심리상태에 대한 진단소견 및 피해자의 진술내용에 관한 의견을 조회할 수 있다.

12) **형법상 감경규정 특례**: 음주 또는 약물로 인한 심신장애 상태에서 성폭력범죄를 범한 때에는 심신상실, 심신미약, 농아자 규정을 적용하지 않을 수 있다.

13) **공소시효 특례**: 미성년자에 대한 성폭력범죄의 공소시효는 형사소송법 제252조 제1항에도 불구하고 해당 성폭력범죄로 피해를 당한 미성년자가 성년에 달한 날로부터 진행한다.

14) **공소시효배제**: 13세 미만의 사람 및 신체적인 또는 정신적인 장애가 있는 사람에 대하여 강간, 강제추행, 준강간, 준강제추행, 강간 등 상해・치상, 강간등 살인・치사, 장애인 유사강간, 13세 미만 유사강간, 성폭력특례법 제8조(강간등 상해・치상) 및 제9조(강간등 살인・치사)를 범한 경우이다.

15) **피의자의 얼굴 등 공개**: 검사와 사법경찰관은 성폭력범죄의 피의자가 죄를 범하였다고 믿을 만한 충분한 증거가 있고, 국민의 알권리 보장, 피의자의 재범방지 및 범죄예방 등 오로지 공공의 이익을 위하여 필요할 때에는 얼굴, 성명 및 나이 등 피의자의 신상에 관한 정보를 공개할 수 있다. 다만 피의자가 청소년보호법 제2조 제1호의 청소년에 해당하는 경우에는 공개하지 아니한다.

3. 특정 범죄자에 대한 보호관찰 및 전자장치 부착 등에 관한 법률

1) **적용범위**: 만 19세 미만의 자에 대하여 부착명령을 선고한 때에는 19세에 이르기 까지 이 법에 따른 전자장치를 부착할 수 없다.

2) **부착명령청구**

① 성폭력범죄로 징역형의 실형을 선고 받은 사람이 그 집행을 종료한 후 또는 집행이 면제된 후 10년 이내에 성폭력범죄를 저지른 때

② 성폭력범죄로 이 법에 따른 전자장치를 부착 받은 전력이 있는 사람이 다시 성폭력 범죄를 저지른 때

③ 성폭력범죄를 2회 이상 범하여(유죄의 확정판결을 받은 경우를 포함) 그 습벽이 인정된 때

④ 19세 미만의 사람에 대하여 성폭력범죄를 저지른 때
⑤ 신체적 또는 정신적 장애가 있는 사람에 대하여 성폭력범죄를 저지른때

4. 성폭력 범죄자의 성충동 약물치료에 관한 법률

⊙ 약물치료 요건

① 비정상적 성적 충동이나 욕구를 억제하거나 완화하기 위한 것으로서 의학적으로 알려진 것일 것.
② 과도한 신체적 부작용을 초래하지 아니할 것
③ 의학적으로 알려진 방법대로 시행될 것

Ⅲ. QUIZ 및 정답/해설

1. 「성폭력범죄의 처벌 등에 관한 특례법상」 영상물 촬영과 관련한 설명 중 (　　) 안에 알맞은 것은?

성폭력범죄 피해자가 (　　　　)이거나 신체장애 또는 정신상의 장애로 사물을 변별하거나 의사를 결정할 능력이 미약한 경우에는 피해자의 진술 내용과 조사과정을 비디오 녹화기 등 영상물 녹화장치에 의하여 촬영·보존하여야 한다. 다만 (　　　　)가 이를 원하지 않는 의사를 표시한 때에는 촬영하여서는 아니된다.

① 13세 미만 - 피해자
② 19세 미만 - 피해자
③ 13세 미만 - 피해자 또는 법정대리인
④ 19세 미만 - 피해자 또는 법정대리인.

☞ 정답: 4번

2. S는 W와 4년 전 재혼하여 W가 전남편과의 사이에 두었던 딸 V(21세)와 함께 살고 있다. 어느 날 밤 S는 V가 있는 옆방으로 가서 V를 강간하였다. S의 죄명은?

① 강간
② 특수강간
③ 성폭력범죄의처벌등에관한특례법위반(친족관계에 의한 강간)
④ 성폭력범죄의처벌등에 관한특례법위반(특수강간 등)

☞ 정답: 3번(S와 V는 1촌 인척관계에 있으므로, '성폭력범죄의 처벌 등에 관한 특례법' 제5조가 적용된다)

3. 「성폭력범죄의 처벌 등에 관한 특례법」위반으로 처벌되는 경우가 아닌 것은?

① 13세 미만의 사람에 대하여 폭행, 협박으로 유사강간행위를 한 경우
② 13세 미만 미성년자를 간음한 경우
③ 사실상 친족을 강간한 경우
④ 수영장 탈의실에 몰래카메라를 설치하여 여자의 나체를 촬영한 경우

☞ 정답: 3번(미성년자 의제 강간제 성립)

4. S는 정신적인 장애가 있는 V(20세, 여)를 폭행하여 강간하였다. 올바른 설명은?

① 장애인에 대한 강간이므로, 「형법」상 강간으로 처벌된다.
② 「성폭력범죄의 처벌 등에 관한 특례법」상 처벌규정이 없어 「형법」상 특수강간으로 처벌된다.
③ 「성폭력범죄의 처벌 등에 관한 특례법」상 장애인에 대한 강간규정으로 처벌된다.
④ 「성폭력범죄의 처벌 등에 관한 특례법」상 특수강간으로 처벌된다.

☞ 정답: 3번

5. 「성폭력범죄의 처벌 등에 관한 특례법」위반으로 처벌되는 경우가 아닌 것은?

① 강간의 죄를 범한 자가 살해한 경우
② 15세 소녀를 강간한 경우
③ 3인이 윤간하다 실패하고 상해를 입힌 경우
④ 타인의 집에 침입하여 강간한 경우

☞ 정답: 2번 (청소년에 대한 강간은 「아동·청소년의 성보호에 관한 법률」제7조 제1항에 의하여 처벌된다), 청소년은 연 19세 미만이다.

6. 피의자 얼굴 등 공개와 관련하여 「성폭력범죄의 처벌 등에 관한 특례법」에 규정되어 있는 사유는 무엇인가?

가. 범죄예방	나. 국민의 알권리
다. 피의자의 재범방지	라. 피의자 도주 방지
마. 피의자 증거인멸 방지	

① 가, 나 ② 가, 나, 다
③ 나, 다, 라 ④ 다, 라, 마

☞ 정답: 2번

7. 「성폭력범죄의 처벌 등에 관한 특례법」의 공소시효 기산에 관한 특례 규정 중 잘못된 것은?

① 16세 미만의 사람에 대하여 강간의 죄를 범한 경우에는 공소시효를 적용하지 아니한다.
② 특정한 성폭력 범죄의 경우 디엔에이(DNA) 증거 등 그 죄를 증명할 수 있는 과학적인 증거가 있는 때에는 공소시효가 10년 연장된다.
③ 신체적인 또는 정신적인 장애가 있는 사람에 대하여 강간의 죄를 범한 경우에는 공소시효를 적용하지 않는다.
④ 미성년자에 대한 성폭력범죄의 공소시효는 해당 성폭력범죄로 피해를 당한 미성년자가 성년에 달한 날부터 진행한다.

☞ 정답: 1번(13세 미만)

8. 「특정 범죄자에 대한 보호관찰 및 전자장치 부착 등에 관한 법률」에 따라 전자장치 부착명령 청구대상에 대한 설명으로 틀린 것은 ?

① 성폭력범죄로 징역형의 실형을 선고받은 사람이 그 집행을 종료한 후 또는 집행이 면제된 후 10년 이내에 성폭력범죄를 저지른 때
② 성폭력범죄로 전자장치를 부착 받은 전력이 있는 사람이 다시 성폭력범죄를

저지른 때

③ 15세 미만이 사람에 대하여 성폭력범죄를 저지른 때

④ 신체적 또는 정신적 장애가 있는 사람에 대하여 성폭력범죄를 저지른 때

☞ 정답: 3번(19세 미만)

9. 성폭력범죄를 저지른 성도착증 환자에 시행하는 약물치료의 요건으로 잘못된 것은?

① 대상자가 선택권을 행사할 수 있는 복수의 방법일 것

② 비정상적 성적충동이나 욕구를 억제하거나 완화하기 위한 것으로서 의학적으로 알려진 것일 것

③ 과도한 신체적 부작용을 초래하지 아니할 것

④ 의학적으로 알려진 방법대로 시행될 것

☞ 정답: 1번

(O · X 문제)

1. 13세 미만 미성년자를 단순히 간음한 경우는 미성년자의제강간죄이다. (　　)

2. 청소년은 「아동 · 청소년의 성보호에 관한 법률」에 따라 처벌되며, 연 19세 미만이다. (　　)

3. 성폭력범죄의 피해자가 19세 미만이거나 신체장애 또는 정신장애로 사물을 변별하거나 의사를 결정할 능력이 미약한 때에는 피해자의 진술내용과 조사과정을 영상물 녹화장치에 의하여 촬영 · 보존하여야 한다. 피해자 또는 법정대리인이 이를 원하지 않을 때에는 촬영을 하여서는 아니된다. (　　)

4. 법원이 성폭력범죄를 범한 사람에 대하여 형의 선고를 유예하는 경우에는 1년 동안 보호관찰을 받을 것을 명할 수 있다. 성폭력범죄자가 소년인 경우에는 반드시 보호관찰 등을 명하여야 한다. (　　)

5. **공소시효배제는** 13세 미만의 사람 및 신체적인 또는 정신적인 장애가 있는 사람에 대하여 강간, 강제추행, 준강간, 준강제추행, 강간 등 상해·치상, 강간등 살인·치사, 장애인 유사강간, 13세 미만 유사강간, 성폭력특례법 제8조(강간등 상해·치상) 및 제9조(강간등 살인·치사)를 범한 경우이다. (　　　)

6. 만 19세 미만의 자에 대하여 전자장치 부착명령을 선고한 때에는 19세에 이르기 까지 이 법에 따른 전자장치를 부착할 수 없다. (　　　)

7. 전자장치 **부착명령청구는** 성폭력범죄로 징역형의 실형을 선고 받은 사람이 그 집행을 종료한 후 또는 집행이 면제된 후 10년 이내에 성폭력범죄를 저지른 때에도 해당된다. (　　　)

☞ 정답: 1번 ~ 7번 모두 O

Ⅳ. 학습정리

⊙ **공소시효배제**: 13세 미만의 사람 및 신체적인 또는 정신적인 장애가 있는 사람에 대하여 강간, 강제추행, 준강간, 준강제추행, 강간 등 상해·치상, 강간 등 살인·치사, 장애인 유사강간, 13세 미만 유사강간, 성폭력특례법 제8조(강간등 상해·치상) 및 제9조(강간등 살인·치사)를 범한 경우이다.

⊙ **피의자의 얼굴 등 공개**: 검사와 사법경찰관은 성폭력범죄의 피의자가 죄를 범하였다고 믿을 만한 충분한 증거가 있고, 국민의 알권리 보장, 피의자의 재범방지 및 범죄예방 등 오로지 공공의 이익을 위하여 필요할 때에는 얼굴, 성명 및 나이 등 피의자의 신상에 관한 정보를 공개할 수 있다. 다만 피의자가 청소년보호법 제2조 제1호의 청소년에 해당하는 경우에는 공개하지 아니한다.

⊙ 특정 범죄자에 대한 보호관찰 및 전자장치 부착 등에 관한 법률

1. 적용범위: 만 19세 미만의 자에 대하여 부착명령을 선고한 때에는 19세에 이르기 까지 이 법에 따른 전자장치를 부착할 수 없다.

2. 부착명령청구

① 성폭력범죄로 징역형의 실형을 선고 받은 사람이 그 집행을 종료한 후 또는 집행이 면제된 후 10년 이내에 성폭력범죄를 저지른 때

② 성폭력범죄로 이 법에 따른 전자장치를 부착 받은 전력이 있는 사람이 다시 성폭력 범죄를 저지른 때

③ 성폭력범죄를 2회 이상 범하여(유죄의 확정판결을 받은 경우를 포함) 그 습벽이 인정된 때

④ 19세 미만의 사람에 대하여 성폭력범죄를 저지른 때

⑤ 신체적 또는 정신적 장애가 있는 사람에 대하여 성폭력범죄를 저지른 때

⊙ 성폭력 범죄자의 성충동 약물치료에 관한 법률

• 약물치료 요건

① 비정상적 성적 충동이나 욕구를 억제하거나 완화하기 위한 것으로서 의학적으로 알려진 것일 것.

② 과도한 신체적 부작용을 초래하지 아니할 것

③ 의학적으로 알려진 방법대로 시행될 것

제 22 강

화재사건 수사

사건사례 – "양양일가족방화사건"

2014년 12월 29일. 강원 양양군 현남면 정자리 가마골
현장에 도착한 오후 10시 20분쯤. 박씨의 큰 아들(당시 13) 주검이 들것에 실려 나왔다. 2층 주택에 1층 세입자 가족은 마침 집을 비우고 있어 피해를 입지 않았지만, 2층에 살고 있던 박씨와 3남매(아들 둘, 딸 한 명), 일가족은 참변을 피할 수 없었다. 살아남은 이는 아무도 없었다. 마당에는 어떤 폭발의 힘으로, 튕겨져 나간 듯한 2층 안방 창틀과 유리창이 산산조각 난 채 흩어져 있었고, 불이 시작된 것으로 추정되던 2층은 시커먼 연기가 자욱했다.

망자들의 코에 집어넣은 면봉에서 '매(煤·호흡기에 검게 달라 붙은 그을음)'가 공통적으로 묻어 나왔다. 코 등 호흡기로 숨을 쉬는 순간 그을음이 들어갔다는 것으로, 불이 난 이후에도 살아있었다는 '활력징후(vital sign)'에 해당했다. 화재에 의한 질식사였다.

박씨와 딸(당시 9)의 시신 발바닥과 발등에서는 검은 재가 묻어 나왔다. "불길을 피해 움직였다는 뜻"이다. 특히 딸의 눈에는 붉은 가로선의 흔적이 또렷이 남아 있었다. '불길을 피해 움직이기 직전까지' 가까운 거리에서 활활 타오르는 불길을 뜬 눈으로 지켜보다 입은 화상이었다. 거실에서 주검으로 발견된 두 아들. 그 중 이불을 덮은 채 숨을 거둔 큰 아들에게서는 오른쪽 허벅지에서 액체가 흐른 듯한 물결무늬 화상인 '물결흔'이 포착됐다. 일반적으로 물결흔은 사람 위에 기름을 직접 뿌린 상태에서 불이 붙었을 때 나타나는 현상, '누군가 이불을 덮고 있는 아이에게 휘발유 등을 뿌린 뒤 불을 붙였다'는 추정이 가능했다.

대신 휘발유 냄새가 과학수사요원들의 코 끝을 스쳤다. 혹시나 하고 장판을 들친 손에 미끌미끌한 기름이 만져졌다. 거실과 안방에서 채취한 액체로 간이실험을 한 결과, 기름성분 감지기에서 양성 반응이 나왔다. 역시나 방화였다, 살인이었다.

물증도 나왔다. 2일 오후 국립과학수사연구원에서 "네 가족의 시신에서 수면제 성분인 졸피뎀이 검출됐다"는 결과를 보내왔다. 피해자 박씨는 평소 수면제를 처방 받은 적이 없었다. 반면 친구 이씨가 화재 당일 오후에 졸피뎀 성분이 포함된 수면제 28알을 구입한 기록을 경찰은 확보하고 있었다. 마침 화재 현장 현관과 계단에서 발견된 맥주병과 음료수병에서도 졸피뎀 성분이 검출됐다.

경찰은 이씨를 건조물방화치사 및 강도살인 혐의로 구속해 재판에 넘겼다. 1·2심 법원은 혐의를 모두 인정, 그에게 무기징역을 선고했다. 2,000만원이 안 되는 돈, '일가족이 처참히 죽어야 했던' 이유였다.

화재 사고로 발견된 시신은 불에 타 오그라들면서 권투선수 같은 '투사형 자세'를 취한다. 시신을 감식할 때 가장 중요한 것은 화재 당시 생존 여부를 가려 줄 '활력징후(vital sign)'를 찾는 것. 가령 기도에 검게 붙은 그을음이 없다면 누군가 살인을 저지른 후 사인을 은폐하려 방화했을 가능성이 크고, 반대라면 화재 당시 피해자들이 생존했음을 뜻한다. 시신의 발에 묻은 재는 이동 여부를 알려주고, 물결무늬의 화상 흔적인 '물결흔'은 누군가 직접 시신에 기름을 뿌려 방화했음을 알려준다.

Ⅰ. 학습목표 및 개요

1. 화재사건은 그 발화원인을 명확히 규명하는 방법을 알아보자.
2. 화재감식을 특징을 살펴보자.

Ⅱ. 화재사건 수사

방화와 실화의 죄는 고의로 불을 놓거나 과실로 화재를 일으켜 사람이 주거에 사용하거나 사람이 현존하는 건조물 등을 소훼하거나 이로 인해 공공의 위험을 발생케 하는 범죄이다.

1. 화재사건의 특징

① **현장증거의 소실**: 현장자료의 소실로 범죄단서의 발견이 어렵다. 연소상황, 불길의 색깔, 목격자 등을 파악하는 것이 중요하다.
② **전문적 지식의 요구**: 초동조치에 대한 기초적 지식을 갖추는 것이 필요하다.
③ **동기범죄**: 방화의 경우 동기가 존재하므로 동기를 함께 조사하여야 한다.

2. 화인(火印)의 3요소

① **화원**: 가연물과 산소공급원을 활성화시키는 데 필요한 에너지(불씨)이다.
② **가연물**: 산화되기 쉬운 물질이다. 기체(밀폐된 용기 속에 보관), 액체(휘발유, 신나 등), 고체(왁스, 숯, 목탄, 나프탈린, 석탄)
③ **공기**: 산소를 의미한다.
※ 화원, 가연물, 공기 중 한가지만 부족해도 연소는 일어나지 않는다.

3. 화인조사

① 예비조사 → ② 현장부근의 관찰 → ③ 소실가옥의 관찰→ ④ 화원가옥의 확인 → ⑤ 발화부 · 출화부의 확인 → ⑥ 발화부 관찰(출화원인의 확인) → ⑦

발화원인물의 조사
※ 소훼상황의 검증은 약소부에서 강소부 방향으로 실시한다.

1) **예비조사**: 화재의 발생시간, 발견상황과 발견동기, 건물의 구조, 용도, 사용자, 기상관계, 전기관계 등 제 설비관계, 피해상황, 이해관계자의 보험과 부채관계, 소방작전상황, 기타 자료수집과 사진촬영
2) **본조사(실황조사, 현장검증)**: 현장의 개관, 화원부, 발화부 · 출화부, 점화부

4. 발화부 · 출화부의 확인

① **발화부**: 불을 낸 장소, 즉 화재의 기점이 된 부위를 의미한다. 화재의 현장에 있어서 '증거의 보고'라고 할 수 있다. 일반적으로 화재가 진화될 때까지 가장 오래 타는 경우가 많다.
② **출화부**: 불이 타오른 장소를 의미한다. 발화부에서 직접 타오른 경우에는 발화부와 출화부가 일치한다.
③ **연소정도**: 발화부는 불이 처음 시작된 곳이므로 연소가 경미 · 완만하지만, 출화부는 신속 · 왕성하게 불길이 치솟으므로 연소가 넓고 깊다.
④ **연소의 상승성**: 화세는 일반적으로 위쪽으로 퍼지면서 역삼각형을 이루는 경향이 있으므로 발화부는 출화부의 아래쪽에 있는 경우가 많다.
⑤ **훈소흔**: 출화부 부근에 훈소훈이 있으면 발화부로 판단이 가능하다
⑥ **균열흔**: 목재표면의 균열흔은 발화부에 가까울수록 가늘어지는 경향이 있다.
⑦ **탄화심도**: 발화부에 가까울수록 탄화정도가 깊다.
⑧ **목재의 연소 후 색깔**: 연소된 목재가 검은색에 가까울수록 발화부에서 먼 것으로 볼 수 있다.
⑨ **도괴상황**: 발화건물의 기둥, 벽, 가구류는 발화부를 향하여 사방으로부터 도괴된다.
※ 발화현장관찰은 주변을 충분히 관찰한 다음, 추정되는 출화부로부터 발화부로 순차적으로 현장을 발굴하면서 처리하고, 그때마다 조사를 행하여야

한다.

5. 자연발화

① 발화부에 위치한 포대에서 신문과 다량의 깻묵덩어리가 발견된 경우 다른 방화의심요소가 없는 한 자연발화일 가능성이 높다.
② 염산칼륨에 목탄가루가 섞이면 발화된다.
③ 도금공장에서 사용하는 무수크롬산에 신나가 들어가면 즉시 발화된다. 초산에 신나가 들어간 경우도 마찬가지이다.
④ 페인트 가게에서 사용하는 '아마인유'라는 식물성 기름의 경우에 봄·가을의 흐린 날, 특히 야간에 자연 발화한다.
⑤ 복사용 카본지를 쓰레기통에 넣고 발로 밟으면 자연 발화하는 수가 있다. 특히 습기가 첨가되면 자연발화한다.
⑥ 가솔린·신나·벤젠 등도 정전기를 일으켜 발화하는 경우가 있다.

6. 방화

① 발화부가 평소 화기가 없는 장소일 경우
② 발화부 부근에 유류가 발견되거나 물질의 이동 또는 외부로부터의 반입물이 있을 경우.
③ 불을 피할 수 있는 출입구·창 등이 개방되어 있거나 부자연스러울 경우
④ 화재가옥이나 인근 가옥이 과대한 화재보험에 가입되어 있는 경우
⑤ 발화부가 2개 이상인 경우
⑥ 불이 발생한 가옥 내의 귀중품이 사라진 경우
⑦ 화재현장에서 다량의 혈흔 등 다른 범죄로 의심되는 증거가 발견된 경우

7. 전기에 의한 화재

1) **누전**: ① 누전점, 발열점, 접지점을 발견하여 용융흔이 있는지 여부에 착안한다. ② 누전점, 접지점, 발열점 세 가지 중 두 가지 이상만 입증되면 누전화재로 처리된다. ③ 전기배선에서의 전기적 발열에 의한 발화여부를 감정하고자 하는 경우 분전반(차단기)만을 송부하여 감정의뢰하는 경우가 많으나 반드시 발화부위라고 생각되는 부분에 설치된 전선 전체와 관련 연결 전기제품이 함께 수거되어야 한다.

2) **합선**: 단락이 생기고 단락부근에는 용융 현상이 나타난다.

3) **전열기 과열**: 전열기 내부에 있는 전기선들에서 우선 단락현상이 나타난다.

Ⅲ. QUIZ 및 정답/해설

1. 화재감식에 관한 설명이다. 타당한 것은 어느 것인가?
   ① 화재의 원인은 정형화되어 있으므로 원인규명이 비교적 용이하다.
   ② 연소의 3요소는 화원(불을 붙이는 것), 가연물(타는 물질), 공기(산화제)이다.
   ③ 화재 현장에는 연소의 세 가지 요소에 의한 유류물이 많아 감식을 통한 혐의 입증의 가능성이 상당하다.
   ④ 화재감식은 그 특성상 과학의 이용이 극히 제한적이다.

☞ 정답: 2번(화재의 원인은 매우 다양, 화재현장은 대부분의 흔적과 증거물이 훼손, 과학적인 전문지식이 널리 필요)

2. 다음 중 방화로 의심되는 화재 현장이라고 보기 힘든 것은?
   ① 출입구의 시정장치가 파손되어 있고, 촉진제를 사용한 흔적이 있다.
   ② 2개 이상의 독립된 발화 개소가 식별된다.
   ③ 화재현장에서 다량의 혈흔 등 다른 범죄로 의심되는 증거가 발견되었다.
   ④ 발화부에 위치한 포대에서 신문과 다량의 깻묵덩어리가 발견되었다.

☞ 정답: 4번

3. 발화부의 특징을 설명한 것으로 잘못된 것은?
   ① 발화부는 화재의 현장에 있어 '증거의 보고'라고 할 수 있다.
   ② 발화부는 일반적으로 화재가 처음 시작해서 진화될 때까지 가장 오래 타는 경우가 많다.
   ③ 발화부란 화재의 기점이 된 부위를 말한다.
   ④ 연소의 상승성으로 발화부는 출화부의 위쪽에 있는 경우가 많다.

☞ 정답: 4번

4. 수사경찰관이 화재현장을 관찰함에 있어서 잘못된 태도는?
   ① 화원건물의 외부로부터 중심부로 관찰한다.
   ② 관찰장소는 소훼현장뿐만 아니고, 주변건물까지 포함한다.
   ③ 소훼상황의 관찰은 강소부(强燒部)에서 약소부(弱燒部)로 관찰점을 이동해 간다.
   ④ 소화, 주수(注水)된 부분에 대하여는 전체적인 소훼상황으로 연소경로에 부합되는지 여부를 검토한다.

☞ 정답: 3번

5. 전기에 의한 화재사고와 관련하여 증거물을 채취할 경우의 설명으로 옳지 않은 것은?
   ① 전기배선에 의한 발화 여부를 감정하고자 하는 경우 분전반(차단기)만을 송부하여 의뢰하면 된다.
   ② 합선에 의한 용융흔이 있는 전선은 입력측과 부하측을 구분, 표시하여야 한다.
   ③ 합선에 의한 경우 연결된 가전제품 등 부하의 종류, 규격, 용량 등이 표시되어야 한다.
   ④ 두 전선 중 한 선에만 용융흔이 있는 경우, 못, 금속파이프 등과 같은 타 도체와의 접촉에 의한 누전가능성이 있으므로 함께 수거한다.

☞ 정답: 1번
분전반(차단기)만을 송부하여 감정의뢰하는 경우가 많으나 반드시 발화부위라고 생각되는 부분에 설치된 전선 전체와 관련 연결전기제품이 함께 수거되어야 한다.

6. 일반적인 소적(燒跡)의 관찰내용으로 타당하지 않은 것은?
   ① 발화건물의 기동, 벽, 가구류는 발화부를 향하여 사방으로부터 도괴(倒壞)되는 경향이 있다.
   ② 탄화심도는 발화부에 가까울수록 깊어지는 경향이 있다.
   ③ 목재면의 균열흔은 발화부에 가까울수록 굵어지는 경향이 있다.
   ④ 발열체가 목재면에 밀착되었을 때 그 발열체의 이면 목재면에는 훈소흔이 남는다.

☞ 정답: 3번

(O · X 문제)

1. 화인의 3요소는 화원, 가연물, 공기이다. 이중 한가지만 부족해도 연소는 일어나지 않는다. (　　　)

2. 소훼상황의 검증은 약소부에서 강소부 방향으로 실시한다. (　　　)

3. 발화부에 위치한 포대에서 신문과 다량의 깻묵덩어리가 발견된 경우 다른 방화의심요소가 없는 한 자연발화일 가능성이 높다. (　　　)

4. 페인트 가게에서 사용하는 '아마인유'라는 식물성 기름의 경우에 봄・가을의 흐린 날, 특히 야간에 자연 발화한다. (　　　)

5. **발화부는** 불을 낸 장소, 즉 화재의 기점이 된 부위를 의미한다. 화재의 현장에 있어서 '증거의 보고'라고 할 수 있다. 일반적으로 화재가 진화될 때까지 가장 오래 타는 경우가 많다. (　　　)

6. 전기배선에서의 전기적 발열에 의한 발화여부를 감정하고자 하는 경우 분전반(차단기)만을 송부하여 감정의뢰하는 경우가 많으나 반드시 발화부위라고 생각되는 부분에 설치된 전선 전체와 관련 연결 전기제품이 함께 수거되어야 한다. (　　)

Ⅳ. 학습정리

⊙ 화인(火印)의 3요소

① **화원**: 가연물과 산소공급원을 활성화 시키는데 필요한 에너지(불씨)이다.

② **가연물**: 산화되기 쉬운 물질이다. 기체(밀폐된 용기 속에 보관), 액체(휘발유, 신나 등), 고체(왁스, 숯, 목탄, 나프탈린, 석탄)

③ **공기**: 산소를 의미한다.

※ 화원, 가연물, 공기 중 한 가지만 부족해도 연소는 일어나지 않는다.

⊙ 화인조사

① 예비조사 → ② 현장부근의 관찰 → ③ 소실가옥의 관찰→ ④ 화원가옥의 확인 → ⑤ 발화부 · 출화부의 확인 → ⑥ 발화부 관찰(출화원인의 확인) → ⑦ 발화원인물의 조사

※ 소훼상황의 검증은 약소부에서 강소부 방향으로 실시한다.

1) **훈소흔**: 출화부 부근에 훈소훈이 있으면 발화부로 판단이 가능하다
2) **균열흔**: 목재표면의 균열흔은 발화부에 가까울수록 가늘어지는 경향이 있다.
3) **탄화심도**: 발화부에 가까울수록 탄화정도가 깊다.
4) **목재의 연소 후 색깔**: 연소된 목재가 검은색에 가까울수록 발화부에서 먼 것으로 볼 수 있다.

5) **도괴상황**: 발화건물의 기둥, 벽, 가구류는 발화부를 향하여 사방으로부터 도괴된다.

※ 발화현장관찰은 주변을 충분히 관찰한 다음, 추정되는 출화부로부터 발화부로 순차적으로 현장을 발굴하면서 처리하고, 그때마다 조사를 행하여야 한다.

제 23 강

조직폭력 및 가정폭력 범죄 수사

사건사례- "이주여성 가정폭력"

베트남 여성이 무차별 폭행당하는 영상이 SNS에 퍼진지 하루만인 전남 영암경찰서는 특수상해와 아동복지법 위반 혐의로 A(36)씨를 긴급체포했다. A씨는 2살 아이가 옆에서 울고 있는 가운데 베트남 출신 부인 B(30)씨를 주먹과 발 등으로 폭행했다. 당시 A씨는 음주 상태였던 것으로 전해졌다. B씨가 한국말이 서툴다는 이유로 남편에게 심하게 폭행당했다고 경찰에 신고했다. B씨는 3시간에 걸친 이번 폭행으로 갈비뼈 등이 골절됐으며 머리를 다쳐 전치 4주 이상의 진단을 받았다. 경찰은 A씨에게서 B씨를 분리시키고 쉼터에서 보호받도록 했다.

"현재의 가정폭력범죄의 처벌에 관한 특례법에서는 재발의 위험이 있을때 사법경찰관이 할 수 있는 긴급임시조치로 퇴실, 격리 100m 이내 접근금지, 전화통화 금지가 전부다", "가정폭력의 극심한 공포와 극도의 두려움에 휩싸여 있는 피해여성과 그 아동을 보호하기에는 턱없이 부족하다"
“남편에게 맞은 것은 나에게 중요하지 않았다. 나는 내 가족을 지키고 싶었고, 그래서 남편이 시키는 대로 다 했다. 손빨래를 하라고 하면 손빨래를 하고, 세탁기를 사용하지 말라고 하면 안 하고, 온수를 사용하지 말라고 하면 냉수를 사용했다. 뭐든지 남편이 시키는 대로 따르려고 했다.”

국내에 거주하는 결혼이주여성이 23만 명(2018년 기준)을 넘어섰지만 절반에 가까운 여성이 가정폭력 및 성폭력 범죄에 노출돼 있는 것으로 나타났다. 남편 동의가 없으면 국적을 취득할 수 없는 까닭에 가정폭력에도 속수무책이라는 지적이다.

Ⅰ. 학습목표 및 개요

1. 조직폭력배는 폭력행위등 처벌에 관한 법률에 규정된 범죄를 범할 목적으로 구성된 단체 또는 집단을 의미한다. 조직 폭력 범죄에 대해 알아보자.
2. 가정폭력범죄에 대한 응급조치 및 폭력제지수단을 확인해 보자.

Ⅱ. 조직폭력 범죄

조직폭력배는 폭력행위등 처벌에 관한 법률에 규정된 범죄를 범할 목적으로 구성된 단체 또는 집단을 의미한다.

1. 폭력범죄의 정보 수집

① 미행 잠복감시: 폭력범죄의 실태를 규명하기 위한 기본적인 정보입수방법이다.
② 대상의 주변을 관할하는 방법과 자동차 기타 거점을 이용하는 방법이 있지만 현장 상황에 알맞은 방법을 취하여야 한다.
③ 일반적으로 거점을 설정하는 방법이 효과적이고, 특이동향 발생시에 대상자 주변을 관찰하는 방법으로 한다.

2. 범죄단체

① 일정한 범죄를 한다는 공동목적 하에 이루어진 계속적인 결합체
② 단체의 구성원이 수괴・간부・단순가입자로 구분될 수 있어야 한다.

③ 그 위계에 상응하는 단체를 주도할 수 있는 최소한도의 통솔체계를 갖추어야 한다.

3. 위험한 물건휴대

① 사람 생명·신체에 해를 가하는데 사용할 수 있는 일체의 물건
② 사회통념에 비추어 그 물건을 사용하면 상대방이나 제3자가 생명 또는 신체에 위험을 느낄 수 있는지 여부에 따라 판단
③ 휴대란 범행현장에서 위험한 물건을 범행에 사용할 의도 아래 소지하거나 지니는 경우도 위험한 물건의 휴대라고 봄
※ 상해를 가할 수 있는 흉기를 휴대하고 있는 자에 대하여는 폭력행위등처벌에 관한법률위반(우범자)로 처벌한다.

4. 폭력범죄의 정보 관찰 요령

① 정보관찰활동의 궁극적 목적은 검거자료의 수집에 있다.
② 입수한 정보자료는 정보관찰 전종요원에 의해 집중 관리한다.
③ 정보의 탐색하는데 있어서는 초기단계에서부터 수사간부가 구체적인 지휘·지도에 임해야 한다.
④ 입수한 정보자료는 단편적인 정보라도 체계화하여야 한다.
⑤ 특정 협력자로부터 동일내용의 정보를 수집하기 위하여 여러 사람이 중복하여 방문하는 일이 없도록 주의한다.
⑥ 정보제공자가 범인이 되는 예도 많으므로 접촉장소·방법은 신중하게 생각하여 결정하여야 하며, 경찰서 이외의 장소에서 만나야 한다.

Ⅲ. 가정폭력범죄

1. 가정폭력범죄의 처벌 등에 관한 특례법

1) **가정구성원**: ① 배우자(사실상 혼인관계에 있는 자를 포함) 또는 배우자관계에 있었던 자, ② 자기 또는 배우자와 직계존비속관계(사실상 양친자관계를 포함)에 있거나 있었던 자, ③ 계부모와 자의 관계 또는 적모와 서자의 관계에 있거나 있었던 자, ④ 동거하는 친족관계에 있는 자
2) **가정폭력범죄**: 폭행, 체포, 협박, 상해(존속상해, 중상해, 존속중상해, 특수상해), 유기(영아유기), 명예훼손, 성폭력(강간, 유사강간, 강제추행, 준강간, 준강제추행, 미성년자의제강간, 미성년자간음 등), 학대, 아동혹사, 공갈(특수공갈), 재물손괴, 주거·신체수색, 강요, 모욕, 감금
3) **피해자**: 가정폭력범죄로 인하여 직접적으로 피해를 입은 자를 말한다.
4) **가정폭력**: 가정구성원 사이의 신체적·정신적 또는 재산상 피해를 수반하는 행위이다.

2. 가정폭력범죄 수사

① 누구든지 가정폭력범죄를 알게 된 때에는 이를 수사기관에 신고할 수 있다.
② 가정폭력범죄의 피해자는 폭력행위자가 자기 또는 배우자의 직계존속인 경우에도 고소할 수 있다.
③ 피해자에게 고소할 법정대리인이나 친족이 없는 경우에 이해관계인의 신청이 있으면 검사는 10일 이내에 고소할 수 있는 자를 지정하여야 한다.

3. 응급조치

① 폭력행위의 제지, 행위자 · 피해자 분리 및 범죄수사
② 피해자의 동의를 받아 가정폭력관련 상담소 또는 보호시설 인도
③ 긴급치료가 필요한 피해자의 의료기관 인도(피해자 동의 불필요)
④ 폭력행위 재발시 임시조치를 신청할 수 있음을 통보

4. 임시조치

1) 내용

① 주거 · 직장 등에서 100m 이내의 접근금지 조치
② 전기통신을 이용한 접근금지
③ 주거 또는 점유하는 방실로부터의 퇴거 등 격리
④ 위의 3가지의 임시조치를 위반하여 가정폭력범죄가 재발될 우려가 있다고 인정하는 때에는 경찰관서 유치장 또는 구치소에의 유치
⑤ 의료기관 기타 요양소에의 위탁(법원의 임시조치)

2) 신청

가정폭력범죄가 재발할 우려가 있다고 인정하는 때에 사법경찰관은 검사에 대하여 법원에 임시조치를 청구하여 줄 것을 신청할 수 있다.

① 피해자 또는 그 법정대리인은 검사 또는 사법경찰관에게 임시조치의 청구 또는 그 신청을 요청하거나 이에 관하여 의견을 진술할 수 있다.
② 사법경찰관은 재발우려가 있으면 피해자 동의와 관계없이 임시조치를 신청할 수 있다.
③ 임시조치 중 격리 및 접근금지의 임시조치 기간은 2개월로 2회에 한하여 연장 가능하다.

5. 긴급 임시조치

① 사법경찰관은 제5조에 따른 응급조치에도 불구하고 가정폭력범죄가 재발될 우려가 있고, 긴급을 요하여 법원의 임시조치 결정을 받을 수 없을 때에는 직권 또는 피해자나 그 법정대리인의 신청에 의하여 제29조 제1항 제1호로부터 제3호까지(접근금지, 격리)의 어느 하나에 해당하는 조치(긴급임시조치)를 할 수 있다.

② 사법경찰관은 제1항에 따라 긴급임시조치를 한 경우에 즉시 긴급임시조치결정서를 작성하여야 한다.

③ 제2항에 따른 긴급임시조치결정서에는 범죄사실의 요지, 긴급임시조치가 필요한 사유 등을 기재하여야 한다.

Ⅳ. QUIZ 및 정답/해설

1. 폭력행위 등 처벌에 관한 법률」에서 규정하고 있는 '범죄단체'에 대한 설명으로 바르지 않은 것은?

   ① 범죄단체의 구성 또는 가입에 단체의 명칭·강령, 단체 결성식 등 특별한 절차의 존재를 필요로 한다.

   ② 특정 다수인에 의하여 구성된 계속적인 결합체로서 그 단체를 주도하거나 내부의 질서를 유지하는 최소한의 통솔체계를 갖추면 된다.

   ③ 기존의 범죄단체를 이용하여 새로운 범죄단체를 구성하였다고 하려면 그 조직이 완전히 변경되어 기존의 범죄단체와 동일성이 없는 별개의 단체로 인정될 수 있어야 한다.

   ④ 범죄단체 등의 수괴나 간부 등 상위 구성원으로부터 모임에 참가하라는 등의 지시나 명령을 소극적으로 받고 이에 단순히 응한 행위는 범죄단체 구성원으로서의 '활동'에 해당하지 않는다.

☞ 정답: 1번

2. 「폭력행위 등 처벌에 관한 법률」 제3조의 '위험한 물건을 휴대하여'에 대한 해석이다. 가장 타당하지 않은 것은 ?
   ① '위험한 물건'이란 사람의 생명, 신체에 해를 가하는 데 사용할 수 있는 일체의 물건을 말한다.
   ② 자동차, 사주된 동물 등도 위험한 물건에 해당될 수 있다.
   ③ 본래 살상용 · 파괴용으로 만들어진 물건은 위험한 물건이다.
   ④ 위험한 물건을 '휴대하여'라는 말은 물건을 소지하는 것만을 의미한다.

☞ 정답: 4번

3. 상해를 가할 수 있는 흉기를 휴대하고 있는 자에 대하여 의율할 수 있는 죄명은?
   ① 폭력행위등처벌에 관한법률위반(흉기등상해)
   ② 폭력행위등처벌에 관한법률위반(우범자)
   ③ 폭력행위등처벌에 관한법률위반(흉기등폭행)
   ④ 폭력행위등처벌에 관한법률위반(야간흉기등폭행)

☞ 정답: 2번

4. 다음은 「가정폭력범죄의처벌등에관한특례법」에 대한 설명이다. 가장 적절하지 않은 것은?
   ① 가정폭력이란 가정구성원 사이의 신체적, 정신적 또는 재산상 피해를 수반하는 행위를 말한다.
   ② 피해자 또는 그 법정대리인은 가정폭력행위자를 고소할 수 있다. 피해자의 법정대리인이 가정폭력행위자인 경우 또는 가정폭력행위자와 공동으로 가정폭력범죄를 범한 경우에는 피해자의 친족이 고소할 수 있다.
   ③ 피해자에게 고소할 법정대리인이나 친족이 없는 경우에 이해관계인이 신청하면 검사는 10일 이내에 고소할 수 있는 사람을 지정하여야 한다.
   ④ 폭행, 체포 · 감금, 약취유인, 재물손괴, 주거 · 신체 수색은 가정폭력범죄에 포함된다.

☞ 정답: 4번(약취유인은 해당사항이 없음)

5. 다음은 「가정폭력범죄의 처벌 등에 관한 특례법」상 가정폭력에 대해 설명한 것이다. 이에 대한 설명으로 가장 적절하지 않은 것은?

① 가정폭력은 가정구성원 간의 신체적, 정신적 또는 재산상 피해를 수반하는 행위이다.

② 배우자(사실상 혼인관계에 있는 자 제외) 또는 배우자 관계였던 사람도 가정구성원에 포함된다.

③ 누구든지 가정폭력범죄를 알았을 때는 수사기관에 신고할 수 있다.

④ 피해자는 「형사소송법」 제224조에도 불구하고 가정폭력행위자가 자기 또는 배우자의 직계존속인 경우에도 고소할 수 있다.

☞ 정답: 2번

6. 가정폭력범죄로 최초로 출동하여 가정폭력범죄가 재발할 우려가 있다고 인정하는 때에 사법경찰관이 검사에 대하여 법원에 청구하여 줄 것을 신청할 수 있는 임시조치가 아닌 것은?

① 피해자 또는 가정구성원의 주거로부터의 퇴거

② 피해자 주거에서 100m 이내의 접근금지

③ 피해자에 대한 전기통신을 이용한 접근 금지

④ 경찰관서 유치장 또는 구치소에의 유치

☞ 정답: 4번

7. 경찰에서 신청할 수 있는 임시조치가 아닌 것은?

① 의료기관 기타 요양소에의 위탁

② 피해자에 대한 전기통신을 이용한 접근금지

③ 경찰관서 유치장 또는 구치소에의 유치

④ 피해자 또는 가정 구성원의 주거로부터 유치

☞ 정답: 1번

(O · X 문제)

1. 범죄단체는 일정한 범죄를 한다는 공동목적 하에 이루어진 계속적인 결합체, 단체의 구성원이 수괴 · 간부 · 단순가입자로 구분, 그 위계에 상응하는 단체를 주도할 수 있는 최소한도의 통솔체계 등을 갖추어야 한다. (　　)

2. 상해를 가할 수 있는 흉기를 휴대하고 있는 자에 대하여는 폭력행위등처벌에 관한법률위반(우범자)로 처벌한다. (　　)

3. 피해자에게 고소할 법정대리인이나 친족이 없는 경우에 이해관계인의 신청이 있으면 검사는 10일 이내에 고소할 수 있는 자를 지정하여야 한다. (　　)

4. 가정폭력사건이 발생하 경우에 의료기관 기타 요양소에의 위탁은 법원의 임시조치이다. (　　)

☞ 정답: 1번 ~ 4번 모두 O

V. 학습정리

⊙ 위험한 물건휴대

① 사람 생명 · 신체에 해를 가하는데 사용할 수 있는 일체의 물건

② 사회통념에 비추어 그 물건을 사용하면 상대방이나 제3자가 생명 또는 신체에 위험을 느낄 수 있는지 여부에 따라 판단

③ 휴대란 범행현장에서 위험한 물건을 범행에 사용할 의도 아래 소지하거나 지니는 경우도 위험한 물건의 휴대라고 봄

※ 상해를 가할 수 있는 흉기를 휴대하고 있는 자에 대하여는 폭력행위등처벌에 관한법률위반(우범자)로 처벌한다.

⊙ 임시조치

① 주거·직장 등에서 100m 이내의 접근금지 조치

② 전기통신을 이용한 접근금지

③ 주거 또는 점유하는 방실로부터의 퇴거 등 격리

④ 위의 3가지의 임시조치를 위반하여 가정폭력범죄가 재발될 우려가 있다고 인정하는 때에는 경찰관서 유치장 또는 구치소에의 유치

⑤ 의료기관 기타 요양소에의 위탁(법원의 임시조치)

제 24 강

마약사범 수사

사건사례- "마약중독"

대한민국은 이미 한 해 마약사범만 1만2,000명, 많게는 1만6,000명이 검거되고 있는 마약 오염국이다.

박희진(30·여) 씨는 1남 1녀 중 막내로 태어나 평범한 가정환경 속에서 초등학교를 졸업했다. 중학교에 진학 후 일명 '일진'으로 불리는 친구들과 어울리며 마약을 접했고 이후 그녀의 삶은 평범하지 못했다. 그녀는 담배를 시작으로 본드와 가스를 접하게 됐고 한 두 번의 경험은 어느덧 중독으로 이어져 점점 약물에 집착하게 됐다. 약물에 집착하다 보니 자연스럽게 부모님과 갈등이 심해졌고 가출하는 경우가 많아졌다. 자연스럽게 학업에 집중할 수 없었던 그녀는 학교에서 퇴학을 당한 뒤 친구의 소개로 밤업소에서 일하게 됐다.
밤업소에서 일을 시작한 그녀는 새로운 약물을 접하게 됐다. 그 마약은 '누바인'이라는 약물이었다. 주사기를 사용해 누바인을 투약하면 세상이 아름다워 보였고 약기운이 떨어지면 세상이 지옥과 같이 변하는 기분을 느꼈다. 그녀에게 약물은 밤업소에서 일한다는 수치심과 세상에 대한 모든 걱정을 없애주는 도구였다. 그녀는 이후로 약물에 더욱 집착하게 됐다.
그러던 중 손님의 권유로 필로폰을 시작한 그녀는 필로폰을 판매하는 사람을 만나면서 어느새 마약중독자가 됐다. 그녀의 끝날 것 같지 않았던 마약중독은 지인의 신고로 검찰에 구속되며 막을 내렸다.

최근 몇 년 사이 마약범죄에 연루된 연령은 과거 50~60대에서 30~40대로 낮아졌다. 특히 주목되는 점은 10대와 20대의 마약범죄 비율이 매년 증가하고 있는 점이다.

20~30대를 중심으로 퍼지고 있는 신종 마약 중 대표적인 약물은 케타민이다. 케타민은 일명 '스페셜K'라고 불리며 주로 고양이 등 동물 마취제로 사용돼 왔다. 복용할 경우 깨어있지만 기억이나 의식은 없는 해리성 마취 상태에 빠지게 된다. 신경계 구조 및 운동기능 손상, 기억 상실 등의 피해를 초래하기도 한다.

엑스터시는 일명 '도리도리'라고 불리며 클럽에서 춤을 추면서 많이 사용돼 왔다. 필로폰의 일부를 변화시켜 환각작용을 강하게 만든 마약이다. 엑스터시를 복용하면 전신의 감각이 극도로 예민해진다. 당초 1990년대에 식욕억제제로 개발됐지만 환각작용 때문에 마약류로 분류됐다.

B군(남·22)은 "사실 클럽에서 마약을 직접 투여하는 경우보단 여성과의 성관계를 위해 마약을 이용하는 경우가 많다"며 "버닝썬에서 사용한 LSD처럼 신종 향정신성의약품을 여성의 술에 몰래 넣는 경우도 있고 성인용품점에 방문하면 이와 비슷한 마약류 흥분제를 쉽게 구매할 수 있다"고 설명했다.
인터넷에 필로폰(메스암페타민)을 뜻하는 은어 '작대기(주사기)' '얼음(가루)' '차가운술' '빙두'(북한산 필로폰) 등을 검색하면 마약판매상으로 추정되는 사용자를 여러 명 찾을 수 있다. 대마초는 떨로 불리고 있고 이외에도 마약을 가리키는 은어로 후리베이스, 강남술, 사끼 등이 통용되고 있다.

Ⅰ. 학습목표 및 개요

수사상 마약류는 인체의 중추신경계에 작용하여, 장기간 사용하면 사용자가 의존성, 금단증상을 체험하게 되는 약물 또는 물질로 마약류관리에 관한 마약, 향정신성의약품, 대마를 뜻한다.

Ⅱ. 마약의 분류

⊙ **천연마약**: 양귀비, 생아편, 모르핀, 코데인, 코카인, 크랙, 아세토르펀

⊙ **한외마약**: 코데날, 고데잘, 코데솔, 유코데, 세코날 등

⊙ **합성마약**: 메사돈계, 아미노부텐, 모리피난, 벤조모르핀, 페치딘계, 프로폭시펜 아세틸메사돌 등 (암기: 사돈부모벤치폭사)

⊙ **반합성마약**: 히드로모르핀, 하이드로폰, 옥시코돈, 헤로인 등 (암기: 반히옥헤)

⊙ 천연마약

1) 양귀비 계열

① **양귀비(앵속)** : 양귀비는 3~4월에 파종하면 5~7월(집중단속기간)에 꽃이 피고 열매가 맺게 되는데 이를 앵속이라 한다. 아편성분이 다량 함유되어 있는데 가장 많이 함유되어 있는 부분은 열매이다.

② **생아편**: 앵속의 열매가 익기전에 껍질부분에 상처를 입혀 흘러나오는 액즙을 채집하여 건조시킨 것으로 암갈색 또는 검은색을 띤다. 암모니아 냄새, 파이프 흡연이 일반적이다.

③ **모르핀**: 생아편을 화학적으로 처리하여 얻는 것(생아편으로부터 추출, 분리과정을 거쳐 얻은 알카로이드)으로 아편보다 효력이 강하고 의료용(설사약)으로 가장 강력한 진통제이며 헤로인의 원료로 사용된다. 주로 앰플형태의 모르핀을 정맥주사하여 남용한다.

2) 코카나무잎 계열

① **코카인**: 코카잎에서 추출된 알카로이드를 농축 결정시킨 천연마약이다. 강력한 중추신경계 흥분제로 각성효과가 뛰어나 운동선수들이 경기력 향상을 위해 많이 복용한다. 코카인은 주로 코로흡입하며 코의 점막을 통해 흡수되

며 15～40분 정도의 각성 및 가벼운 도취감을 느끼게 해준다.

② **크랙**: 코카인을 화학적으로 처리한 백색의 결정체(코카인에 베이킹파우더를 섞어 단단하게 하여 담배형태로 피울 수 있게 만든 것)이다.

⊙ 한외마약

의약품으로 사용하는 합법적인 약품으로 성분은 마약성을 띠고 있으며 일정한 사용기준을 총리령으로 정한 것을 말한다. 마약의 재제조가 불가능하고 신체적·정신적 의존성을 염려가 없는 것이다.(코데솔, 코데날, 코데잘, 유코데, 후리코, 세코날 등이 있다)

⊙ 반합성마약

천연마약을 합성하여 제제화된 것으로 진통, 해열제로 사용되는 의료용 마약물질, 헤로인은 모르핀보다 의존성이 훨씬 강하며 독성은 모르핀보다 10배 이상 강하고 금단현상도 매우 강한 마약이다. Speed Ball은 강력한 흥분효과를 내기 위해 헤로인에 코카인을 혼합하여 정제한 것이다. 순백색이 가장 순도가 높고 효과도 뛰어나다. (히드로모르폰, 히드로모르피놀, 하이드로폰, 옥시코돈, 헤로인 등)

⊙ 합성마약

천연마약과 같이 의존성이 강하지는 않으나 내성과 의존성 등 금단증상을 유발한다.(페치딘계, 메사돈계, 모르피난계, 아미노부텐계 및 벤조모르판계, 프로펙시펜 등)

⊙ 국제 범죄조직의 마약류범죄 개입으로 지능화, 국제화, 조직화하고 있다. 코카인 주요 생산국가는 콜롬비아, 페루, 볼리비아 3국(코카인 삼각지대)이고 최대 생산국가는 콜롬비아이며 이곳에서 생산되는 코카인은 주로 미국으로 수출된다. (암기: 콜롬비아 페볼레)

⊙ 양귀비는 골든 트라이앵글(동남아의 미얀마, 라오스, 타일랜드) 국경고산지

대에서 양귀비를 재배하여 공급하는 세계적인 루트이다. (암기: 미라타)

⊙ 헤로인, 모르핀은 골든 크레슨트(파키스탄, 이란, 아프가니스탄) 국경지대에서 거래하는 지역이다.

⊙ 프랑스 조직: 프랑스 항구도시 마르세이유를 근거로 헤로인을 밀거래 하며, 마피아가 조종하여 전세계로 헤로인을 공급한다.

⊙ 피자 커넥션: 미국 동부지역 피자집에서 헤로인을 거래하던 마피아 조직

※ 헤로인 취급조직: 프랑스조직, 골든크레슨트, 피자커넥션

Ⅲ. 향정신의약품의 분류

1. **각성제**: 피로감을 감소시켜 주거나 정신을 맑게 해 주어 모든 종류의 운동성 및 정신활동이 증가하며 다행감과 함께 기분이 증진된다.(엑스터시, 메스암페타민(히로뽕), 암페타민류)
2. **환각제**: 시각의 왜곡 및 가성환각은 자주 일어나기도 한다.(L.S.D, 사일로사이빈, 페이요트(메스카린) 등)
3. **억제제**: 인체의 중추신경계 특정부위를 억제하여 진통효과를 나타내게 하거나 수면을 유도하는 신경안정제이다.(알프라졸람, 바르비탈염제류제(아로바르비탈), 벤조다이아핀제제)

※ **플래쉬백 현상**(Flash back): 환각제 남용자가 환각제 복용을 중단하였음에도 불구하고 복용당시 경험하였던 환각상태를 다시 경험하게 되는 현상을 말한다.

⊙ **메스암페타민(히로뽕, 필로폰)**: 처음에 '술 깨는 약'이나 '피로회복제', '체중조절약' 등을 가장하여 유통, 복용되는 경우가 많다. 증류수 등에 희석하여 주로 정맥혈관에 주사한다. 가장 효과적이지만 주사한 흔적이 남는다.

⊙ **엑스터시**: 1949년 독일에서 식욕감퇴제로 개발된 것으로 기분이 좋아지는 약이다. 포옹마약, 클럽마약, 도리도리 등으로 지칭된다. 우리나라에서는 메스암페타민보다 가격이 싸면서 환각작용은 3배나 강한 것으로 알려졌다.

⊙ **덱스트로메토르판(일명 '러미나')**: 진해거담제로서 의사의 처방전으로 약국에서 구입이 가능하다.청소년들이 소주에 타서 마시기도 하는데 이를 '정글쥬스'라고도 한다. 일반용량의 수십배에 달하는 50~100정을 일시에 복용하면 도취감, 다행감, 환각작용을 유발하여 대용마약으로 남용되기도 한다.

⊙ L.S.D: 1938년 스위스 알버트 호프만 박사가 곡물의 곰팡이, 보리 맥각에서 추출한 물질을 인공적으로 합성시켜 만들어낸 것으로 무색, 무취, 무미하다. 환각제 중 가장 강력한 효과(의존성, 내성)를 나타내며 캡슐, 정제, 액체 형태로 사용된다. 미량을 유당·각설탕·과자·빵 등에 첨가시켜 먹거나 우편·종이 등의 표면에 묻혔다가 뜯어서 입에 넣는 방법으로 복용되기도 한다.

⊙ 야바(YAVA): 야바는 태국 등 동남아 지역에서 주로 생산되어 유흥업소 종사자, 육체노동자, 운전기사 등을 중심으로 급속히 확산되고 있다. 카페인, 에페드린, 밀가루 등에 필로폰을 혼합한 것으로 순도가 20~30% 정도로 낮지만 메스암페타민의 효과보다 더욱 강력한 각성제로 알려져 있다. 원재료가 화공약품인 관계로 양귀비의 작황에 좌우되는 헤로인과는 달리 안정적인 밀조가 가능하다.

⊙ GHB(물뽕): 무색·무취로써 짠맛이 나는 액체로 소다수 등의 음료에 타서 복용하며 '물같은 히로뽕'이라는 뜻에서 '물뽕'이라고도 불린다. 미국이나 유럽등지에서 성범죄용으로 악용되어 '데이트 강간 약물'이라고도 불린다. 1회 20ml음료, 술에 혼합사용하면 15분 후에 효과가 나타나며 이후 3시간동안 지속된다. 근육강화 호르몬 분비효과가 있고 24시간 이내에 인체에서 빠져나가기 때문에 사후추적이 불가능하다.

Ⅳ. QUIZ 및 정답/해설

1. 마약류에 대한 증거물 채취요령에 대한 설명으로 타당하지 않은 것은?
   ① 양귀비는 줄기부분에 가장 함량이 높으므로 될 수 있으면 줄기부분을 채취하여 의뢰한다.
   ② 코카인분말은 분말 자체와 흡입기구, 코카엽은 엽자체와 씹는 물질을 채취한다.
   ③ 생아편, 모르핀, 헤로인. 페치딘의 경우 고형물, 분말, 앰플,주사기, 흡연기구, 담배필터 등을 모두 채취한다.
   ④ 대마엽, 대마씨앗, 대마전초 등을 채취하여 흡연하였던 담배필터, 파이프, 음료수 캔, 요구르트병을 채취한다.

☞ 정답: 1번
양귀비는 열매부위에 가장 함량이 높으므로 될 수 있으면 열매가 있는 전초를 채취하며, 열매가 없는 경우 다른 부위를 채취한다.

2. 필로폰 투약 혐의자에 대해서 가능하며 투약 후 수 개월 경과한 혐의자의 투약 여부에 대해서도 감정이 가능한 생체시료는?

① 소변	② 타액
③ 모발	④ 정액

☞ 정답: 3번
소변 감정은 필로폰을 포함하여 대부분 주요 마약류 투약 혐의자에 대해서 행해질 수 있으나 모발 감정의 경우는 모발 감정기술 상의 문제로 필로폰, 대마 및 MDMA 투약 혐의자에 대해서 가능하다. 모발감정을 피하기 위해 머리염색을 하고 체모의 경우는 면도기로 밀어버리는 신종수법이 등장하고 있다.

3. 약물 남용으로 인한 죽음에서의 일반적 소견에 대한 설명이다. 알맞지 않은 것은?
   ① 약물의 남용으로 인한 죽음은 과다 투여 등으로 인한 급성 중독사외에도 만성 투여로 생긴 합병증으로 인한 병사, 약물에 의한 이상행동으로 인한 사고사 등이 있다.

② 헤로인이나 코카인은 경구투여의 경우 효과가 거의 없어 코로 흡입하는 경우가 많은데, 만성 흡입 중독자의 경우 코점막 위축이나 코 중격의 천공을 보는 경우가 종종 있다.

③ 대부분 마약 중독자의 부검에서는 폐에서 부종과 울혈을 볼 수 있으며 간염이 흔하게 발견되고, 심장에서는 세균성 또는 진균성 내막을 볼 수 있다.

④ 정맥주사는 적은 양으로도 빠르고 강한 쾌감을 느낄 수 있어 만성 중독자들 대부분이 사용하므로 이들의 시체에서는 복부나, 옆구리 등에서 주사흔이나 정맥염, 반흔 등을 볼 수 있다.

☞ 정답: 4번
약물 남용자들의 경우 효과의 지속이나 안전성을 고려해 피하주사를 하는 경우가 있는데 이때 복부나 옆구리, 둔부에 주사하는 경우가 대부분이고, 정맥주사는 신속하고 강한 쾌감을 위해 정맥이 드러나는 팔이나 손등, 발목부위에 주로 약물을 주입한다.

4. 필로폰투약에 대한 설명으로 타당하지 않은 것은?

① 투약 시 20분 후부터 뇨로 배설되기 시작하여 24시간 이내에 복용량의 약 25%가, 48시간 이내에 약 75~90%가 배설된다.

② 초심자(통상 1~3회 투약한 경우)는 투약 후 약 2~3일 이내에, 중독자는 5~7일 이내에 소변채취가 행해져야 한다.

③ 필로폰의 뇨 중 배설은 복용량, 복용방법, 남용 정도에 따라 차이가 있으나 뇨 중 필로폰 검출만으로 투약 시기를 추정할 수 있다.

④ 경찰청에서 마약류 투약자 검거를 위해 1회용 소변 검사 시약(Accusign)을 전국에 배부하고 있다.

☞ 정답: 3번
필로폰의 뇨 중 배설은 복용량, 복용방법, 복용 후 뇨채취 시기, 남용정도, 뇨의 액성 및 개체차 등에 따라 차이가 있으므로 뇨 중 필로폰 검출만으로 약물의 투약시기를 추정하기는 곤란하다.

5. 필로폰투약자에 대한 생체시료 채취요령에 대한 설명으로 타당하지 않은 것은?

① 소변 감정의뢰 시 오염되지 않은 소변을 약 20ml가량 채취하여야 하며 소변 채취 전 음식물 섭취를 하루 정도 완전히 차단하여야 한다.

② 채취된 소변을 담는 용기는 재질이 소변과 반응하여 감정에 영향을 주는 것이어서는 안된다.

③ 모발을 가위로 절단하여 채취하는 경우 가능한 두피에 가깝게 절단하는 것이

바람직하다.

④ 모발의 감정을 통해 대략의 투약 시기 추정이 가능하다.

☞ 정답: 1번

소변채취 전 아무 음식이든 차단하는 것이 아니고 맥주, 콜라, 커피 같은 이뇨작용이 있는 음료수의 복용을 차단토록 하여야 한다. 모발은 최소 50수 이상 채취하여야 하며 50수 미만을 채취하여 국과수에 감정을 의뢰하면 감정불가 통보가 나올 가능성이 높다. 또한, 통상의 모발이 한 달에 약 1cm가 자라는 것으로 보고, 일정 길이로 잘라 감정을 함으로써 투약 시기를 추정할 수 있다.

6. 「마약류관리에 관한 법률」에서 규제하는 마약류인 마약에 해당하지 않은 것은?

① 양귀비, 아편 및 코카 잎

② 마리화나

③ 양귀비, 아편 및 코카 잎으로부터 추출되는 알카로이드로서 대통령령으로 정하는 것

④ 모르핀

☞ 정답: 2번

7. 「마약류 관리에 관한 법률」상 다음 설명에 해당하는 물질을 무엇이라고 하는가?

‘마약성분은 갖고 있으나 타약품과 혼합되어 마약으로 다시 제조하거나 제제할 수 없고, 그것에 의하여 신체적 또는 정신적 의존성을 일으키지 아니하는 것으로 총리령으로 정하는 것’

① 천연마약　　② 반합성마약

③ 합성마약　　④ 한외마약

☞ 정답: 4번

8. 다음 설명에 해당하는 신종 마약류는?

A. 1949년 독일에서 식욕 감퇴제로 개발됨 B. 기분이 좋아지는 약, 포옹마약, 클럽마약, 도리도리 등으로 지칭 C. 복용자는 테크노 · 라이브 · 파티장 등에서 막대사탕을 물고 있거나 물을 자주 마시는 등의 행위를 함

① 엘에스디(LSD) ② 야바(YABA)
③ 엑스터시(MDMA) ④ GHB (일명 물뽕)

☞ 정답: 3번

9. 보기와 같은 특징을 갖는 마약류는?

A. 진해거담제로서 의사의 처방전이 있으면 약국에서 구입가능 B. 강한 중추신경 억제성 진해작용이 있어 코데인 대용으로 널리 시판 C. 도취감 혹은 환각작용을 맛보기 위해 사용량의 수십 배에 해당하는 20~100정을 흔히 남용

① 날부핀 ② 디아제팜
③ 덱스트로메트로판(일명 러미나) ④ 카리소프로돌(일명 S정)

☞ 정답: 3번

(O · X 문제)

1. **반합성마약 종류**로는 히드로모르핀, 하이드로폰, 옥시코돈, 헤로인 등이 있다. ( )

2. 코카인은 주로 코로흡입하며 코의 점막을 통해 흡수되며 15~40분 정도의 각성 및 가벼운 도취감을 느끼게 해준다. ( )

3. Speed Ball은 강력한 흥분효과를 내기 위해 헤로인에 코카인을 혼합하여 정제한 것이다. ( )

4. 코카인 주요 생산국가는 콜롬비아, 페루, 볼리비아 3국(코카인 삼각지대)이고 최대 생산국가는 콜롬비아이며 이곳에서 생산되는 코카인은 주로 미국으로 수출된다. ( )

5. **플래쉬백 현상(Flash back)은** 환각제 남용자가 환각제 복용을 중단하였음에도 불구하고 복용당시 경험하였던 환각상태를 다시 경험하게 되는 현상을 말한다. (　　)

6. **엑스터시는** 1949년 독일에서 식욕감퇴제로 개발된 것으로 기분이 좋아지는 약이다. 포옹마약, 클럽마약, 도리도리 등으로 지칭된다. (　　)

7. **덱스트로메토르판(일명 '러미나')는** 진해거담제로서 의사의 처방전으로 약국에서 구입이 가능하다. 청소년들이 소주에 타서 마시기도 하는데 이를 '정글쥬스'라고도 한다. (　　)

8. 야바는 태국 등 동남아 지역에서 주로 생산되어 유흥업소 종사자, 육체노동자, 운전기사 등을 중심으로 급속히 확산되고 있다. 카페인, 에페드린, 밀가루 등에 필로폰을 혼합한 것으로 순도가 20~30% 정도로 낮지만 메스암페타민의 효과보다 더욱 강력한 각성제로 알려져 있다. (　　)

9. 무색·무취로써 짠맛이 나는 액체로 소다수 등의 음료에 타서 복용하며 '물같은 히로뽕'이라는 뜻에서 '물뽕'이라고도 불린다. 미국이나 유럽등지에서 성범죄용으로 악용되어 '데이트 강간 약물'이라고도 불린다. (　　)

☞ 정답: 1번 ~ 9번 모두 O

Ⅴ. 학습정리

- 코카인 주요 생산국가는 콜롬비아, 페루, 볼리비아 3국(코카인 삼각지대)이고 최대 생산국가는 콜롬비아이며 이곳에서 생산되는 코카인은 주로 미국으로 수출된다.
- 헤로인 취급조직은 프랑스조직, 골든크레슨트, 피자커넥션이다.
- 천연마약은 양귀비, 생아편, 모르핀, 코데인, 코카인, 크랙, 아세토르핀이다.
- 합성마약은 메사돈계, 아미노부텐, 모리피난, 벤조모르핀, 페치딘계, 프로폭시펜 아세틸메사돌이다.

⊙ 향정신성의약품의 분류

1. **각성제**: 피로감을 감소시켜 주거나 정신을 맑게 해 주어 모든 종류의 운동성 및 정신활동이 증가하며 다행감과 함께 기분이 증진된다.(엑스터시, 메스암페타민(히로뽕), 암페타민류)
2. **환각제**: 시각의 왜곡 및 가성환각은 자주 일어나기도 한다.(L.S.D, 사일로사이빈, 페이요트(메스카린) 등)
3. **억제제**: 인체의 중추신경계 특정부위를 억제하여 진통효과를 나타내게 하거나 수면을 유도하는 신경안정제이다.(알프라졸람, 바르비탈염제류제(아로바르비탈), 벤조다이아핀제제)

제 25 강

대마 및 유해화학물질 수사

사건사례- "해시시 오일 사건"

마포경찰서는 '대마를 판매한다'는 내용이 담긴 명함형 전단을 뿌리고, 판매 목적으로 대마를 갖고 있던 남성 A 씨(30)를 마약류 관리에 관한 법률 위반 혐의로 입건했다 .경찰은 전단에 적힌 채팅 애플리케이션(앱) '위커 미'에서 '○○○' 아이디를 검색한 뒤 말을 걸었다. '전단 보고 연락드렸습니다. 7g 정도 살 수 있나요?'라고 물으니 '50만 원입니다'라는 답변이 돌아왔다. '물건을 보고 싶다'고 하니 합정역 인근의 한 건물 앞으로 오라고 안내했다. 오후 7시 50분경 약속 장소에서 기다리고 있던 남성은 경찰에게 봉투에 담긴 대마초를 내밀었다. 경찰은 그 자리에서 남성을 현행범으로 체포했다. A 씨는 7월 초 라오스에서 대마 40g을 구입해 국내로 들여왔다고 진술한 것으로 알려졌다. 체포 당시 A 씨는 30g의 대마초를 갖고 있었다. 경찰 관계자는 "온라인을 통해 마약을 판매하는 건 봤어도 이렇게 대놓고 길에서 전단을 뿌린 건 처음 본다"고 말했다.

SK그룹 창업주 고 최종건 회장 손자에 이어 고 정주영 현대그룹 명예회장 손자가 대마 상습 흡입 혐의로 구속된 가운데 이들에게 마약을 판 20대에게 마약을 대준 상위 공급책 2명이 경찰에 붙잡혔다.
마약 공급책 이모(27)씨는 과거 미국 유학 시절 알게 된 정몽일 현대엠파트너스 회장의 아들 정모(29)씨와 고 최윤원 SK케미칼 회장 아들인 최모(31)씨에게도 대마 쿠키, 액상 대마 등을 팔고 함께 핀 혐의를 받고 있다. 경찰은 정씨와 최씨가 핀 대마 쿠키와 액상 대마가 `해시시 오일`로 만든 것으로 보고 있다.
해시시 오일은 대마에 들어있는 물질 가운데 향정신성 효과가 가장 큰 THC(델타나인 테트라하이드로카나비놀) 함량이 대마 건초의 7~10배에 이른다. THC는 수백 마이크로그램(μg) 만으로도 환각 증상을 일으킬 수 있다. 최씨와 정씨는소셜네트워크서비스(SNS)에서 이를 구입한 것으로 알려졌다. 해시시 오일로 만든 대마쿠키는 겉으로 보면 시중에서 파는 일반 쿠키와 크게 다르지 않아 육안으로 구별하기 어렵다. 대마 특유의 쑥 냄새가 나지 않아 밀반입이 쉽고, 노출 위험도도 더 크다.

Ⅰ. 학습목표 및 개요

1. 대마초와 그 수지(樹脂)에 대해 확인해 보자.
2. 환각작용을 일으키는 화학물질의 효과를 알아보자.

Ⅱ. 대마의 분류

'대마'란 대마초와 그 수지, 대마초 또는 그 수지를 원료로 하여 제조된 모든 제품을 말한다. 다만 대마초의 종자, 뿌리 및 성숙한 대마초의 줄기와 그 제품은 제외한다.

1. 대마 종류

1) 대마초(마리화나): ① 대마초는 대마의 잎과 꽃대 윗부분을 건조시켜 담배 형태로 만들어서 피는 것을 말하며, 외국에서는 포루투갈어로 마리화나라고 부른다. ② 대마의 주 정신작용물질은 THC로 대마초 중 약 1%정도 함유되어 있다. ③ 잎을 말려서 담배형식으로 종이에 말아서 또는 파이프에 넣어서 피운다.
2) 대마수지(해쉬쉬): ① 성숙한 대마의 정상 꽃대 부분의 수지성 분비물을 알코올로 침출, 채취 또는 가마솥에서 증류하여 건조·농축한 제품으로 마리화나

보다 10가량 효과가 높다. ② 흡입시 효과가 크며 마취성이 있어 혼수상태에 빠질 수 있다.

2. 대마의 특성

① 흡연자들은 대마초는 중독성이 약하여 언제든지 끊을 수 있다는 인식을 갖는다.
② 가수들의 감성을 높일 수 있다는 낭설이 널리 퍼져 있다.
③ 윤락녀들의 성적 수치심을 해소하는 것으로 알려져 있다.
④ 대마초는 합법적으로 재배하는 삼에서 채취할 수 있고, 국내에서도 야생 대마초를 손쉽고 저렴하게 구입할 수 있다.

3. 대마 효과

① 인체의 중추신경계를 흥분 또는 억제시키는 역할을 한다
② 대마는 마약보다 정신적·신체적 의존성이 약하다.

Ⅲ. 유해화학 물질의 분류

마약류는 아니지만 인체에 유해성이 있어서 사용하면 환각작용을 일으키는 화학물질이다.

1. 위험성

① 조직 손상의 위험성이 있다. 즉, 톨루엔(Toluene) 및 기타 유사성 용제가 체내에 높은 농도로 존재하면 골수, 뇌, 간장 및 신장에 조직손상을 줄 위험

이 있으며 또한 조직손상이 회복 불가능할 수도 있다.

② 과다한 양을 복용할 경우에는 호흡 정지로 사망을 초래하게 하는 수도 있다.

2. 처벌대상

① 환각물질을 섭취 또는 흡입하거나 이러한 목적으로 소지한 자

② 환각물질을 섭취 또는 흡입하고자 하는 자에게 그 정을 알면서 이를 판매하거나 공여하는 행위

③ 다만, 청소년이 환각물질을 섭취 또는 흡입하고자 하는 정을 알면서 판대·공여한 자는 청소년보호법위반으로 처벌한다.

④ 청소년이 환각물질을 섭취 또는 흡입목적으로 소지한 경우도 화학물질관리법위반으로 처벌된다.

3. 본드

① **주성분**: 톨루엔, 초산에틸

② **흡입시간**: 30분~1시간(부탄가스보다 오래 걸린다)

③ **흡입방법**: 주로 비닐봉지, 플라스틱 통에 넣어 입구를 통해 코로 냄새 흡입, 비닐 또는 막걸리 통에 발라 코로 냄새 흡입 등

④ **흡입후 증세**: 환각(환락, 흥분, 환상), 주취상태와 유사한 환각 상태 및 약간 어지러움증, 고민 등 불안을 잊음, 정신적 의존 및 공격적 행위

⑤ **인체 해독**: 뇌손상, 간질환, 기형아 출산, 식욕부진, 과도량 흡입시 사망할 가능성도 있다.

4. 부탄가스

① **주성분**: 프로판, 노르말부탄, 이소부탄

② **흡입시간**: 10분~20분

③ **흡입방법**: 코나 입을 통해 흡입하는 방법이 주로 사용된다. 손쉽게 구할 수 있고, 가격이 싸서 주로 청소년층에 사용된다.

④ **흡입상태**: 주취상태, 본드와 유사함, 부탄가스 흡입으로 사망시 사인은 질식사인 경우가 많다.

Ⅳ. 마약류사범 수사

1. 단속시 착안사항

① **은닉수법**: 주로 체내(항문, 음부, 위장)에 은닉한다.

② **용의점**: 여름에도 긴 팔 옷을 입고 있는 자, 통상 짐도 적게 소지하고 옷도 적게 소지한다. 유아를 동행할 경우 가짜 우유병을 입에 물리고 검사대를 통과하는 경우, 긴장하거나 땀을 많이 흘리고 지나칠 정도로 협조적인 자 등이다.

2. 수사요령

정보수집 → 수사계획 → 수사착수 → 범인검거 → 증거확보 → 조사

1) **정보수집**: 조직이탈자, 공범자, 수형종료자 등 동향감시

2) **수사계획**: 수집된 정보를 토대로 예상문제점을 검토한 후 수사일정, 장소, 수사요원 편성 등 수사계획을 수립

3) 수사착수

① **범인검거**: 조직을 일망타진하도록 하고 특히 밀조책과 총책 검거에 힘써야 한다. 제보자를 활용하는 경우 제보자 보호에도 만전을 기해야 한다.

② **증거확보**: 마약현품, 제조기구 및 그 원료, 거래자금, 범인이 소지하고 있던 메모지, 수첩, 거래자금 입금통장 등을 압수, 밀조공자, 범인가옥, 사용차량

등에 대한 철저한 수색을 해야 한다.

③ **조사**: 환각상태일 경우 사실대로 털어놓을 수 있는데 이때 자술서를 대필하는 것보다는 본인이 직접 작성하는 것이 더 증거가치가 있다. 환각상태의 진술은 신빙성에 문제가 있으므로 반복 조사 및 녹음을 하여 진술을 번복할 가능성에도 대비하여야 한다.

3. 증거물 채취

대마초는 건조가 되면 무게가 줄어들기 때문에 의뢰할 때까지 시간을 최소한으로 줄여야 한다.

4. 생체시료 채취

1) 소변

① 마약, 환각제, 대마의 남용여부를 증명하기 위한 생체시료는 소변이 가장 적당하다. 다만, 복용 후 10일 이상 경과하면 검사가 곤란하다.

② 여러 가지 검사(마약, 환각제, 대마 등)가 필요한 경우에는 채취한 소변의 양을 충분히(약 30ml) 송부해야 한다.

③ 필로폰 남용자의 소변은 깨끗한 용기에 20ml 정도 채취한다.

2) 모발

① 필로폰 및 MDMA, 대마 투약 혐의자에 대해서만 가능하다.

② 모발 채취시 가위로 절단하는 경우 가능한 두피에 가깝게 절단하고 모발은 최소 30수(50수) 이상이어야 한다.

5. 간이시약 검사(Acusign)

① 시약이 함유된 백색의 키트로서 샘플윈도우(S)와 비교띠(C) 및 시험띠(T)가 있다.

② 사용이 간편하고 신속하게 결과를 알 수 있어 현재 실무에서 많이 사용되고 있다.

③ 검사대상: 메스암페타민, 대마초, 코카인, 아편류의 복용여부이다.

④ 검사방법: 비교띠(C)와 시험띠(T) 모두에 붉은 띠가 나타나면 음성(복용하지 않음)으로 판별한다. 비교띠에만 붉은 띠가 나타나면 양성(마약복용 의심)으로 판별한다. 양성반응이 나온 경우 시간이 경과함에 따라 반응표시가 훼손될 수 있으므로 즉시 사진을 찍거나 간이시약 검사결과에 대하여 피의자 확인서를 받아 두어야 한다.

Ⅴ. QUIZ 및 정답/해설

1. 대마의 분류상 대마초보다 지속시간이 10배 이상 강하고, 마취성이 있어 혼수상태에 빠질 수도 있는 것은?

① 마리화나　　② 해쉬쉬
③ 헤로인　　④ 앵속

☞정답: 2번

2. 「마약류관리에 관한 법률」에서 규제대상인 대마에 대한 설명으로 잘못된 것은?

① 대마초와 그 수지를 원료로 하여 제조된 일체의 제품을 말한다.
② 일명 삼나무의 잎과 꽃을 말한다.
③ 대마에는 그 뿌리와 종자도 포함된다.
④ 사용하면 인체의 중추신경계를 흥분 또는 억제하는 역할을 한다.

정답: 3번

3. 「마약류 관리에 관한 법률」상 규정된 마약류에 관한 설명이다. 이에 대한 설명으로 가장 적절하지 않은 것은?
   ① 대마에는 대마초의 뿌리와 종자를 제외한다.
   ② 대마초 종자의 껍질을 흡연 또는 섭취하는 행위는 「마약류 관리에 관한 법률」의 처벌 대상이 아니다.
   ③ 다른 약물이나 물질과 혼합되어 다시 제조하거나 제제할 수 없고, 그것에 의하여 신체적 또는 정신적 의존성을 일으키지 아니하는 것으로서 총리령으로 정하는 것을 한외마약이라 한다.
   ④ 양귀비는 마약에 해당한다.

☞ 정답: 2번

(O · X 문제)

1. 대마수지(해쉬쉬)는 성숙한 대마의 정상 꽃대 부분의 수지성 분비물을 알코올로 침출, 채취 또는 가마솥에서 증류하여 건조·농축한 제품으로 마리화나보다 10가량 효과가 높다. (   )

2. 청소년이 환각물질을 섭취 또는 흡입하고자 하는 정을 알면서 판매·공여한 자는 청소년보호법위반으로 처벌한다. (   )

3. 청소년이 환각물질을 섭취 또는 흡입목적으로 소지한 경우도 화학물질관리법 위반으로 처벌된다. (   )

4. 간이시약 검사는 비교띠(C)와 시험띠(T) 모두에 붉은 띠가 나타나면 음성(복용하지 않음)으로 판별한다. 비교띠에만 붉은 띠가 나타나면 양성(마약복

용 의심)으로 판별한다. (　　　)

☞ 정답: 1번 ~ 4번 모두 O

Ⅵ. 학습정리

⊙ 생체시료 채취

1) 소변

① 마약, 환각제, 대마의 남용여부를 증명하기 위한 생체시료는 소변이 가장 적당하다. 다만, 복용후 10일 이상 경과하면 검사가 곤란하다.

② 여러 가지 검사(마약, 환각제, 대마 등)가 필요한 경우에는 채취한 소변의 양을 충분히(약 30ml) 송부해야 한다.

③ 필로폰 남용자의 소변은 깨끗한 용기에 20ml 정도 채취한다.

2) 모발

① 필로폰 및 MDMA, 대마 투약 혐의자에 대해서만 가능하다.

② 모발 채취시 가위로 절단하는 경우 가능한 두피에 가깝게 절단하고 모발은 최소 30수(50수) 이상이어야 한다.

제 26 강

도박 사범 수사

사건사례- "불법 온라인 도박"

말레이시아 쿠알라룸푸르의 P레지던스 건물 인근에 현지 경찰과 함께 잠복해 있던 서울지방경찰청 사이버수사대 관계자는 용의자들이 받아 가는 배달음식의 양을 멀리서 세다가 깜짝 놀랐다. 한국 경찰 5명과 말레이시아 경찰 50여 명 등 총 60여 명으로 몸집을 키운 합동검거단이 움직였다. 용의자들이 배달음식을 받으려 현관문을 열 때를 노렸다. 검거단은 인터넷주소(IP주소) 추적으로 파악한 사무실 4곳에 동시에 들이닥쳤다. 2017년 4월부터 도박사이트 '몽키스'와 '대작' 등을 만들어 운영해온 노모 씨(38) 일당 28명이 한꺼번에 검거되는 순간이었다. 해외 온라인 도박사이트 운영 사범 중 역대 최대 규모다.

경찰이 들이닥쳤을 때도 노 씨 일당은 사이버 머니를 환전해주는 등 사이트 관리에 여념이 없었다. 이들이 지내던 곳은 야외 수영장과 피트니스센터, 잔디 테니스장, 실내 농구장 등의 편의시설을 갖춘 고급 레지던스로, 한 달 임차료만 180만~500만 원 수준으로 알려졌다. 레지던스 안에는 고급 안마기와 게임기뿐 아니라 불닭볶음면 사발면 등 한국 음식이 굴러다니고 있었다. 경찰은 노 씨 일당이 필리핀 출신 가사도우미까지 고용하는 등 범죄 수익으로 호화 생활을 한 것이다.

Ⅰ. 학습목표 및 개요

1. 도박사범 수사요령과 현행범인 검거 방법을 알아보자.
2. 도박개장죄와 도박꾼들의 은어를 조사해 보자.

Ⅱ. 도박 사범 수사

1. 도박사범

① 재물을 걸고 우연한 승부에 의하여 승자에게 이를 교부하는 행위이다.
② 판례는 일정한 재물을 약속하는 것만으로도 도박죄가 성립한다고 보고 있으므로 반드시 승패가 결정되거나 현장에서 재물이 오고 갈 필요는 없다.
③ 도박죄는 추상적 위험범이므로 도박에 착수하면 기수에 이르고 승패가 결정되거나 현실로 재물의 득실이 있을 것도 요하지 않는다(미수범 처벌규정이 없음)
④ 일시오락에 불과한 사안은 도박죄로 처벌되지 않는다.
⑤ 사기도박의 경우 도박죄가 아닌 사기죄로 의율해야 한다.
⑥ 단순도박의 경우 긴급체포의 대상이 아니다(500만원 이하 벌금)

2. 현행범인 검거

1) 사전준비

① **도박 개장 사실 확인**: 개장 전 개장장소의 출입구 등 동향을 잘 관찰할 수 있는 곳에 경험이 있는 수사요원을 잠복하게 한다.

② **도박개장 장소 파악**: 건물의 구조, 방의 배치, 출입구 등을 사전에 충분히 내사하여 수사요원 전원에게 구체적인 지시를 해둔다.

③ **인력 기자재 확보**: 단속은 심야의 경우가 많으므로, 조명구, 증거품을 압수할 수 있는 포대, 피의자 수송차량, 개인별 압수물 보관을 위한 소봉투(비닐 팩 등) 등 기자재를 준비한다.

④ **수사요원 집결**: 감시꾼을 보내 경찰서를 감시하는 경향이 있으므로 경찰서나 지구대를 피하여 다른 장소에서 집결하는 것이 좋다.

2) 검거시기 선정 및 구체적 임무

① 선을 정하기 위하여 화투를 돌리는 등 도객이나 개장자가 도박에 열중하고 있을 때나 파수꾼이 느긋해졌을 때이다.

② 기수에 이른 후에만 현행범 체포가 가능하다.

③ 도박현장의 증거품은 도박사범을 명확히 증명한다. 따라서 사진촬영을 하면서 있는 그대로 압수하는 것이 바람직하다.

④ 도금은 반드시 압수하여야 하나 도박에 제공되지 않은 돈, 즉 주머니에 있는 돈이나 봉투에 담아 따로 보관하고 있는 돈 등은 압수하여서는 아니 된다.

⑤ 검거대상자는 개장관계자(장소제공자, 문지기, 파수꾼 등), 개장알선자, 도객 등이다.

3. 도박 개장죄

① 영리의 목적으로 도박을 개장함으로써 성립하는 범죄이다. 성질상 도박개장죄는 도박행위를 교사하거나 준비시키는 예비행위에 불과하나 독립된 범죄로 하여 도박죄보다 가중처벌한다. 긴급체포 가능하다.(3년 이하 징역 또는 2,000만원 이하 벌금)

② 스스로 주재자가 되어 그 지배아래 도박장소를 개설하는 것을 말하며, 주재자가 되지 않고 도박장소를 제공하였을 뿐인 때에는 도박죄의 방조범이 된다. 영리의 목적으로 도박을 개장하면 기수가 되고 현실로 도박이 행해짐을

요하지 않는다. 도박 개장한 자가 도박을 한 경우에는 도박개장죄와 도박죄의 실체적 경합범이 된다.

4. 도박꾼들의 은어

① **창고장**: '하우스장'이라고 호칭하기도 하며 도박장의 전반적인 일을 주재하는 도박개장자로 도박장 운영에 필요한 딜러, 총책, 박카스, 상치기, 문방(내방, 외방), 모집책, 꽁지 등을 모집하여 도박을 개장하고 장소제공비를 받아 하부 운영자들에게 일당을 지급한다.

② **총책**: 줄도박에서 선을 잡는 사람으로 도박자금을 많이 가지고 있으며, 딜러로부터 패를 받아 놋돈을 놓는 게임의 오너격이다.

③ **상치기**: 찍새(손님)과 찍새(손님) 사이를 오가면서 판돈을 걷어 나눠주고 고리를 하우스장에게 전달하는 사람

④ **문방**: 도박장을 물색하고 장소를 선정한다.

⑤ **꽁지**: 도박장에서 돈을 빌려주는 역할하는 음성고리 사채업자

Ⅲ. QUIZ 및 정답/해설

1. 다음 중 도박사범 수사에 대한 설명으로 가장 타당하지 않은 것은?

① 압수시 현장의 증거품과 도객을 한 곳에 모아놓고 사진촬영한다.

② 현장에 있는 피의자들을 움직이지 못하도록 하고 철저히 감시한다.

③ 도객이나 개장자가 도박에 열중하고 있을 때 현행범 검거 시기로 가장 적당한다.

④ 도박장의 파수꾼, 문지기 등은 사전 제압한다.

☞ 정답: 1번

2. 다음 중 도박사범 수사시 주의사항으로 맞지 않는 것은?
   ① 일정한 재물을 약속하는 것만으로도 도박죄가 성립하므로 반드시 현장에서 재물이 오고 갈 필요는 없다.
   ② 화투에 의한 도박의 경우 선을 정하기 위해 화투의 배부를 시작한 때에 기수가 된다.
   ③ 도박죄는 미수범처벌규정이 없으므로 기수에 이른 후에만 현행범체포가 가능하다.
   ④ 도박피의자를 현장에서 긴급체포한 경우 법정시한 내에 검사의 승인을 받아야 한다.

☞ 정답: 4번

3. 다음 중 도박꾼들이 사용하는 은어에 대한 설명으로 옳지 않은 것은?
   ① 총책- 하우스장이라고 하며 도박장의 전반적인 일을 주재하는 도박개장자
   ② 손님- 도객을 호칭하며 지역에 따라 선수, 찍새라고 하며 여자 도객을 보살이라 함
   ③ 문방- 경찰단속을 피하기 위해 무전기 등을 휴대하고 수시로 연락하면서 도박장을 물색하고 장소를 선정하는 사람으로 문방장, 내방, 외방으로 나누기도 함
   ④ 딱지- 일명 칩, 때기라고도 하며 현금대용으로 사용하는 약정된 표

☞ 정답: 1번 (창고장이 하우스장이다)

(O · X 문제)

1. 도박죄는 추상적 위험범이므로 도박에 착수하면 기수에 이르고 승패가 결정되거나 현실로 재물의 득실이 있을 것도 요하지 않는다. (　　)

2. 피고인들이 각자 핸디캡을 정하고 홀마다 또는 9홀마다 별도의 돈을 걸고 총 26내지 32회에 걸쳐 내기 골프를 한 행위는 도박에 해당한다. (　　)

3. 단순도박의 경우 500만원 이하 벌금에 해당하고, 긴급체포의 대상이 아니다. (　　)

4. **수사요원 집결은** 감시꾼을 보내 경찰서를 감시하는 경향이 있으므로 경찰서나 지구대를 피하여 다른 장소에서 집결하는 것이 좋다. (　　)

5. 도박개장죄는 도박행위를 교사하거나 준비시키는 예비행위에 불과하나 독립된 범죄로 하여 도박죄보다 가중처벌한다. 긴급체포 가능하다. (　　)

6. 도박꾼 **총책은** 줄도박에서 선을 잡는 사람으로 도박자금을 많이 가지고 있으며, 딜러로부터 패를 받아 놋돈을 놓는 게임의 오너격이다. (　　)

7. **상치기는** 찍새(손님)과 찍새(손님) 사이를 오가면서 판돈을 걷어 나눠주고 고리를 하우스장에게 전달하는 사람이다. (　　)

☞ 정답: 1번 ~ 7번 모두 O

Ⅳ. 학습정리

⊙ 도박사범

① 재물을 걸고 우연한 승부에 의하여 승자에게 이를 교부하는 행위이다.

② 판례는 일정한 재물을 약속하는 것만으로도 도박죄가 성립한다고 보고 있으므로 반드시 승패가 결정되거나 현장에서 재물이 오고 갈 필요는 없다.

③ 도박죄는 추상적 위험범이므로 도박에 착수하면 기수에 이르고 승패가 결정되거나 현실로 재물의 득실이 있을 것도 요하지 않는다(미수범 처벌규정이 없음)

④ 일시오락에 불과한 사안은 도박죄로 처벌되지 않는다.

⑤ 사기도박의 경우 도박죄가 아닌 사기죄로 의율해야 한다.

⑥ 단순도박의 경우 긴급체포의 대상이 아니다(500만원 이하 벌금

⊙ 도박 개장죄

① 영리의 목적으로 도박을 개장함으로써 성립하는 범죄이다. 성질상 도박개장죄는 도박행위를 교사하거나 준비시키는 예비행위에 불과하나 독립된 범죄로 하여 도박죄보다 가중처벌한다. 긴급체포 가능하다.(3년 이하 징역 또는 2,000만원 이하 벌금)

② 스스로 주재자가 되어 그 지배아래 도박장소를 개설하는 것을 말하며, 주재자가 되지 않고 도박장소를 제공하였을 뿐인 때에는 도박죄의 방조범이 된다. 영리의 목적으로 도박을 개장하면 기수가 되고 현실로 도박이 행해짐을 요하지 않는다. 도박개장한 자가 도박을 한 경우에는 도박개장죄와 도박죄의 실체적 경합범이 된다.

제 27 강

풍속영업 사범 수사

사건사례– "성매매 업소를 단속하라"

서울 강남 대형 유흥업소 등에서 성매매를 알선한 유흥업소 업주와 성매매 여성, 성을 매수한 남성 등이 무더기로 경찰에 붙잡혔다. 성매매 알선 영업한 강남·서초·영등포·노원 등 대형 유흥주점 4개소를 단속하고 총 47명을 성매매처벌법 위반 등의 혐의로 불구속 기소했다.

입건된 인원 중 27명은 업주 등 관계자였으며, 성매매 여성과 성매수 남성도 각각 10명씩 포함됐다. 단속된 업소들은 유흥주점에서 술을 마신 후 같은 건물 또는 인근에 위치한 호텔로 이동해 성매매하는 일명 '풀살롱'식 업소였다. 이들은 경찰 단속을 피하기 위해 회원제로 운영했으며 사전 예약된 손님들에 한해 성매매 알선 영업한 것으로 드러났다. 일부 업소는 경찰 단속 시 현금 압수를 피하기 위해 성매매 대금을 영업 당일 받지 않고, 이후 특정 계좌로 송금 받는 치밀한 모습도 보였다.

강남 최대 유흥주점으로 알려진 한 업소는 1인당 약 60~80만원을 받고 손님에게 유흥을 제공한 뒤 같은 건물 호텔로 이동해 성매매 알선 영업을 하는 방식으로 월평균 약 10억원의 매출을 올린 것으로 조사됐다. 경찰은 단속된 업소를 허가 관청에 통보해 행정처분 조치하고, 국세청에 과세자료 통보 및 기소 전 몰수보전도 신청한다.

Ⅰ. 학습목표 및 개요

1. 풍속영업의 범위와 준수사항을 살펴보자.
2. 청소년의 출입·고용 금지업소를 확인해 보자.

Ⅱ. 풍속영업 사범수사

1. 풍속영업의 규제에 관한 법률

1) 풍속영업의 범위(제2조)

① 식품위생법상 유흥주점업, 단란주점업
② 공중위생관리법상 숙박업, 이용업, 특수목욕장업
③ 영화 및 비디오물의 진흥에 관한 법률에 의한 비디오물감상실업, 음악산업진흥에 관한 법률에 의한 노래연습장업 및 게임산업진흥에 관한 법률에 의한 게임제공업 및 복합유통게임제공업
④ 체육시설의 설치·이용에 관한 법률상 무도학원업 및 무도장업
⑤ 기타 선량한 풍속을 해하거나 청소년의 건전한 육성을 저해할 우려가 있는 영업으로 대통령령이 정하는 것

2) 준수사항

① 풍속영업을 영위하는 장소에서 성매매행위 또는 음란행위를 하게 하거나 이를 알선 또는 제공하여서는 아니된다.
② 풍속영업소에서 음란한 문서·도화·영화·음반·비디오물 기타 물건을 반포·판매·대여하거나 이를 하게 하는 행위와 음란한 물건을 관람·열람하

게 하는 행위 및 반포・판매・대여・관람・열람의 목적으로 음란한 물건을 진열 또는 보관하여서는 아니된다.

③ 풍속영업소에서 도박 기타 사행행위를 하게 하여서는 아니된다.

3) 적용법률

① 단란주점에서 접대부(도우미)고용행위- 식품위생법
② 일반음식점에서의 노래방 기기 사용 등 단란주점 행위-식품위생법
③ 유흥주점에서 유사성교행위 등 음란행위- 풍속영업의 규제에 관한 법률
④ 노래연습장에서 접대부(도우미) 고용행위- 음악산업진흥에 관한 법률
⑤ 성인PC방 등에서 상품권 환전행위-게임산업진흥에 관한 법률

2. 청소년 보호법 (청소년: 만19세 미만의 자)

1) 청소년 출입, 고용 금지업소

① 게임산업진흥에 관한 법률에 따른 일반게임제공업 및 복합유통게임 제공업 중 대통령령으로 정하는 것
② 사행행위 등 규제 및 처벌 특례법에 따른 사행행위영업
③ 식품위생법에 따른 식품접객업 중 대통령령으로 정하는 것
④ 영화 및 비디오물의 진흥에 관한 법률 제2조 제16호에 따른 비디오물감상실업・제한관람가비디오물소극장업 및 복합영상물제공업
⑤ 음악산업진흥에 관한 법률에 따른 노래연습장업 중 대통령령으로 정하는 것
⑥ 체육시설의 설치・이용에 관한 법률에 따른 무도학원업 및 무도장업
⑦ 전기통신설비를 갖추고 불특정한 사람들 사이의 음성대화 또는 화상대화를 매개하는 것을 주된 목적으로 하는 영업
⑧ 한국마사회법에 따른 장외 발매소(경마가 개최되는 날에 한정한다)
⑨ 경륜・경정법에 따른 장외매장(경륜・경정이 개최되는 날에 한정한다)

2) 청소년 고용 금지업소

① 게임산업진흥에 관한 법률에 따른 청소년게임제공업 및 인터넷컴퓨터게임시설제공업

② 공중위생관리법에 따른 숙박업, 목욕장업, 이용업 중 대통령령으로 정하는 것

③ 식품위생법에 따른 식품접객업 중 대통령령으로 정하는 것

④ 영화 및 비디오물의 진흥에 관한 법률에 따른 비디오물소극장업

⑤ 화학물질 관리법에 따른 유독물영업

⑥ 회비 등을 받거나 유료로 만화를 빌려 주는 만화대여업

3) 청소년 고용금지 출입제한

① 종업원으로 고용하고자 하는 때에는 그 연령을 확인하여야 하며, 청소년을 고용해서는 아니 된다.

② 출입자의 연령을 확인하여 청소년이 당해 업소에 출입하거나 이용하지 못하게 하여야 한다.

③ 연령을 확인할 수 있는 증표의 제시를 요구할 수 있으며, 요구를 받은 자가 정당한 이유없이 증표제시를 거부할 경우에는 당해 업소의 출입을 제한하거나 이용하지 못하게 할 수 있다.

Ⅲ. QUIZ 및 정답/해설

1. 풍속영업의 규제에 관한 법률 및 동법 시행령 상 풍속영업의 범위에 포함되는 것으로 가장 적절하지 않은 것은?

   ① 음악산업진흥에 관한 법률상 노래연습장업
   ② 영화 및 비디오물 진흥에 관한 법률 상 비디오감상실업
   ③ 식품위생법 상 일반음식점영업
   ④ 체육시설의 설치 · 이용에 관한 법률 상 무도장 업

☞ 정답: 3번

2. 「풍속영업의 규제에 관한 법률」상 풍속영업자 및 종사자의 준수사항으로 가장 적절하지 않은 것은?
   ① 도박 기타 사행행위를 하게 하는 행위 금지
   ② 성매매, 음란행위를 하게 하거나 알선 또는 제공금지
   ③ 음란한 물건을 반포・판매・대여하는 행위금지
   ④ 19세 미만 청소년의 출입통제

☞ 정답: 4번(청소년보호법상 청소년 출입・고용금지업소에서 준수할 사항이다)

3. 다음 중 「청소년보호법상」상 청소년의 출입이 가능한 업소로 가장 적절한 것은?
   ① 「사행행위 등 규제 및 처벌 특례법」에 따른 사행행위영업
   ② 「영화 및 비디오물의 진흥에 관한 법률」에 따른 비디오물소극장업
   ③ 「영화 및 비디오물의 진흥에 관한 법률」제2조 제16호에 따른 비디오물감상실업
   ④ 「체육시설의 설치・이용에 관한 법률」에 따른 무도학원업 및 무도장업

☞ 정답: 2번(청소년고용금지업소로서 청소년의 출입은 가능하다)

4. 「청소년보호법상」상 '청소년 유해행위'로 가장 적절하지 않은 것은?
   ① 차 종류를 조리・판매하는 영업장 내에서 근무 묵인
   ② 신체적 접촉 등의 성적 접대
   ③ 청소년 남녀를 혼숙하게 하는 영업
   ④ 청소년을 직접 이용한 구걸

☞ 정답: 1번

(O · X 문제)

1. 비디오물소극장업은 청소년 고용금지업소에 해당하고, 비디오물감상실업은 청소년 출입 · 고용금지업소에 해당한다. (　　　)

2. 회비 등을 받거나 유료로 만화를 빌려주는 만화대여업은 청소년 출입 · 고용금지업소가 아니라 청소년고용금지업소이다. (　　　)

3. 비디오물 감상실업, 단란주점, 무도학원은 청소년 출입 · 고용금지업소에 해당한다. (　　　)

4. 티켓다방, 소주방, 유료 만화대여방은 청소년 고용금지업소이다. (　　　)

5. 풍속영업을 영위하는 장소에서 성매매행위 또는 음란행위를 하게 하거나 이를 알선 또는 제공하여서는 아니된다. (　　　)

6. 단란주점에서 접대부(도우미)고용행위는 식품위생법으로 처벌된다. (　　　)

7. 노래연습장에서 접대부(도우미) 고용행위는 음악산업진흥에 관한 법률에 따라 처벌된다. (　　　)

8. 청소년 고용 금지업소는 게임산업진흥에 관한 법률에 따른 청소년게임제공업 및 인터넷컴퓨터게임시설제공업, 공중위생관리법에 따른 숙박업, 목욕장업, 이용업 중 대통령령으로 정하는 곳 등이다. (　　　)

9. 회비 등을 받거나 유료로 만화를 빌려 주는 만화대여업은 청소년 고용 금지업소에 해당한다. (　　　)

☞ 정답: 1번 ~ 9번 모두 O

Ⅳ. 학습정리

⊙ 풍속영업의 규제에 관한 법률

1) 풍속영업의 범위(제2조)

① 식품위생법상 유흥주점업, 단란주점업

② 공중위생관리법상 숙박업, 이용업, 특수목욕장업

③ 영화 및 비디오물의 진흥에 관한 법률에 의한 비디오물감상실업, 음악산업진흥에 관한 법률에 의한 노래연습장업 및 게임산업진흥에 관한 법률에 의한 게임제공업 및 복합유통게임제공업

④ 체육시설의 설치·이용에 관한 법률상 무도학원업 및 무도장업

⑤ 기타 선량한 풍속을 해하거나 청소년의 건전한 육성을 저해할 우려가 있는 영업으로 대통령령이 정하는 것

2) 적용법률

① 단란주점에서 접대부(도우미)고용행위- 식품위생법

② 일반음식점에서의 노래방 기기 사용 등 단란주점 행위-식품위생법

③ 유흥주점에서 유사성교행위 등 음란행위- 풍속영업의 규제에 관한 법률

④ 노래연습장에서 접대부(도우미) 고용행위- 음악산업진흥에 관한 법률

⑤ 성인PC방 등에서 상품권 환전행위-게임산업진흥에 관한 법률

제 28 강

사이버범죄 수사

사건사례– "해커 원격 조정 악성코드 유포"

"올 상반기 망분리를 도입한 국내 중견 IT서비스 업체에 해커가 원격 조정 악성코드를 유포해 피해를 입힌 사례가 있었다", "이는 기업이 임의로 보안정책을 변경한 틈을 타 해커가 공격을 감행한 것으로 명백한 관리 문제이다.".

현재 어느 정도 규모를 가진 국내 기업은 망분리 환경에서 업무를 진행한다. 기업 업무망(내부망· 인트라넷)과 인터넷망을 분리해 주로 인터넷을 통해 들어오는 외부 침입을 어느 정도 막을 수 있는 것이다. 실제로 정부는 지난 2013년 3.20 사이버테러 이후 정보통신망 이용촉진 및 정보보호 등에 관한 법률(망법) 개정을 통해 일정 규모 이상 기업의 이 같은 망분리를 의무화했다.

하지만 기업이 물리적으로 망을 분리한다 해도 외부 업체와의 협업, 타사 웹메일·메신저 사용 등 다양한 경로로 악성코드 침투가 가능하다는 게 전문가들 지적이다. ▲스피어피싱으로 내부 직원 PC를 장악해 내부망에 침투 ▲네트워크 뒷단으로 침투 ▲협력사를 통해 침투 하는 등 사례가 있을 수 있다.

KISA에 접수된 이번 사건의 경우 이미 감염된 인터넷 PC를 통해 내부망에 침입했던 사례다.
통상 인터넷망 PC와 내부망 PC 간 데이터를 이동하려면 망연계 장비가 필수이다. 이 장비는 악성코드 등 외부 침투가 힘든 특수 제작된 솔루션이다. 그러나 기업이 작업 효율성을 이유로 특정 내부 서버를 열어 놓았던 것이다. 이를테면 인터넷망 PC에서 업무망으로 데이터가 쉽게 이동하도록 하나의 '지름길'을 만든 것이다.

"각 PC 두 대 사이에 파일을 주고 받는 경우가 많으면 기업이 임의로 보안정책을 변경해 업무 편의를 높인다"며 "이 때문에 내·외부망 간 접점이 생성된다"고 설명했다.
이번 사건은 이러한 내·외부 접점을 이용해 공격자가 침투한 사례로 기업의 관리 소홀이 문제로 지적되는 경우다.
"해커는 이미 인터넷망 PC를 원격 조정 악성코드에 감염시킨 뒤 해당 PC에서 어떤 접점으로 데이터가 이동했는지 파악했다", "PC에 남아있는 이동 기록을 보고 해커가 내부망에 똑같은 방식으로 악성코드를 흘려보낸 것이다", "평상시에 업무망과 인터넷망 사이에 망연계 장비가 위치해 있고, 이 장비를 거쳐 데이터·파일이 이동한다", "이런 기본 정책에서 벗어나 (기업이 자체적으로) 망연계 장비 내 또 다른 이동 경로 '접점'을 만들었던 것이다"
긴급시에만 사용이 권고되는 '접점' 기능을 평상시에도 이용해 해커가 내부망으로 침입하는 경로를 만들어 준 것이나 다름없다는 얘기다. 다만 기업이 접점 기능을 이용하는 것은 불법은 아니다. 보안 솔루션을 사용해 안전하게 관리하면 큰 문제는 없다는 설명이다.
"대부분 사이버 위협은 인터넷을 통해 이뤄진다", "이 때문에 군시설·공공기관 등 정부 시설은 인터넷을 아예 쓰지 못하게 해, 이를 통해 악성코드·보안위협이 침투할 수 있는 경로를 아예 차단한다"

Ⅰ. 학습목표 및 개요

1. 사이버 공간에서 발생하는 범죄에 대해 확인해 보자
2. 사이버 범죄의 유형과 수사의 진행을 알아보자

Ⅱ. 사이버범죄 수사

사이버범죄란 인터넷과 같이 컴퓨터를 서로 네트워크로 연결하여 형성되는 사이버공간에서 발생하는 범죄를 총칭한다.

1. 사이버범죄 범행행위

① 범행이 되풀이될 가능성이 높다.
② 컴퓨터 프로그램의 조작과 컴퓨터의 고정자료를 변경하여 발생하는 범죄는 별도의 조작이 없는 한 자동 반복 실행된다.
③ 통신망 연결로 인한 광역성(시간적 공간적 비한정성)
④ 사이버범죄는 다양한 경로를 통해 범행이 동시 다발·반복적으로 이루어진 경우 범죄자체를 특정하기 어렵다.
⑤ 단속기준이 시대상황이나 개인주관에 따라 달라 혼란과 혼동을 야기하는 경우가 많다.

2. 사이버테러형 범죄

정보통신망 자체를 공격대상으로 하는 불법행위로서 해킹, 바이러스 유포, 메일 폭탄, DOS공격 등 전자기적 침해장비를 이용한 컴퓨터시스템과 정보통신망 공격행위이다.

1) 해킹

① 시스템의 관리자가 구축해 놓은 보안망을 어떤 목적으로 무력화시켰을 경우 이에 따른 모든 행동을 해킹이라고 한다.
② 일반적으로 컴퓨터의 취약점을 이용하여 불법적으로 접근한 후 시스템의 관

리자의 권한을 불법적으로 획득하여 악용하거나 자료의 유출·위·변조 및 삭제·시스템 장애 및 마비를 유발시키는 장애행위를 말한다.

2) 컴퓨터 바이러스

1) 컴퓨터에서 실행되는 프로그램의 일종으로 자기복제 기능을 가지고 전파되면서 시스템의 오작동을 일으키거나 컴퓨터에 저장된 자료의 파괴·손상 또는 시스템 자체에 악영향을 미치는 프로그램을 말한다.
2) 부트바이러스, 파일바이러스, 부트/파일바이러스 등으로 구분된다.
3) 원시형 바이러스 → 암호형 바이러스 → 은폐형 바이러스 → 갑옷형 바이러스 → 매크로 바이러스 단계로 발전했다. (암기: 원암은 갑매)

① 원시형 바이러스 (제1세대)
◦ 아마추어 프로그래머들에 의해 제작
◦ 돌 바이러스, 예루살렘 바이러스 등

② 암호화 바이러스 (제2세대)
◦ 어느 정도 실력을 갖춘 프로그래머에 의해 제작
◦ 바이러스 프로그램의 일부 또는 대부분을 암호화 시켜 저장
◦ 느림보 바이러스, 폭포 바이러스 등

③ 은폐형 바이러스 (제3세대)
◦ 사용자나 백신 프로그램의 진단과정을 방해하는 기법 사용
◦ 자신은폐, 사용자나 백신 프로그램에게 거짓정보 존재하게 함
◦ 브레인 바이러스, 조쉬바이러스, 4096바이러스, 512바이러스

④ 갑옷형 바이러스 (제4세대)
◦ 백신 프로그램으로부터 여러 단계의 암호화와 고도의 자체 수정기법 등을 통해 백신프로그래머가 컴퓨터 바이러스를 분석하고 백신 프로그램을 만드는

것을 까다롭게 한다.(개발 시간 지연)
◦ 다형성 바이러스, 고래바이러스, FCL바이러스, 한국 변형 Cri-Cri바이러스 등

⑤ 매크로 바이러스 (제5세대)
◦ 운영체제와 관계없이 동작하는 응용 프로그램 내부에서 동작하는 것이 큰 특징이다.
◦ 아직까지 한글에서 활동하는 매크로 바이러스는 등장하지 않았다.

3. DOS공격(Denial of Service)

① 공격대상 컴퓨터에 큰 부하를 발생시켜 아무런 서비스를 하지 못하게 하는 것을 말한다.
② 부트바이러스, 파일바이러스, 부트/파일바이러스 등으로 구분된다.
③ 버퍼 오버플로우 버그를 이용하거나 메일폭탄, 시스템·프로그램·서비스·프로토콜 등의 버그를 이용해 공격하는 방법 들이 있다.

4. 일반적인 사이버 범죄

사이버공간을 이용한 일반적인 불법행위로서 사이버도박, 사이버스토킹과 성폭력, 사이버명예훼손과 협박, 사이버선거사범, 전자상거래 사기, 인터넷 포르노사이트의 운영 등이 있다.

※ **전자상거래 사기**: 홈뱅킹사기, 상품대금 사기로부터 해킹 및 바이러스까지 컴퓨터와 관련된 모든 범죄가 사이버 거래를 대상으로 할 수 있다.

◈ 구체적 침해 유형

⊙ 컴퓨터 부정조작

① 행위자의 대부분은 당해 관련자료를 입력하는 내부인으로 부정조작행위 자체는 물론 그 행위자의 발견이 매우 어렵다. 피해액이 매우 큰 것이 특징이며, 금융기관에서 많이 발생하고 재산범죄의 성격을 띠고 있다.

② **Console 조작**: 컴퓨터 체계의 시동, 정지, 운영상태의 감시, 정보처리내용과 방법의 변경 및 수정에 사용되는 것을 말하며, console을 부당하게 조작하여 프로그램 지시나 처리될 기억정보를 변경시키는 방법이다.

③ **프로그램조작**: 기존의 프로그램을 변경하거나 기존의 프로그램과 전혀 다른 새로운 프로그램을 작성, 투입하는 방법이다.

④ **투입조작**: 일부 은닉·변경된 자료나 허구의 자료 등을 컴퓨터에 입력시켜 잘못된 산출을 초래케 하는 방법이다.

⑤ **산출물 조작**: 정당하게 처리, 산출된 산출물의 내용을 변경시키는 방법

⊙ 컴퓨터 파괴행위

① 프로그램 파괴 및 컴퓨터사용 불능행위를 말한다.

② 컴퓨터에 수록된 자료나 프로그램을 삭제하거나 변경시키는 행위, 주컴퓨터의 비밀번호를 바꾸거나 바이러스를 감염시키는 행위, 스팸메일에 의해 통신서비스를 마비시키는 행위, 자료접근의 방해행위 등이다.

⊙ 컴퓨터 스파이

① 자료유출과 불법복제이다.

② 전산망에서 시스템 최고권리자 권능(이른바 루트권능)을 획득한 후 자료를 무단 열람하는 수법이다.

③ 스카벤징, 비동기침범, 부정접속 등이다.

⊙ FBI 컴퓨터범죄 분류수법

① **자료변조(Data Didding)**: 자료가 최종적으로 컴퓨터 체계에 입력되는 순간 자료를 절취, 삭제, 변경, 추가하는 방법이다.

② **트로이 목마(Trojan Horse)**: 프로그램 속에 범죄자만이 아는 명령문을 삽입시켜 이용하는 방법이다.

③ **쌀라미기법(Salami Techmiques)**: 어떤 일을 정상적으로 수행하면서 관심 밖에 있는 조그마한 이익을 긁어모으는 수법으로 금융기관의 컴퓨터 체계에 이자 계산 시 단수이하의 적은 금액을 특정계좌에 모이게 하는 방법이다.

④ **트랩도어(Trap Door)**: 프로그램 개발과정에서 프로그램 검증을 위해 프로그램을 수정할 수 있는 명령을 끼워 넣게 되는데 이것을 삭제하지 않고 범행에 이용한다.

⑤ **슈퍼 재핑(Super Zapping)**: 슈퍼잽이란 컴퓨터 작동이 정지된 상태를 복구나 재작동 절차에 의하여 해결할 수 없을 때 사용하는 만능키와 같은 프로그램인데 이 프로그램의 강력한 힘을 이용하여 부정을 행하는 방법이다.

⑥ **부정명령은닉**: 프로그램에 어떤 조건을 넣어주고 그 조건이 충족될 때마다 자동으로 부정행위가 이루어지도록 하는 방법이다.

⑦ **스카벤징(Scavenging)**: 컴퓨터의 작업수행이 완료된 후에 그 주변에서 정보를 획득하는 방법이다.(쓰레기 주워 모으기)

⑧ **전송시 은닉과 위장**: 부정하게 컴퓨터를 사용하거나 사용허가를 받지 않는 자가 유자격자를 가장하여 컴퓨터를 부정사용하는 방법(컴퓨터 무단사용에 해당)

⑨ **부정접속**: 데이터 통신회사에 불법적으로 선로를 접속시켜 단말기 등을 연결, 조작하여 자료를 절취하거나 컴퓨터를 부정사용하는 방법

⑩ **시뮬레이션과 모델링**: 컴퓨터를 정상적인 시험이나 시뮬레이션을 하는 것처럼 하면서 실제로 컴퓨터를 범행도구로 이용하여 부정행위를 자행하는 방법이다.

⑪ **비동기침범**: 컴퓨터 운영체계의 비동기성을 이용하여 범죄를 저지르는 방법

⊙ 사이버 범죄 수사진행

① **범죄행위의 정보수집**: 웹사이트를 드나들며 해킹 등 범죄행위의 정보를 수집한다.

② **피해증거 확보**: 홈페이지, 이메일 등 피해발생의 증거를 수집한다.

③ **접속기록 확보**: 정보통신업체 등과의 협력을 통해 피의자의 로그기록을 확인한다.

④ **접속자 확인**: 접속자의 인적사항을 확인한 후 피의자 신병과 증거물을 확보한다.

Ⅲ. QUIZ 및 정답/해설

1. 사이버범죄에 대한 설명으로 가장 적절하지 않은 것은?

   ① 일반적인 현실 세계의 범죄보다 고의의 입증이 용이하다.
   ② 개개인에 대한 피해가 경미하다는 이유로 발생건에 비하여 신고되지 않는 경우가 많다.
   ③ 법적 근거나 적용할 죄명이 없어 피해가 방치되는 경우가 많고 동일 행위가 여러 법률에 중복되어 단속에 혼란을 빚을 수 있다.
   ④ 법적근거는 있으나 단속기준이 시대상황이나 개인주관에 따라 달라 혼란과 혼동을 야기하는 경우가 많다.

☞ 정답: 1번

2. 사이버범죄의 유형을 사이버테러형 범죄와 일반적인 사이버범죄로 구분할 경우 사이버테러형 범죄로 가장 적절한 것은?

   ① 사이버 도박 ② 해킹
   ③ 전자상거래 사기 ④ 개인정보 유출

☞ 정답: 2번

3. 사이버범죄의 유형을 사이버테러형 범죄로 구성된 것은?

① 바이러스 유포, DOS공격 ② 바이러스 유포, 사이버 성폭력

③ 해킹, 개인정보 유출 ④ 해킹, 전자상거래 사기

☞ 정답: 1번(해킹, 바이러스 유포, 메일폭탄, DOS공격)

4. 다음은 FBI의 컴퓨터 범죄 분류수법 중 무엇에 대한 설명인가?

프로그램 목적을 실행하면서 일부에서 부정한 결과가 나오도록 프로그램 속에 범죄자만이 아는 명령문을 삽입시켜 이용하는 방법

① 트랩도아 ② 쌀라미 기법

③ 트로이 목마 ④ 슈퍼재핑

☞ 정답: 3번

5. 다음은 FBI의 컴퓨터 범죄 분류수법을 설명한 것이다. 가장 적절한 것은?

프로그램 개발과정에서 프로그램 검증을 위해 프로그램을 수정할 수 있는 명령을 끼워 넣게 되는데 이것을 삭제하지 않고 범행에 이용하는 방법

① 트랩도아 ② 쌀라미 기법

③ 트로이 목마 ④ 슈퍼재핑

☞ 정답: 1번

(O · X 문제)

1. 컴퓨터에 수록된 자료나 프로그램을 삭제하거나 변경시키는 행위, 주컴퓨터의 비밀번호를 바꾸거나 바이러스를 감염시키는 행위, 스팸메일에 의해 통신서비스를 마비시키는 행위, 자료접근의 방해행위 등은 컴퓨터 자료에 대한 논리적 가해행위이다. ( )

2. 프로그램이나 자료를 권한 없이 획득, 사용, 누설하는 행위 등은 컴퓨터 스파이 관한 내용이다. (   )

3. 컴퓨터 바이러스 발전단계는 ① 원시형바이러스 ② 암호형바이러스 ③ 은폐형바이러스 ④ 갑옷형 바이러스 ⑤ 매크로 바이러스 순이다. (   )

4. 사이버범죄 수사는 범죄행위의 정보수집-피해증거 확보-접속기록확보-접속자 확인 순으로 진행된다. (   )

5. 원시형 바이러스 (제1세대)는 돌 바이러스, 예루살렘 바이러스 등이 있다. (   )

6. 브레인 바이러스, 조쉬바이러스, 4096바이러스, 512바이러스는 은폐형 바이러스(제3세대)에 해당한다. (   )

7. **트로이 목마(Trojan Horse)는** 프로그램 속에 범죄자만이 아는 명령문을 삽입시켜 이용하는 방법이다. (   )

8. **트랩도어(Trap Door)는** 프로그램 개발과정에서 프로그램 검증을 위해 프로그램을 수정할 수 있는 명령을 끼워 넣게 되는데 이것을 삭제하지 않고 범행에 이용한다. (   )

9. **스카벤징(Scavenging)은** 컴퓨터의 작업수행이 완료된 후에 그 주변에서 정보를 획득하는 방법이다. (   )

☞ 정답: 1번 ~ 9번 모두 O

Ⅳ. 학습정리

⊙ 사이버범죄 범행행위

① 범행이 되풀이될 가능성이 높다.

② 컴퓨터 프로그램의 조작과 컴퓨터의 고정자료를 변경하여 발생하는 범죄는 별도의 조작이 없는 한 자동 반복 실행된다.

③ 통신망 연결로 인한 광역성(시간적 공간적 비한정성)

④ 사이버범죄는 다양한 경로를 통해 범행이 동시 다발·반복적으로 이루어진 경우 범죄자체를 특정하기 어렵다.

⑤ 단속기준이 시대상황이나 개인주관에 따라 달라 혼란과 혼동을 야기하는 경우가 많다.

⊙ 컴퓨터 바이러스

① 컴퓨터에서 실행되는 프로그램의 일종으로 자기복제 기능을 가지고 전파되면서 시스템의 오작동을 일으키거나 컴퓨터에 저장된 자료의 파괴·손상 또는 시스템 자체에 악영향을 미치는 프로그램을 말한다.

② 부트바이러스, 파일바이러스, 부트/파일바이러스 등으로 구분된다.

③ 원시형 바이러스 → 암호형 바이러스 → 은폐형 바이러스 → 갑옷형 바이러스 → 매크로 바이러스 단계로 발전했다. (암기: 원한은 갑네-원암은 갑매)

⊙ FBI 컴퓨터범죄 분류수법

① 자료변조(Data Didding): 자료가 최종적으로 컴퓨터 체계에 입력되는 순간 자료를 절취, 삭제, 변경, 추가하는 방법이다.

② 트로이 목마(Trojan Horse): 프로그램속에 범죄자만이 아는 명령문을 삽입시켜 이용하는 방법이다.

③ 쌀라미기법(Salami Techmiques): 어떤 일을 정상적으로 수행하면서 관심 밖

에 있는 조그마한 이익을 긁어모으는 수법으로 금융기관의 컴퓨터 체계에 이자 계산 시 단수이하의 적은 금액을 특정계좌에 모이게 하는 방법이다.

④ 트랩도어(Trap Door): 프로그램 개발과정에서 프로그램 검증을 위해 프로그램을 수정할 수 있는 명령을 끼워 넣게 되는데 이것을 삭제하지 않고 범행에 이용한다.

⑤ 슈퍼 재핑(Super Zapping): 슈퍼잽이란 컴퓨터 작동이 정지된 상태를 복구나 재작동 절차에 의하여 해결할 수 없을 때 사용하는 만능키와 같은 프로그램인데 이 프로그램의 강력한 힘을 이용하여 부정을 행하는 방법이다.

⑥ 부정명령은닉: 프로그램에 어떤 조건을 넣어주고 그 조건이 충족될 때마다 자동으로 부정행위가 이루어지도록 하는 방법이다.

⑦ 스카벤징(Scavenging): 컴퓨터의 작업수행이 완료된 후에 그 주변에서 정보를 획득하는 방법이다.(쓰레기 주워 모으기)

⑧ 전송시 은닉과 위장: 부정하게 컴퓨터를 사용하거나 사용허가를 받지 않는 자가 유자격자를 가장하여 컴퓨터를 부정사용하는 방법(컴퓨터 무단사용에 해당)

제 29 강

지적재산권 침해사범 수사

사건사례- "지식재산권 보호의 중요성"

경남 진주에서 17년 동안 식품가공업을 운영한 X기업의 신 대표는 백화점, 쇼핑몰, 대형마트 총 171곳에 제품을 납품하는 등 탄탄대로를 달리고 있었다. 그러나 상표 등록과 특허 등록을 하지 않아 17년간 사용하던 상표를 잃게 되었다. 이에 모든 거래처에서 퇴출당하여 기업이 도산 당할 위기에 놓이게 되었다. 지식재산권을 제대르 관리하지 못해 하루아침에 사업 아이템을 빼앗기고 이를 찾을 수 없는 상황을 겪을 수 있다. 더욱이 지식재산권은 사업 입찰, 자금 조달, 제휴 등 사업 활동에 도움을 주기 때문에 매출 증대를 꾀할 수 있다는 장점이 있다. 더욱이 지식재산권은 정부의 정책 자금 지원과 세제 혜택을 받을 수 있어 비용 절감 면에서 상당히 유리하다.

지식재산권이란 인간의 창조적 활동이나 경험 등에 의하여 창출되거나 발견된 무형적인 것을 자산 가치로 실현할 수 있는 것을 총칭한다. 이는 상표권, 특허권, 디자인권, 실용신안권 등이 포함되어 있으며 법령 또는 조약 등에 따라 인정 및 보호되는 권리를 지식재산권이라고 한다.
지식재산권은 배타적 권리를 갖기 때문에 기업의 연구개발 활동을 보호하고 시장에서의 독점적 지위를 확보하여 신용창출, 신뢰 향상, 로열티 수입을 실현하게 한다. 더욱이 발명한 개발기술에 대한 선두업체의 권리를 가질 수 있으며, 후발 주자의 지식재산권 등록을 막아 분쟁 예방과 법적 보호를 해주는 방어 전략이 될 수 있다. 그러나 이를 간과하여 오랫동안 공들인 기술력과 기업을 순식간에 잃은 기업도 왕왕 있다.

지식재산권은 기업의 위험을 줄이는 데 활용할 수 있는 장점이 있다. 대표가 가진 특허권은 자신의 기업에 이전하는 유상양수도 계약을 체결할 경우, 대표는 특허권 사용실시료를 현금으로 받을 수 있어 지급 대가의 일부분을 기업의 자본금으로 활용할 수 있다. 이를 지식재산권 자본화라고 하며, 대표이사의 가지급금과 미처분 이익잉여금을 정리하는 데 효과적으로 활용된다. 또한, 지식재산권으로 발생한 대표의 소득은 기타소득에 해당하기에 60%의 필요 경비를 인정받아 소득세를 절감할 수 있다. 아울러 기업은 매년 지급 대가를 무형자산의 감가상각비로 처리할 수 있기 때문에 법인세를 절감하는 데도 활용된다.
아울러 지식재산권 자본화로 인해 기업 내 증자가 이뤄져 부채비율이 감소하는 효과를 볼 수 있다. 이는 기업의 재무 구조를 개선하고 기업 평가를 높이는 효과를 자아낸다. 만일 자녀 명의의 지식재산권이 있다면 기업에 양도하는 과정을 통해 사전 증여 및 증여세 절감에 활용할 수 있다. 가업상속공제로 가업을 승계 받은 경우라면 사후 유지 관리가 용이해진다.

지식재산권을 취득하기 위해서는 무조건 선출원해야 한다. 동일한 발명의 경우, 제일 먼저 출원한 기업만이 살아남을 수 있기 때문이다. 실제 발명자가 대표 또는 그 가족에 해당해야 한다. 그 이유는 발명에 대한 입증 책임이 대표에게 있기 때문이다.

더욱이 평가금액의 적정성을 갖춰야 한다. 중소기업의 경우, 특수관계자와의 거래가 보통이기 때문에 시가보다 높은 금액으로 거래한다면 법인세법, 소득세법상 부당행위계산으로 부인될 수 있다.

Ⅰ. 학습목표 및 개요

1. 산업재산권 종류와 보호대상은 무엇인지 알아보자.
2. 저작권법의 종류와 권리구제 방법을 알아보자.

Ⅱ. 지적재산권 침해사범 수사

지적재산권이란 인간의 지적활동의 성과로 얻어진 정신적, 무형적 재산에 대하여 인정되는 독점적, 배타적 권리를 말한다.

- 산업재산권(특허법, 실용신안법, 디지인보호법, 상표법)
  산업재산권에 대하여 출원할 수 있는 자격은 자연인 또는 법인에 한정된다.

⊙ 특허법

① **특허권**: 법률에 근거를 두고 그 요건에 합치하면 인정되는 배타적 권리이다. 설정등록에 의해 발생한다.

② **효력**: 자연법칙을 이용한 기술적 사상의 창작으로 고도한 것(발명), 특허권 설정등록이 있는 날부터 특허출원일 후 20년이 되는 날까지 존속한다. 법인의 침해행위는 실행행위자와 함께 양벌규정에 의해 법인도 처벌된다.

③ **수사활동**: 특허권 침해행위는 특허권자나 전용실시권자의 고소에 의해 수사한다(친고죄), 특허를 허위 또는 혼동하기 쉽게 표시한 자는 특허법위반이 되어 특허법에 의하여 처벌된다.(특허법 제224조, 허위표시)

⊙ 실용신안법

① **효력**: 실용신안권 설정등록이 된 날부터 실용신안등록출원일 후 10년 효력이 존속한다. 실용신안권자는 업으로서 그 등록실용신안을 실시할 권리를 독점한다.

② **침해행위**: 등록실용신안에 관한 물품의 생산에만 사용하는 물품을 업으로서 생산·양도·대여 또는 수입하거나 업으로서 그 물품의 양도 또는 대여의 청약을 하는 행위는 당해 실용신안권 또는 전용실시권을 침해한 것으로 본다.(제29조) 일부 친고죄이다.

예) CJ제일제당의 가정간편식(HMR) '햇반 컵반'이 포장 기술의 독창성과 실용성을 인정받아 '실용신안'(등록번호 20-0483275)을 취득했다고 14일 밝혔다. CJ제일제당은 햇반 컵반에 적용된 '즉석식품 복합포장 용기' 기술로 지난 2015년 4월 실용신안을 출원해, 약 2년 만에 취득했다.

※ 실용신안의 보호기간은 10년이며, 특허는 20년이다. 최초 개발된 연필이 특허의 대상이라면, 연필이 굴러가는 것을 방지하기 위해 만든 육각연필이나 삼각연필 등은 실용신안의 대상으로 볼 수 있다. 특허와는 달리 '물품의 형상, 구조 또는 이들의 조합에 관한 것'만을 보호대상으로 한다. 따라서 제조방법, 물질발명 등은 보호받을 수 없고 실체가 있는 물건만 권리를 인정받을 수 있다. 출원할 때 제품 설명을 위한 도면을 반드시 함께 제출해야 된다. 사업상 중요발명은 실용신안과 특허로 이중 출원하면 권리를 강화할 수 있다. 동일 발명을 실용신안과 특허 동시에 출원할 수 있다. 등록을 받기 위한 심사청구기간은 특허가 5년 이내이나, 실용신안은 3년 이내다

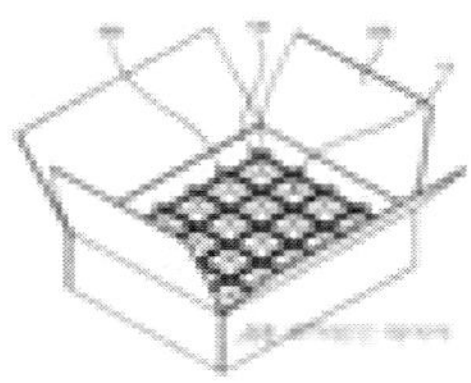

⊙ 디자인보호법

① **효력**: 물품의 형상・모양・색체 또는 이들을 결합한 것으로서 시각을 통하여 미감을 일으키게 하는 것이다. 친고죄이며 등록출원일로부터 20년간 보호된다.

② **디자인권 침해행위**: 등록디자인이나 이와 유사한 디자인에 관한 물품의 생산에만 사용하는 물품을 업으로서 생산, 양도, 대여 또는 수입하거나 업으로서

그 물품의 양도 또는 대여의 청약을 하는 행위는 당해 디자인권을 침해한 것으로 본다.(제114조)

⊙ 상표법

① **보호대상**: 등록된 상표를 보호한다.

② **내용**: 상품을 생산, 가공, 증명 또는 판매하는 것을 업으로 영위하는 자가 타인의 상품과 식별되도록 하기 위하여 사용하는 기호·문자·도형·입체적 형상 또는 이를 결합한 것과 이들에 색채를 결합한 것이다. 친고죄는 아니며, 설정등록일로부터 10년, 갱신등록으로 연장가능하다. 상표권의 효력은 속지주의 원칙에 따라 국내에만 효력인정한다.

③ **침해행위**: 타인의 등록상표와 동일한 상표 또는 유사한 상표를 그 지정상품과 동일 또는 유사한 상품에 사용하는 행위이다.

④ **유의사항**: 상표권은 출원순위에 따라 인정, 각 상품마다 각각 상표를 등록하여야 한다. 친고죄는 아니다.

◆ 저작권법

저작권법은 문학, 학술, 예술분야 및 컴퓨터프로그램에 대한 창작물의 창작자를 보호하고 있으며, 반도체 집적기술은 반도체집적회로의 배치설계에 관한 법률에 의해 보호되고 있다.

⊙ 저작 인격권

① 저작자 일신에 전속하며, 저작자 사망 후에 그의 저작물을 이용하는 자는 저작자가 생존했더라면 저작 인격권의 침해가 될 행위를 하여서는 아니된다.

② **공표권**: 저작자는 그 저작물을 공표하거나 공표하지 않을 것을 결정할 권리를 가진다.

③ **성명표시권**: 공표 매체에 그의 실명 또는 이명을 표시할 권리를 가진다.

④ **동일성 유지권**: 저작자는 그의 저작물의 내용·형식 및 제호의 동일성을 유

지할 권리를 가진다.

⊙ 저작 재산권

① **내용**: 특별한 규정이 있는 경우를 제외하고는 저작자가 생존하는 동안과 사망한 후 70년간 존속한다.

② **복제 · 공연 · 공중송신권**: 그 저작물을 복제, 공연, 공중 송신할 권리를 가진다.

③ **전시권**: 미술저작물 등의 원작품이나 그 복제물을 전시할 권리를 가진다.

④ **배포권**: 저작물의 원작품이나 그 복제물을 배포할 권리를 가진다.

⑤ **대여권**: 판매용 음반을 영리를 목적으로 대여할 권리를 가진다.

⑥ **2차적 저작물 등의 작성권**: 그의 저작물을 원저작물로 하는 2차적 저작물을 작성하여 이용할 권리를 가진다

⊙ 저작 인접권

① **내용**: 저작인접권은 실연할 때, 음반에 음을 고정한 때, 방송을 한 때부터 발생하며, 그 다음해부터 기산하여 70년간 존속한다.

② **실연자 권리**: 실연자는 성명표시권, 동일성유지권, 복제권, 배포권, 대여권, 공연권, 방송권, 전송권을 갖는다.

③ **음반제작자 권리**: 복제권, 배포권, 대여권, 전송권을 갖는다.

④ **방송사업자 권리**: 복제권과 동시중계방송권, 공연권을 갖는다.

⊙ 반도체집적회로의배치설계에관한법률

친고죄이며, 배치설계권 설정등록일로부터 10년간 보호된다.

⊙ 컴퓨터 프로그램 저작물

① **내용**: 특정한 결과를 얻기 위하여 컴퓨터 등 정보처리능력을 가진 장치 안에서 직접 또는 간접으로 사용되는 일련의 지시 · 명령으로 표현된 창작물이다.

② **권리의 종류**: 프로그램저작권, 공표권, 성명표시권, 동일성 유지권이 있다.

③ **프로그램 저작권 제한**: 재판 또는 수사를 위하여 복제하는 경우, 교육기관(초·중등교육법, 고등교육법)에서 교육을 담당하는 자가 수업과정에 제공 및 교과용 도서에 게재, 시험 또는 검정을 목적으로 복제 또는 배포하는 경우, 가정과 같은 한정된 장소에서 개인적인 목적(영리를 목적으로 하는 경우를 제외)으로 복제하는 경우, 프로그램의 기초를 이루는 아이디어 및 원리를 확인하기 위하여 프로그램의 기능을 조사·연구·시험 목적으로 복제하는 경우(정당한 권원에 의하여 프로그램을 사용하는 자가 당해 프로그램을 사용 중인 때에 한한다)

Ⅲ. QUIZ 및 정답/해설

1. 지적재산권에 대한 설명 중 틀린 것은?
   ① 저작물의 복제권자는 출판권을 설정할 수 있는데, 특약이 없는 경우 맨 처음 출판한 날부터 3년간 존속한다.
   ② 업무상저작물의 저작재산권은 공표한 때부터 50년간 존속한다.
   ③ 반도체집적회로의 배치설계권은 설정등록일로부터 10년간 존속한다.
   ④ 반도체집적회로의 배치설계권 침해죄는 친고죄이다.

☞ 정답: 2번(70년간)

2. 저작권은 저작인격권과 저작재산권 등으로 구분되는데, 저작인격권의 침해행위로 형사처벌 할 수 있는 것은?
   ① 저작권을 침해하는 행위에 의하여 만들어진 물건을 배포하는 행위
   ② 약정한 저작사용료 지불하지 않고 계속 사용하는 행위
   ③ 배포할 목적으로 저작권을 침해할 수 있는 물건을 수입하는 행위
   ④ 저작자의 명예를 훼손하는 방법으로 저작물을 이용하는 행위

☞ 정답: 4번(저작인격권: 공표권, 성명표시권, 동일성 유지권)

3. 노래연습장에서 권리자의 승낙을 받지 아니하고 무인 영상반주기를 통하여 대중가요를 연주 사용한 경우 적용할 법률은?
   ① 음악산업진흥에 관한 법률
   ② 저작권법
   ③ 식품위생법
   ④ 부정경쟁방비 및 영업비밀보호에 관한 법률

☞ 정답: 2번

4. 「저작권법」에 따라 타인의 컴퓨터프로그램을 일정 한도 내에서 복제 사용할 수 있도록 규정하고 있는 경우가 아닌 것은?
   ① 재판을 위하여 필요한 경우
   ② 정부기관에서 공적 용도로 사용하는 경우
   ③ 교육기관 수업과정에 제공할 목적으로 사용하는 경우
   ④ 가정에서 개인적인 목적으로 사용하는 경우

☞ 정답: 2번

5. 산업재산권을 침해하는 행위가운데 친고죄에 해당하지 않는 것은?
   ① 특허법에 의한 특허권의 침해행위
   ② 실용신안법에 의한 실용신안권의 침해행위
   ③ 상표법에 의한 상표전용사용권의 침해행위
   ④ 디자인보호법에 의한 디자인권의 침해행위

☞ 정답: 3번(상표법위반과 부정경쟁방지및영업비밀보호에 관한법률위반은 친고죄에 해당하지 않는다)

(O · X 문제)

1. 실용신안권의 존속기간은 실용신안권을 설정등록한 날로부터 실용신안등록출원일 후 10년이 되는 날까지로 한다. (　　　)

2. 특허권의 존속기간은 특허권을 설정등록한 날부터 특허출원일 후 20년이 되는 날까지로 한다. (　　　)

3. 디자인권의 존속기간은 설정등록한 날로부터 발생하여 디자인등록 출원일 후 20년이 되는 날까지 존속한다. (　　　)

4. 상표권의 존속기간은 설정등록이 있는 날부터 10년으로 한다. (　　　)

5. 상표권의 효력은 속지주의 원칙에 따라 국내에만 효력이 인정된다. 외국에서도 상표권의 보호를 받기 위해서는 국제상표등록출원을 하여야 한다. (　　　)

6. 저작인격권에는 공표권, 성명표시권, 동일성유지권이 있다. (　　　)

☞ 정답: 1번 ~ 6번 모두 O

Ⅳ. 학습정리

산업재산권(특허법, 실용신안법, 디자인보호법, 상표법)
산업재산권에 대하여 출원할 수 있는 자격은 자연인 또는 법인에 한정된다.

⊙ 특허법

① 자연법칙을 이용한 기술적 사상의 창작으로 고도한 것(발명), 특허권 설정등록이 있는 날부터 특허출원일 후 20년이 되는 날까지 존속한다. 법인의 침해행위는 실행행위자와 함께 양벌규정에 의해 법인도 처벌된다.

② 수사활동: 특허권 침해행위는 특허권자나 전용실시권자의 고소에 의해 수사한다(친고죄). 특허를 허위 또는 혼동하기 쉽게 표시한 자는 특허법위반이

되어 특허법에 의하여 처벌된다.(특허법 제224조, 허위표시)

⊙ 실용신안법

① **효력**: 실용신안권 설정등록이 된 날부터 실용신안등록출원일 후 10년 효력이 존속한다. 실용신안권자는 업으로서 그 등록실용신안을 실시할 권리를 독점한다.

② **침해행위**: 등록실용신안에 관한 물품의 생산에만 사용하는 물품을 업으로서 생산·양도·대여 또는 수입하거나 업으로서 그 물품의 양도 또는 대여의 청약을 하는 행위는 당해 실용신안권 또는 전용실시권을 침해한 것으로 본다.(제29조) 일부 친고죄이다.

⊙ 디자인보호법

① **효력**: 물품의 형상·모양·색체 또는 이들을 결합한 것으로서 시각을 통하여 미감을 일으키게 하는 것이다. 친고죄이며 등록출원일로부터 20년간 보호된다.

② **디자인권 침해행위**: 등록디자인이나 이와 유사한 디자인에 관한 물품의 생산에만 사용하는 물품을 업으로서 생산, 양도, 대여 또는 수입하거나 업으로서 그 물품의 양도 또는 대여의 청약을 하는 행위는 당해 디자인권을 침해한 것으로 본다.(제114조)

⊙ 상표법

① **보호대상**: 등록된 상표를 보호한다.

② **내용**: 상품을 생산, 가공, 증명 또는 판매하는 것을 업으로 영위하는 자가 타인의 상품과 식별되도록 하기 위하여 사용하는 기호·문자·도형·입체적 형상 또는 이를 결합한 것과 이들에 색채를 결합한 것이다. 친고죄는 아니며, 설정등록일로부터 10년, 갱신등록으로 연장가능하다. 상표권의 효력은 속지주의 원칙에 따라 국내에만 효력인정한다.

③ **침해행위**: 타인의 등록상표와 동일한 상표 또는 유사한 상표를 그 지정상품

과 동일 또는 유사한 상품에 사용하는 행위이다.

④ **유의사항**: 상표권은 출원순위에 따라 인정, 각 상품마다 각각 상표를 등록하여야 한다. 친고죄는 아니다.

제 30 강

환경사범 수사

사건사례- "불법 폐기물로 전국 몸살"

최근 대구 달성군 한 농지에서는 스티로폼 등 폐기물 400여t이, 전남 무안군 야산에서는 건축 폐자재·폐타이어 등 폐기물 500여t이 무단 투기된 사실이 농지 주인 등에 의해 확인됐다. 경북 영천에서는 공장형 창고 등에 산업폐기물 약 1만7,000t이, 성주군의 한 폐목재처리장에는 각종 폐기물 100여t이 쌓여 있는 것이 드러났다.

환경부와 각 지방자치단체에 따르면 전국 투기·방치 불법 폐기물은 235곳, 120만 3,000t이며 각 지자체는 2019년 7월 26일까지 50만t을 행정대집행 등으로 처리했다. 이를 위해 정부는 700억~800억 원의 예산을 투입했다.

"폐기물 소각시설이나 매립시설이 충분하지 않은 것도 있지만 1t 처리에 25만 원 정도 드는 비용을 아끼기 위해 몰래 투기하거나 그대로 버려두는 행위가 끊이지 않고 있다", "일부는 빈 공장 등 불법 폐기물 투기 장소를 물색해 조직적으로 야적하고 달아나기도 한다"

불법 폐기물이 곳곳에서 속출하자 환경부는 행정대집행 후 책임자에게 구상권을 청구해 최대한 처리 비용을 징수하고 법적 조치하는 대책에서 나아가 불법 투기 행위에 대해서는 처벌 대상자를 폐기물 처리업자에서 수집·운반업자로 확대하기로 했다. 또 폐기물 운반차량은 눈에 띄도록 색칠하고 이동 경로를 추적할 수 있도록 위성위치확인시스템(GPS)을 의무적으로 부착하는 방안도 검토 중이다. 폐기물 방치행위에 대해 영업정지 대신 부과하는 과징금을 내지 않으면 바로 영업정지 조치하고, 과징금도 부적정 처리 폐기물로 얻은 이익의 2~5배를 징벌적으로 부과할 방침이다.

Ⅰ. 학습목표 및 개요

1. 환경범죄의 특성과 관련 법률을 파악해 보자.
2. 수질환경사범 수사 절차를 확인해 보자.

Ⅱ. 환경사범 수사

환경오염이란 사업활동 기타 사람의 활동에 따라 발생되는 대기오염, 수질오역, 토양오염, 해양오염, 방사능오염, 소음·진동, 악취, 일조방해 등으로서 사람의 건강이나 환경에 피해를 주는 상태를 말한다.

1. 범죄행위

① 환경오염물질의 배출행위인 각종 환경오염 행위가 중심을 이룬다.
② 자연활동, 사람의 활동 그 자체는 처벌대상이 아니고, 인간의 행위로 인한 환경오염을 예정하여 처벌하는 것이다.

2. 대법원 판례 및 참고자료

① 환경관련법규는 배출시설의 설치 또는 허가를 받은 자를 사업자로 지칭하여 일반적인 행위주체로 인정한다.
② 학교나 병원 등 비영리단체라도 배출시설을 설치·운영하는 경우에는 관리 주체가 사업자이다.
③ 영업자가 배출시설 및 방지시설을 양도한 경우 양수인은 사업자의 권리의무

를 승계한다.

④ 허가, 신고없이 배출시설, 방지시설을 운영하는 자는 사업자로 볼 수 없다.(대법원 97도363)

⑤ 축산목장의 관리자가 업주의 지시에 따라 3명의 노무자를 데리고 축사청소 등 단순노무에 종사하고 경영문제에 관여를 하지 않았다면 관리인이 업주의 정화시설 설치의무 위반행위에 공모, 가담하였다거나 업주의 위반행위를 방조하였다고 할 수 없다.(대법원 90도2178)

3. 환경범죄의 특성

① **침해원인 및 정도의 불명확성**: 광범위한 지역에서 불특정 다수인에게 침해를 가하므로 위험이 언제부터, 어떻게, 어느 정도 발생되었는지 여부가 불명확하다.

② **침해주체의 불명확성**: 누가 행위의 주체인지 확정하기 곤란하다.

③ **전파의 복잡성**: 오염은 광범위한 지역에 확산 전파되며 가해과정에서 다른 간접요인과 복합화되는 경우가 일반적이다.

④ **침해의 상규성**: 기업체 등의 일상 활동에 의한 것으로 행위자의 죄의식이 희박하다.

⑤ **침해의 완만성**: 유해물질에 의한 환경오염 후 상당기간 지난 후에 공중의 생명 · 신체의 위험이 초래된다.

⑥ **침해의 간접성**: 유해물질의 배출, 폐기로 직접 나타나지만 생명·신체에 대한 위험은 대기, 토양 등의 오염으로 간접적으로 나타난다.

⑦ **인위적 활동성**: 인위적인 활동에 의하여 야기된다.

⑧ **힘의 불균형성**: 일반적으로 가해자의 사회적·경제적 지위가 피해자에 비해 강력하고, 관계정보와 자료를 독점하고 있다.

※ 유독가스가 대량으로 누출되어 생명신체에 위해를 초래한 경우 「환경범죄단속에 관한 특별조치법」을 적용한다.

4. 수질 및 수생태계 보전에 관한 법률 금지행위(제15조)

① 공공수역에 특정수질유해물질, 폐기물관리법에 의한 지정폐기물, 석유 및 석유대체연료사업법에 의한 석유제품 및 원유, 화학물질 관리법에 의한 유독물, 농약관리법에 의한 농약을 누출·유출하거나 버리는 행위

② 공공수역에 분뇨, 축산폐수, 동물의 시체, 폐기물 또는 오니(汚泥)를 버리는 행위

③ 하천·호수에서 자동차를 세차하는 행위

④ 공공수역에 환경부령으로 정하는 기준이상의 토사(土砂)를 유출하거나 버리는 행위

5. 수질 및 수생태계 보전에 관한 법률

① **점오염원**: 폐수배출시설, 하수발생시설, 축사 등으로서 관거·수로 등을 통하여 일정한 지점으로 수질오염물질을 배출하는 배출원

② **비점오염원**: 도시, 도로, 농지, 산지, 공사장 등으로서 불특정 장소에서 불특정하게 수질오염물질을 배출하는 배출원

③ **폐수**: 물에 액체성 또는 고체성의 수질오염물질이 혼입되어 그대로 사용할 수 없는 물

④ **특정수질 유해물질**: 사람의 건강, 재산이나 동·식물의 생육에 직접 또는 간접으로 위해를 줄 우려가 있는 수질오염물질로서 환경부령이 정하는 것이다.

6. 대기오염사범 수사

① **대기오염물질**: 대기오염의 원인이 되는 가스·입자상물질로서 환경부령으로 정하는 것이다.

② **온실가스**: 적외선 복사열을 흡수하거나 다시 방출하여 온실효과를 유발하는

대기 중의 가스상태물질이다.(이산화탄소, 메탄, 아산화질소, 수소불화탄소, 과불화탄소, 육불화황)

③ **가스**: 물질이 연소·합성·분해될 때에 발생하거나 물리적 성질로 인하여 발생하는 기체상 물질이다.

④ **입자상 물질**: 물질이 파쇄·선별·퇴적·이적될 때, 그 밖에 기계적으로 처리되거나 연소·합성·분해될 때에 발생하는 고체상 또는 액체상의 미세한 물질이다.

⑤ **매연**: 연소할 때에 생기는 유리탄소가 주가 되는 미세한 입자상물질

⑥ **검댕**: 연소할 때에 생기는 유리탄소가 응결하여 입자의 지름이 1미크론 이상이 되는 입자상물질이다.

⑦ **대기오염물질 배출시설**: 대기오염물질을 대기에 배출하는 시설물, 기계, 기구, 그 밖의 물체로서 환경부령으로 정하는 것이다.

⑧ **특정대기 유해물질**: 사람의 건강과 재산이나 동식물의 생육에 직접 또는 간접으로 위해를 끼칠 우려가 있는 대기오염물질로서 환경부령으로 정하는 것이다.

7. 대기환경 보전법

1) 자동차에서 배출되는 가스의 경우 과실로 인하여 기준치 이상의 배출여부를 인식하지 못한 경우도 처벌한다.(대법원 92도 1136)

2) 악취 발생물질의 무단 소각행위는 대기환경보전법으로 처벌할 수 있다.

3) 수사방법

① 공장굴뚝을 통하여 배출되는 대기오염물질의 시료채취는 가스의 흐름이 안정되어 균일한 농도의 시료를 채취할 수 있는 곳으로 한다.

② 자동차 매연단속은 차고지에서 회차 즉시 하는 것이 바람직하다.

③ 대기오염방지 배출시설 허가를 받은 보일러 3대 중 1대만 가동하여 온 경우 실제로 가동 중인 1대에서 배출되는 오염물질을 측정하여 처벌한다.

8. 폐기물 관리법 적용

① 무허가 폐기물처리업자
② 사업장 폐기물을 신고하지 아니하고 재활용한 경우
③ 폐기물처리업자 아닌 자에게 위탁, 처리한 경우
④ 허가없이 폐유를 매수·판매한 경우
⑤ 당국에 신고없이 폐타이어를 수집하여 재생타이어를 생산한 경우
⑤ 기름걸레를 일반폐기물과 함께 쓰레기통에 버린 경우

9. 소음·진동관리법

① **소음**: 기계·기구·시설, 그 밖의 물체의 사용으로 인하여 발생하는 강한 소리
② **진동**: 기계·기구·시설, 그 밖의 물체의 사용으로 인하여 발생하는 강한 흔들림
③ **소음·진동 배출시설**: 소음·진동을 발생하는 공장의 기계·기구·시설, 그 밖의 물체로서 환경부령으로 정하는 것이다.
④ **규제대상**: 항공기(소음), 공장 및 건설(소음·진동), 교통 및 생활(소음·진동)

10. 화학물질 관리법

① **화학물질**: 원소·화합물 및 그에 인위적인 반응을 일으켜 얻어진 물질과 자연 상태에서 존재하는 물질을 화학적으로 변형시키거나 추출 또는 정제한 것이다.
② **유해화학물질**: 유독물질, 허가물질, 제한물질 또는 금지물질, 사고대비물질, 그 밖에 유해성 또는 유해성이 있거나 그러할 우려가 있는 화학물질이다.

③ **사고대비물질**: 화학물질 중에서 급성독성·폭발성 등이 강하여 화학사고의 발생 가능성이 높거나 화학 사고가 발생한 경우에 그 피해 규모가 클 것으로 우려되는 화학물질로서 화학사고 대비가 필요하다고 인정하여 제39조에 따라 환경부장관이 지정·고시한 화학물질이다.

④ **금지물질**: 위해성이 크다고 인정되는 화학물질로서 모든 용도로의 제조, 수입, 판매, 보관·저장, 운반 또는 사용을 금지하기 위하여 환경부 장관이 관계 중앙행정기관의 장과의 협의와 「화학물질의 등록 및 평가 등에 관한 법률」 제7조에 따른 화학물질평가위원회의 심의를 거쳐 고시한 것이다.

Ⅲ. QUIZ 및 정답/해설

1. 다음은 「대기환경보전법」상 용어에 대해 설명한 것이다. 이에 대한 설명으로 가장 적절하지 않은 것은?
   ① 먼지 - 대기 중에 떠다니거나 흩날려 내려오는 입자상물질을 말한다.
   ② 매연 - 연소할 때에 생기는 유리탄소가 주가 되는 미세한 입자상물질을 말한다.
   ③ 대기오염물질 배출시설 - 대기오염물질을 대기에 배출하는 시설물, 기계, 기구, 그 밖의 물체로서 환경부령으로 정하는 것을 말한다.
   ④ 입자상물질 - 물질이 연소·합성·분해될 때에 발생하거나 물리적 성질로 인하여 발생하는 기체상물질을 말한다.

☞ 정답: 4번 (고체상 또는 액체상의 미세한 물질)

2. 환경 관련 범죄에 관한 설명 중 가장 타당하지 않은 것은?
   ① 환경 관련 법규는 배출시설의 설치 또는 허가를 받은 자를 사업자로 지칭하여 일반적인 행위주체로 인정한다.
   ② 학교나 병원 등 비영리단체라도 배출시설을 설치·운영하는 경우에는 관리주체가 사업자이다.
   ③ 축산농장의 관리자가 업주의 지시에 따라 3명의 노무자를 데리고 축사청소

등 단순노무에 종사하고 경영문제에 관여하지 않았다 하더라도 환경범죄의 행위자로 볼 수 있다.

④ 영업자가 배출시설 및 방지시설을 양도한 경우 양수인은 사업자의 권리의무를 승계한다.

☞ 정답: 3번

3. 「수질 및 수생태계 보전에 관한 법률」로 처벌할 수 없는 행위는?

① 석유화학제품 조업 중 배출된 폐유를 하수구에 버린 행위

② 돼지의 도축과정에서 나오는 내장, 분뇨 등을 길가에 투기한 행위

③ 약품공장의 폐수를 방지시설을 통하지 아니하고 방류한 경우

④ 도축장의 폐수배출 방지시설을 정상 운영하지 아니한 경우

☞ 정답: 2번

4. 「수질 및 수생태계 보전에 관한 법률」에서 정하고 있는 용어의 정의에 대한 설명으로 틀린 것은?

① 점오염원이라 함은 폐수배출시설, 하수발생시설, 축사 등으로서 관거・수로 등을 통하여 일정한 지점으로 수질오염물질을 배출하는 배출원을 말한다.

② 비점오염원이라 함은 도시, 도로, 농지, 산지, 공사장 등으로서 불특정 장소에서 불특정하게 수질오염물질을 배출하는 배출원을 말한다.

③ 폐수라 함은 물에 액체성 또는 기체성의 수질오염 물질이 혼입되어 그대로 사용할 수 없는 물을 말한다.

④ 특정수질 유해물질이라 함은 사람의 건강, 재산이나 동・식물의 생육에 직접 또는 간접으로 위해를 줄 우려가 있는 수질오염물질로서 환경부령으로 정하는 것을 말한다.

☞ 정답: 3번

5. 「수질 및 수생태계 보전에 관한 법률」에 따라 처벌되는 행위 중 과태료 처분 사안은?

① 업무상과실로 공공수역에 특정수질 유해물질 「폐기물관리법」에 따른 지정 폐

기물을 버리는 행위
② 공공수역에 분뇨, 가축분뇨, 동물사체를 버리는 행위
③ 하천 · 호소에서 자동차를 세차하는 행위
④ 공공수역에 다량의 토사(土砂)를 유출하거나 버려 상수원 또는 하천 · 호소를 현저히 오염시키는 행위

☞ 정답: 3번

6. 대기오염사범에 대한 설명으로 타당하지 않은 것은?
① 공장굴뚝을 통하여 배출되는 대기오염물질의 시료채취는 가스의 흐름이 안정되어 균일한 농도의 시료를 채취할 수 있는 곳으로 한다.
② 자동차 매연은 대기오염의 주요인이 된다고 할 수 있으며 자동차 매연단속은 차고지에서 회차 즉시 하는 것이 바람직하다.
③ 염소 등 화공약품 저장탱크 관리소홀로 인한 대량누출사고는 「대기환경보전법」을 적용하여 처벌한다.
④ 대기오염방지 배출시설 허가를 받은 보일러 3대 중 1대만 가동하여 온 경우 실제로 가동중인 1대에서 배출되는 오염물질을 측정하여 처벌한다.

정답: 3번

7. 「소음 · 진동관리법」의 규제 대상으로 잘못된 것은?
① 교통 소음 · 진동 ② 공장 소음 · 진동
③ 생활 소음 · 진동 ④ 항공기 소음 · 진동

☞ 정답: 4번

(O · X 문제)

1. 금지물질이란 위해성이 크다고 인정되는 화학물질로서 모든 용도로의 제조, 수입, 판매, 보관 · 저장, 운반 또는 사용을 금지하기 위하여 환경부 장관이 관계 중앙행정기관장과의 협의와 화학물질평가위원회의 심의를 거쳐 고시한 것을 말한다. (   )

2. 축산목장의 관리자가 업주의 지시에 따라 3명의 노무자를 데리고 축사청소 등 단순노무에 종사하고 경영문제에 관여를 하지 않았다면 관리인이 업주의 정화시설 설치의무 위반행위에 공모, 가담하였다거나 업주의 위반행위를 방조하였다고 할 수 없다. (　　)

3. 건설공사로 폐기물을 5톤 이상 배출하는 사업장에서 발생한 폐기물은 「폐기물관리법」의 적용을 받는다. (　　)

4. 사업활동에 필요하지 아니하게 되어 재활용업체에 매각하는 물건은 폐기물에 해당한다. (　　)

5. 허가, 신고없이 배출시설, 방지시설을 운영하는 자는 사업자로 볼 수 없다. (　　)

6. 유독가스가 대량으로 누출되어 생명신체에 위해를 초래한 경우 「환경범죄단속에 관한 특별조치법」을 적용한다. (　　)

7. 자동차에서 배출되는 가스의 경우 과실로 인하여 기준치 이상의 배출여부를 인식하지 못한 경우도 처벌한다. (　　)

☞ **정답: 1번 ~ 7번 모두 O**

Ⅳ. 학습정리

① 환경관련법규는 배출시설의 설치 또는 허가를 받은 자를 사업자로 지칭하여 일반적인 행위주체로 인정한다.

② 학교나 병원 등 비영리단체라도 배출시설을 설치·운영하는 경우에는 관리주체가 사업자이다.

③ 영업자가 배출시설 및 방지시설을 양도한 경우 양수인은 사업자의 권리의무를 승계한다.

④ 허가, 신고없이 배출시설, 방지시설을 운영하는 자는 사업자로 볼 수 없다.(대법원 97도363)

⑤ 축산목장의 관리자가 업주의 지시에 따라 3명의 노무자를 데리고 축사청소 등 단순노무에 종사하고 경영문제에 관여를 하지 않았다면 관리인이 업주의 정화시설 설치의무 위반행위에 공모, 가담하였다거나 업주의 위반행위를 방조하였다고 할 수 없다.(대법원 90도2178)

⊙ 수질 및 수생태계 보전에 관한 법률

① **점오염원**: 폐수배출시설, 하수발생시설, 축사 등으로서 관거·수로 등을 통하여 일정한 지점으로 수질오염물질을 배출하는 배출원

② **비점오염원**: 도시, 도로, 농지, 산지, 공사장 등으로서 불특정 장소에서 불특정하게 수질오염물질을 배출하는 배출원

③ **폐수**: 물에 액체성 또는 고체성의 수질오염물질이 혼입되어 그대로 사용할 수 없는 물

④ **특정수질 유해물질**: 사람의 건강, 재산이나 동·식물의 생육에 직접 또는 간접으로 위해를 줄 우려가 있는 수질오염물질로서 환경부령이 정하는 것이다.

⊙ 폐기물 관리법 적용

① 무허가 폐기물처리업자

② 사업장 폐기물을 신고하지 아니하고 재활용한 경우

③ 폐기물처리업자 아닌 자에게 위탁, 처리한 경우

④ 허가없이 폐유를 매수·판매한 경우

⑤ 당국에 신고없이 폐타이어를 수집하여 재생타이어를 생산한 경우

⑥ 기름걸레를 일반폐기물과 함께 쓰레기통에 버린 경우

수사문제 (1)

1. 다음은 수사의 조건을 설명한 것이다. 가장 적절하지 않은 것은?
   ① 수사의 조건이란 수사권의 발동과 행사의 조건을 말한다.
   ② 수사는 수사기관의 객관적 혐의에 의하여 개시하며, 구체적 사실에 근거를 둔 혐의일 것을 요한다.
   ③ 체포·구속을 위한 범죄혐의는 객관적 혐의를 말하며 이때 범죄혐의는 증거에 의해 뒷받침되어야 한다.
   ④ 수사의 상당성은 특히 강제수사의 경우에 강조된다.

☞ 정답: 2번

2. 다음은 수사의 제 원칙을 설명한 것이다. 가장 적절하지 않은 것은?
   ① 수사의 기본원칙으로 영장주의, 강제수사 법정주의, 자기부죄강요금지의 원칙, 임의수사의 원칙, 제출인 환부의 원칙, 수사비공개의 원칙, 수사비례의 원칙이 있다
   ② '범죄현장은 증거의 보고'라는 말처럼 범죄현장이 멸실되지 않도록 보존하고 철저히 관리하여야 한다는 내용은 현장보존의 원칙과 관련이 있다.
   ③ 수사실행의 5원칙으로 수사자료 완전수집의 원칙, 수사자료 감식·검토의 원칙, 적절한 추리의 원칙, 검증적 수사의 원칙, 사실판단 증명의 원칙이 있다.
   ④ 범죄수사의 3대원칙(3S원칙)으로 신속착수의 원칙, 현장보존의 원칙, 법령엄수의 원칙이 있다.

☞ 정답: 4번

3. 범죄징표는 일반적으로 범인의 생물학적 특징에 의한 범죄징표, 범인의 심리적 특징에 의한 범죄징표, 범인의 사회관계에 의한 범죄징표, 자연현상에 의한 범죄징표, 문서에 의한 범죄징표로 분류된다. 다음 중 범인의 생물학적 특징에 의한 범죄징표는 모두 몇 개인가?

㉠ 성명	㉡ 혈액형	㉢ 미신
㉣ DNA	㉤ 인상	㉥ 원한

① 2개　② 3개
③ 4개　④ 5개

☞ 정답: 2번

4. 다음은 범죄첩보에 대하여 설명한 것이다. 가장 적절하지 않은 것은?
① 경찰공무원이 입수한 모든 수사첩보는 범죄첩보분석시스템(CIAS)을 통하여 작성 · 제출함을 원칙으로 한다.
② 수집된 첩보는 수집관서에서 처리하는 것을 원칙으로 한다. 다만, 평가 책임자는 첩보에 대해 범죄지, 피내사자의 주소 · 거소 또는 현재지 중 어느 1개의 관할권도 없는 경우 이송할 수 있다.
③ 범죄첩보의 특징 중 '결과지향성'은 단순한 사실이 아니고 그 속에 하나의 원인과 결과를 내포하고 있다는 내용이다.
④ 이송을 하는 첩보의 평가 및 처리는 이송 받은 관서의 평가 책임자가 담당한다.

☞ 정답: 3번

5. 다음은 시체의 초기현상에 대한 설명이다. 가장 적절하지 않은 것은?
① 사람이 죽으면 체온이 점점 떨어져 결국은 주위의 대기온도와 같게 되며 수분이 증발하면서 주위의 기온보다 낮아지는 경우도 있다.
② 사망으로 혈액순환이 정지됨에 따라 중력에 의해 적혈구가 낮은 곳으로 가라앉아 혈액침하현상이 발생하여 시체하부의 피부가 암적갈색으로 변화한다.
③ 시체 굳음은 일반적으로 Nysten의 법칙에 의하여 발가락, 손가락 → 팔, 다리 → 어깨 → 턱 순으로 진행한다.
④ 각막은 일반적으로 사후 12시간 전후 흐려져서 24시간이 되면 현저하게 흐려지고 48시간이 되면 불투명해진다.

☞ 정답: 3번

6. 수사의 조건에 대한 설명으로 가장 옳지 않은 것은?
① 수사의 필요성이란 수사의 목적을 달성하기에 필요한 경우에 한하여 수사할 수 있음을 말한다.
② 피의자신문, 참고인조사 등은 수사에 필요한 때에 한하여 허용된다.
③ 소송조건의 결여로 인하여 공소제기의 가능성이 없는 때에는 수사의 필요성도 부인된다.
④ 범의유발형 함정수사는 수사의 필요성이 없어 위법하다.

☞ 정답: 4번

7. 다음은 감별수사를 설명한 것이다. 가장 적절하지 않은 것은?
① 감별수사란 범인과 피해자 또는 범인과 범행지 및 주변지역간에 존재하는 사정 · 관계 등에 근거를 두어 수사하는 방법으로 횡적 수사의 일종이다.
② 감별수사중 범인과 피해자, 그 가족, 피해가족과의 관계를 연고감이라고 하고, 범인과 범행지 및 그 주변지역과의 관계를 지리감이라고 한다.
③ 연고감은 지리감에 비해 수사대상도 많고 수사범위도 넓다.
④ 감수사 방법은 감유무 수사를 한 후 감이 있다고 판단될 때 감적격자에 대한 자료를 수집하고 수집대상자를 상대로 감적격자 수사를 한다.

☞ 정답: 3번

8. 압수 · 수색 집행방법으로 옳지 않은 것을 모두 고르면 몇 개인가?

㉠ 압수 · 수색영장에서 압수할 물건을 '압수장소에 보관 중인 물건'이라고 기재하고 있는 것을 '압수장소에 현존하는 물건'으로 해석하였다.
㉡ 압수 · 수색에 착수하면서 관리책임자에게 영장을 제시하였으나, 압수물건을 소지한 다른 사람으로부터 압수하면서 그 사람에게 따로 영장을 제시하지 않았다.
㉢ 현장에서 압수물이 너무 많아 압수물 목록을 즉석에서 작성할 수 없어 압수물을 정리 후 1개월 후에 압수물 목록을 대상자에게 교부하였다.
㉣ 압수 · 수색영장을 한 번 집행한 뒤라도 영장의 유효 기간이 남아 있는 상황에서 동일한 장소에서 압수할 새로운 물건이 생겨 그 영장을 근거로 압수 · 수색을 다시 하였다.

① 1개 ② 2개
③ 3개 ④ 4개

☞ 정답: 4번

9. 다음 중 유류품 수사시 착안점으로 옳게 연결된 것은 모두 몇 개인가?

㉠ 관련성 - 물건의 존재가 명확할 것
㉡ 완전성 - 범인이 현장에 갈 수 있었을 것
㉢ 기회성 - 유류상황과 진술이 합치될 것
㉣ 동일성 - 유류품에 존재하는 사용버릇을 가지고 있는 인물이라는 사실

① 없음 ② 1개
③ 2개 ④ 3개

☞ 정답: 1번

10. 긴급체포된 자가 소지·소유·보관하는 물건에 대한 압수·수색·검증과 관련한 설명으로 틀린 것은 몇개인가?

㉠ '긴급체포된 자'이므로 긴급체포에 착수하였으나 체포하지 못하였다면 소지·소유·보관하는 물건에 대하여 압수·수색할 수 없다.
㉡ 긴급체포한 때부터 48시간 이내에 영장없이 압수·수색·검증을 할 수 있다.
㉢ 일단 긴급체포하였다면 압수에 대하여는 긴급성을 요건으로 하지 않는다.
㉣ 영장없이 압수한 경우는 반드시 압수수색영장을 청구해야 한다.
㉤ 압수수색영장의 청구는 수색한 때부터 후 48시간 이내에 하여야 한다.

① 2개 ② 3개
③ 4개 ④ 5개

☞ 정답: 3번

11. 혈액을 채취하는 방법에 대한 설명으로 가장 옳지 않은 것은?

① 피의자의 동의가 없더라도 감정처분허가장을 받아 감정에 필요한 처분으로 혈액을 채취할 수 있다.

② 혈액은 압수의 대상이 아니므로 압수영장을 발부받아 피의자의 신체로부터 혈액을 채취할 수는 없다.

③ 교통사고를 낸 피의자가 주취로 인한 냄새가 나는 등 준현행범의 요건을 갖추었고 의식불명인 경우라면 사고직후 후송된 병원 응급실은 범죄장소에 준한다고 보아 병원에서 영장없이 혈액을 채취할 수 있다.

④ 위 상황에서 의료인에게 의학적인 방법에 따라 필요최소한의 한도내에서 피의자의 혈액을 채취하게 한 후 그 혈액을 영장없이 압수할 수 있으며 사후에 지체없이 법원으로부터 압수영장을 받아야 한다.

☞ 정답: 2번

12. 압수물의 환부에 대한 설명으로 가장 옳지 않은 것은?

① 압수물은 종국적으로 소유자 또는 제출인에게 반환하는 법원 또는 수사기관의 처분이다.

② 장물을 압수하였을 때 피해자에게 환부할 이유가 명백하다 하여도 환부로 인한 소유권 분쟁을 방지하기 위하여 제출인에게 환부한다.

③ 압수의 효력은 상실된다.

④ 환부를 받은 자에게 소유권 등 실체법상의 권리를 확인하는 효력을 갖지 않는다.

☞ 정답: 2번

13. 다음은 지문에 대한 설명이다. 가장 적절하지 않은 것은?

① 지문은 피부가 융기한 선이나 유두선 또는 융선이라고 정의되나 통상적으로 손가락 말절 장측부(지두내면) 융선의 문형을 지문이라고 호칭하고 있다.

② 준현장지문은 범인의 침입경로, 도주경로 및 예비장소 등에서 발견된 지문으로 피의자 발견을 위하여 범죄현장 이외의 장소에서 채취한 지문을 말한다.

③ 유류지문이란 현장지문 또는 준현장지문 중에서 범인 이외의 자(피해자, 현장 출입자 등)가 남긴 것으로 추정되는 지문이다.

④ 잠재지문은 인상된 그대로의 상태로는 육안으로 식별되지 않고, 이화학적 가공을 하여야 비로소 가시상태로 되는 지문을 말한다.

☞ 정답: 3번

14. 다음은 「피의자 유치 및 호송 규칙」상 유치인 보호근무를 설명한 것이다. 가장 적절하지 않은 것은?

① 경찰서장은 피의자의 유치 및 유치장의 관리에 전반적인 지휘·감독을 하여야 하며 그 책임을 져야 한다.
② 피의자를 유치장에 입감시키거나 출감시킬 때에는 유치인보호관이 발부하는 피의자 입(출)감지휘서에 의하여야 한다.
③ 신체, 의류, 휴대품(이하 '신체 등'이라 한다)의 검사는 동성의 유치인보호관이 실시하여야 한다. 다만, 여성유치인보호관이 없을 경우에는 미리 지정하여 신체 등의 검사방법을 교양 받은 여성경찰관으로 하여금 대신하게 할 수 있다.
④ 형사범과 구류 처분을 받은 자, 20세 이상의 사람과 20세미만의 사람, 신체장애인 및 사건관련의 공범자 등은 유치실이 허용하는 범위 내에서 분리하여 유치하여야 하며, 신체장애인에 대하여는 신체장애를 고려한 처우를 하여야 한다.

☞ 정답: 2번

15. 압수물 처리에 관한 설명으로 옳지 않은 것은 모두 몇 개인가?

㉠ 압수물은 압수한 법원 또는 수사기관의 청사로 운반하여 보관하는 것이 원칙이다. ㉡ 운반 또는 보관이 불편한 압수물은 소유자 또는 적당한 자의 승낙을 얻어 보관하게 할 수 있다. ㉢ 위험발생의 염려가 있는 압수물은 폐기할 수 있다. ㉣ 법령상 생산·제조·소지·소유 또는 유통이 금지된 압수물로서 부패염려 또는 보관이 어려운 압수물은 소유자 등의 동의를 받지 않고 폐기할 수 있다.

① 1개 ② 2개
③ 3개 ④ 4개

☞ 정답: 1번

16. 압수물 처리에 관한 설명으로 옳지 않은 것은 ?

① 압수를 계속할 필요가 없다고 인정되는 압수물은 수사중이라도 환부하여야 하고, 증거에 공할 압수물은 소유자, 소지자, 보관자 또는 제출인의 청구에 의하여 가환부할 수 있다.
② 몰수할 대상인 압수물이기는 하지만 그 소유자 또는 소지자가 계속 사용할 필요가 있다면 사진촬영 기타 원형보존의 조치를 취하고 가한부한다.
③ 몰수하여야 할 압수물로 멸실·파손·부패 또는 현저한 가치 감소의 염려가 있거나 보관하기 어려운 압수물은 매각하여 대가를 보관할 수 있다.
④ 환부하여야 할 압수물 중 환부를 받을 자가 누구인지 알 수 없거나 그 소재가 불명한 경우로서 그 압수물의 멸실·파손·부패 또는 현저한 가치 감소의 염려가 있거나 보관하기 어려운 압수물은 매각하여 대가를 보관할 수 있다.

☞ 정답: 2번

17. 서울 종로경찰서에서 수사중인 강도강간 피의자를 부산에서 2016. 4. 19. 16:00경에 긴급체포하였다. 긴급체포 승인건의 시한은 언제까지인가?

① 2016. 4. 20. 04:00경 ② 2016. 4. 20. 16:00경
③ 2016. 4. 21. 04:00경 ④ 2016. 4. 21. 16:00경

☞ 정답: 2번

18. 수사관은 오토바이 절도의 현행범인으로 체포된 피의자에 대하여 1차 조사를 마친 후 전과가 없고 주거가 일정한 점 등을 고려하여 도주의 우려가 없다고 판단하여 석방하였다. 그러나 피의자는 석방 후 참고인과의 대질조사를 위한 출석요구에 불응하였다. 체포영장 신청서류를 발송하고 외근활동을 하던 수사관은 길에서 우연히 피의자를 발견하였다. 수사관의 조치로 가장 옳은 것은?

① 현행범인으로 다시 체포한다.
② 긴급체포한다.

③ 임의동행을 요구하고 불응하는 경우 다음에 꼭 출석할 것을 경고한다.
④ 영장발부를 예상하고 우선 체포한 후 체포영장이 발부되면 이를 집행한다.

☞ 정답: 2번

19. 긴급체포에 대한 설명으로 옳은 것은 모두 몇개인가?

㉠ 긴급체포 승인건의는 원칙적으로 체포한 때로부터 12시간 이내 서면으로 하여야 하고 급속을 요하는 경우에는 팩스로도 가능하다.
㉡ 긴급체포 후 구속이 필요한 경우에는 지체없이 48시간 이내 검사에게 신청하여야 한다.
㉢ 긴급체포된 피의자를 석방하고자 할 때에는 검사의 석방지휘를 받아 석방한다.

① 없음
② 1개
③ 2개
④ 3개

☞ 정답: 2번

20. 구속통지에 대한 설명으로 가장 옳지 않은 것은?
① 구속을 한후 24시간 이내에 통지하여야 한다.
② 급속을 요하는 경우 모사전송 후 지체없이 서면으로 통지한다.
③ 피의자가 통지의 대상으로 가족을 지정하더라도 증거인멸의 우려가 있다면 예외적으로 통지하지 않을 수 있다.
④ 통지할 사람이 없는 경우에는 그 취지를 기재하여 기록에 첨부한다.

☞ 정답: 3번

21. 통신자료 제공요청에 대한 설명으로 가장 옳지 않은 것은?
① 전기통신사업자는 수사관서의 장이 수사 등을 위한 정보수집을 위하여 이용자의 성명, 주민등록번호, 주소, 전화번호, 아이디, 가입일 또는 해지일의 자료의 열람이나 제출을 요청하면 그 요청에 따를 수 있다.
② 수사기관의 통신자료제공요청과 그 취득행위는 사실 상 전기통신사업자가 정당한 사유가 없는 한 거부할 수 없으므로 강제수사에 해당한다.

③ 통신자료 제공요청은 요청사유, 해당 이용자와의 연관성, 필요한 자료의 범위를 기재한 서면으로 하여야 한다.

④ 서면으로 요청할 수 없는 긴급한 사유가 있을 때에는 서면에 의하지 아니하는 방법으로 요청할 수 있으며, 그 사유가 해소되면 지체없이 전기통신사업자에게 자료제공요청서를 제출하여야 한다.

☞ 정답: 2번

22. 통신비밀보호법에 나오는 개념에 대한 설명으로 가장 옳지 않은 것은?

① 검열은 우편물에 대하여 당사자의 동의 없이 이를 개봉하거나 기타의 방법으로 그 내용을 지득(知得) 또는 채록(採錄)하거나 유치하는 것을 말한다.

② 감청은 전기통신에 대하여 당사자의 동의 없이 전자장치·기계장치 등을 사용하여 통신의 음향·문언·부호·영상을 청취·공독(共讀)하여 그 내용을 지득 또는 채록하거나 전기통신의 송·수신을 방해하는 것을 말한다.

③ 통신자료는 가입자의 전기통신일시, 전기통신개시·종료시간, 발·착신 통신번호, 사용도수, 컴퓨터통신 또는 인터넷의 로그기록자료, 발신기지국의 위치추적자료, 접속지의 추적자료 등을 말한다.

④ 통신제한조치는 우편물의 검열 또는 전기통신의 감청을 말하며 범죄수사 또는 국가안전보장을 위하여 보충적인 수단으로 이용되어야 한다.

☞ 정답: 3번

23. 통신비밀보호법의 통신사실 확인자료에 해당하지 않은 것은?

① 가입자의 전기통신일시

② 발·착신 통신번호 등 상대방의 가입자번호

③ 인터넷 로그기록 자료

④ 가입자의 가입일·해지일

☞ 정답: 4번

24. 통신사실 확인자료제공요청에 대한 설명으로 가장 옳지 않은 것은?

① 통신사실 확인자료제공을 요청하는 경우에는 요청사유, 해당 가입자와의 연관성 및 필요한 자료의 범위를 기록한 서면으로 관할 지방법원·지원의 허가를

받아야 한다.

② 관할 지방법원·지원의 허가를 받을 수 없는 긴급한 사유가 있어 통신사실 확인자료제공을 먼저 요청하고 지체없이 그 허가를 받아 전기통신사업자에게 송부하여야 한다

③ 긴급한 사유로 통신사실 확인자료를 제공받았으나 사후에 법원의 허가를 받지 못하면 지체없이 제공받은 자료를 폐기하여야 한다.

④ 통신사실 확인자료제공을 받은 사건에 관하여 공소제기·불기소·불입건(기소중지결정제외)한 때에는 그 처분을 한 날로부터 30일이내에 통신사실 확인자료제공을 받은 사실과 제공요청기관 및 그 기간 등을 예외없이 서면으로 통지하여야 한다.

☞ 정답: 4번

25. 강력사건 신고를 접수 받고 출동한 지구대 경찰관이 취해야 할 현장보존 조치로 가장 옳지 않은 것은?

① 정확한 현장 수사를 위해 되도록 현장을 범행 당시대로 보존한다.

② 범인의 출입구로 보이는 통로를 따라 출입하여 범인의 동선을 추정한다.

③ 현장에 들어간 자가 있으면 즉시 철수시키고 인적사항을 기록한다.

④ 수사팀이 도착했을 때 필요한 사항을 통보하여 인수인계 한다.

☞ 정답: 2번

26. 현장관찰의 일반적 유의사항으로 가장 옳지 않은 것은?

① 현장 주변에 한정한 집중적인 관찰

② 수사지휘관의 통제에 따른 현장관찰

③ 위장여부를 확인하기 위한 현장의 모순 발견

④ 세밀한 반복 관찰

☞ 정답: 1번

27. 현장관찰의 순서로 가장 바람직한 것은?

가. 현장 내부 관찰	나. 현장 외부 관찰
다. 부근 상황 관찰	라. 현장 위치 파악

① 나-라-가-다　② 다-나-가-라
③ 가-나-다-라　④ 라-다-나-가

☞ 정답: 4번

28. 범죄현장 내부의 관찰방법으로 가장 옳은 것은?
① 옥내의 관찰은 범죄현장 중심부에서 침입구를 향해 관찰한다.
② 범죄현장의 관찰이 끝난 후 주변가옥 내부의 구조 등을 관찰한다.
③ 증거품으로 될 물건을 관찰한 후 주변 조명의 점멸 상황을 관찰한다.
④ 침입구로 추정되는 곳에서부터 범죄현장 중심부를 향해 관찰한다.

☞ 정답: 4번

29. 보기 중 현장관찰기록의 작성요령에 대한 설명으로 옳은 것은 모두 몇 개인가?

> ㉠ 현장관찰 활동을 시간 순으로 기록하고 필요시 영상녹화한다.
> ㉡ 사물의 위치를 설정하는 기준점은 부동의 물체 1개로 정한다.
> ㉢ 물체의 크기나 거리는 실측하는 것이 원칙이고 부득이 실측할 수 없을 때는 목측(目測)임을 명백히 해둔다.
> ㉣ 수사의 단서가되는 적극적인 요소(범인의 유류품 등)만 기록한다.
> ㉤ 명칭이나 용도를 알 수 없는 물건은 그 자리에서 가족 등 참여인에게 물어서 기록한다.

① 1개　② 2개
③ 3개　④ 4개

☞ 정답: 3번

30. 현장자료의 증거가치 확보를 위한 활동으로 가장 옳지 않은 것은?
① 자료의 종별·성질 등을 관찰하여 기록하고 가장 적절한 채취방법을 택한다.
② 신속한 채증을 위하여 우선 채취를 하고 현장책임자에게 사후 보고한다.
③ 제3자를 참여시켜 자료의 상태 등을 확인시킨 후 채취한다.
④ 채취한 자료에는 사건명, 품명, 채취일시·장소 등을 기재한다.

☞ 정답: 2번

31. 감별수사에 대한 설명으로 가장 옳지 않은 것은?
① 연고감은 지리감에 비하여 수사대상도 많고 수사범위도 넓다.
② 연고감이 있는 사건은 대개 지리감도 있는 경우가 많다.
③ 지리감 수사는 평소 관내 우범자 동향 등 기초자료 수집이 중요하다.
④ 피해자에 대한 연고감 수사를 할 때에는 피해자가 개인적 사정을 편히 말할 수 있도록 수사관과 유대감 형성이 필요하다.

☞ 정답: 1번

32. 감별수사에 대한 설명으로 옳지 않은 것은 ?
① 감별수사는 육감(肉感) 또는 영감(靈感)에서 비롯하는 수사관 개인의 성향을 근거로 한다.
② 범행시 범인의 언동(言動)으로 연고감 여부를 살핀다.
③ 특수한 잠금장치를 해제한 경우 연고감이 있다고 판단할 수 있다.
④ 교통기관의 이용, 장물의 운반상황 등으로 지리감 유무를 판단한다.

☞ 정답: 1번

33. 현장관찰을 통하여 연고감이 있다고 판단한 근거로 보기에 가장 거리가 먼 것은?
① 피해자 집의 창고에 있는 공구를 사용한 흔적이 있는 경우
② 피해자의 집을 어질러 놓았으나 위장으로 판단되는 경우
③ 외부인에게는 통제되는 경로를 이용하여 사무실에 침입한 경우
④ 피해자의 주거지에서 멀지 않은 폐가(弊家)에서 범죄가 발생한 경우

☞ 정답: 4번

34. 지리감 수사에 대한 설명중 가장 옳지 않은 것은?

① 동굴에 은신한 것으로 추정된다면 지리감이 있다고 판단된다.

② 지리적 공백이 없도록 수사관 별로 수사담당 구역을 정하여 수사한다.

③ 평소 관내의 범행 전력자, 거동수상자의 전입 등의 실태를 파악해 둔다.

④ 피해자와 거래관계가 잦은 사람을 중심으로 수사한다.

☞ 정답: 4번

35. 장물수배서와 관련하여 그 연결이 올바른 것은?

㉠ 특별중요장물수배서	㉡ 특별장물수배서
㉢ 중요장물수배서	㉣ 보통장물수배서
ⓐ 청색	ⓑ 홍색
ⓒ 백색	ⓓ 흑색
㉮ 수사본부 설치사건	
㉯ 수사본부를 설치하지 않은 살인, 강도 등 중요사건	

① ㉠-ⓑ-㉮ ② ㉡-ⓐ-㉮

③ ㉢-ⓓ-㉯ ④ ㉣-ⓒ-㉯

☞ 정답: 1번

36. 외국인을 조사하는 방법에 대한 설명으로 가장 옳지 않은 것은?

① 국제법과 국제조약에 위배되는 일이 없도록 유의한다.

② 피의자의 국적 · 출생지 · 본국에서의 주거 · 외국에서의 전과 · 입국연월일 · 체류자격 · 입국목적 · 가족의 유무 및 외국인등록번호 등을 조서에 기재한다.

③ 조사와 체포 · 구속은 국내법을 기준으로 판단해야 하므로 피의자 국적의 언어 · 풍속 · 습관의 특성을 고려해서는 안된다.

④ 외국인 변사사건을 접수한 때에는 '영사관계에 관한 비엔나협약' 제37조의 규정에 따라 영사기관사망통보서를 작성하여 해당 영사기관에 그 사실을 지체없이 통보하고 이를 기록에 편철한다.

☞ 정답: 3번

37. 외국국적의 외교관 등을 조사하는 방법 등에 관한 설명으로 가장 옳지 않은 것은?

① 외교관과 그 가족의 외교특권을 침해하는 일이 없도록 주의한다.

② 피의자가 외교 특권을 가진 자인지 그 여부가 의심스러운 경우에는 신속히 경찰청장에게 보고하여 그 지시를 받는다.

③ 중대한 범죄를 범한 자를 추적 중 그 자가 대사관에 들어간 경우에 지체할 수 없을 때에는 대사관원의 사전 동의가 없어도 수색할 수 있다. 이때에는 지체없이 경찰청장에게 보고하여 그 지시를 받는다.

④ 임명국의 국적을 가진 대한민국 주재의 총영사, 영사 또는 부영사에 대한 사건에 관하여 구속 또는 조사할 필요가 있다고 인정될 때에는 미리 경찰청장에게 보고하여 그 지시를 받는다.

☞ 정답: 3번

38. 외국인을 조사하는 방법 등에 대한 설명으로 가장 옳지 않은 것은?

① 한국어에 능통하지 않는 경우에는 통역인을 활용하여 한국어로 피의자신문조서나 진술조서를 작성하고, 필요한 때에는 외국어로 진술서를 작성·제출하게 한다.

② 구속영장 등을 제시하거나 압수증명서를 교부하는 경우에는 반드시 번역문을 첨부한다.

③ 통역을 위촉하여 그 협조를 얻어서 조사하였을 때에는 피의자신문조서나 진술조서에 그 취지와 통역을 통하여 열람하게 하거나 읽어주었다는 취지를 기재하고 통역인의 기명날인 또는 서명을 받는다.

④ 사건관계자가 제출한 서면 또는 수사자료인 서면을 번역하게 하였을 때에는 그 번역문을 기재한 서면에 번역인의 기명날인을 받는다.

☞ 정답: 2번

39. 외국인에 대한 체포·구속과 관련한 설명으로 가장 옳지 않은 것은?

① 외국인을 체포·구속하였을 때에는 일반적인 체포·구속시 고지사항 외에도 영사기관에 체포·구속사실의 통보 또는 영사기관원과 접견·교통을 요청할 수 있음을 고지한다.

② ①항과 같은 사항을 고지하였을 때에는 피의자로부터 영사기관통보요청확인

서를 받아 기록에 편철한다.

③ 피의자가 영사기관 통보·접견을 요청한 경우에는 영사기관 체포·구속통보서를 작성하여 해당 영사기관에 지체없이 통보한다.

④ 별도 외국과의 조약에 따라 피의자 의사와 관계없이 해당 영사기관에 통보하게 되어 있는 경우에는 반드시 이를 통보하여야 하나 아직까지 대상 국가는 없다.

☞ 정답: 4번

40. 수사결과보고서에 대한 설명으로 가장 옳지 않은 것은?

① 수사결과보고서의 검토자가 확신을 가질 수 있도록 혐의유무를 강조하는 수식어 (예: '순순히 시인', '충분히 인정', '명백히 증명')를 적절히 사용한다.

② 범죄사실, 적용법조, 증거, 혐의판단 이유 등을 기재한다는 점에서 제1심 판결문과 유사하다.

③ 혐의 유·무에 대한 확신이 서지 않아 서류를 검찰에 보내 검사의 의견을 물어 처리하는 것은 바람직하지 않다.

④ 범죄사실의 작성은 당사자에게는 사실관계를 특정 짓는 시작이 될 수 있으므로 신중하고 정확하게 기재해야 한다.

☞ 정답: 1번

41. 수사결과보고서의 '범죄사실' 작성법으로 가장 옳지 않은 것은?

① 2016년 4월 19일은 2016. 4. 19.로 기재한다.

② '경기 광주시 퇴촌면 가새골길 85 소재 나눔의 집'은 '경기 광주시 퇴촌면 가새골길 85에 있는 나눔의 집'으로 기재한다.

③ 피의자가 1명인 경우 이름을 기재하지 않고 '피의자'라고 쓴다.

④ 피의자가 2명일 경우 피의자 1), 피의자 2) 라고 표현한다.

☞ 정답: 4번

42. 수사결과보고서의 '범죄사실' 작성법으로 가장 옳은 것은?

① 참고인의 경우에는 성명 앞에 '사건외'라는 말을 붙인다.

② 2016년을 반복적으로 언급할 때에는 '같은 해'라고 표현한다.

③ ‘피의자가 경영하는 레스토랑’과 같은 표현은 조사를 빼고 ‘피의자 경영 레스토랑’과 같이 간결하게 기재한다.
④ ‘동인을 외포케 하였다’라는 표현은 ‘피해자에게 겁을 주었다’라고 기재한다.

☞ 정답: 4번

43. 수사결과보고서의 '범죄사실' 작성법으로 가장 옳지 않은 것은?
① 피의자와 죄명이 많아 복잡한 범죄사실은 ‘피의자별 - 죄명별 - 행위의 시간’ 순으로 정리한다.
② 범죄사실은 구체적 수단·방법의 묘사보다도 시간·장소 등과 같은 주요사실만 간단히 기재하는 것이 바람직하다.
③ ‘~한 것이다’라는 표현보다는 ‘~하였다’라는 표현이 자연스럽다.
④ 합동범(예: 특수절도)이나 상습범(예: 상습사기)인 경우 객관적으로 사실을 기재한 다음 구성요건에 맞춘 법률적 평가를 마지막에 한 문장으로 추가하여 기재한다.

☞ 정답: 2번

44. 수사결과보고서의 '적용법조' 작성법으로 가장 옳지 않은 것은?
① 처벌규정을 먼저 기재하고 금지규정을 뒤에 기재하여 구성요건이 완전히 밝혀질 때까지 조항을 이어 작성한다.(예: 유아교육법 제34조 제2항 제2호, 제8조 제2항)
② 죄명과 적용법조의 법률명은 모두 붙여 쓴다. (예: 폭력행위등처벌에관한법률 제2조 제2항 제1호, 형법 제260조 제1항)
③ 조·항·호·목을 기재할 때에는 조·항·호 앞에 순서를 의미하는 ‘제(第제)’를 넣은다.(예: 제3조 제5항 다목)
④ 바로 앞에 언급한 법률 또는 조항과 동일할 경우 ‘같은 법〔동법〕’ 또는 같은 조〔동조〕‘와 같은 말은 생략한다.(예: 형법 제347조 제1항, 제37조, 제38조)

☞ 정답: 2번

45. 수사결과보고서의 '수사결과 및 의견' 작성법으로 가장 옳지 않은 것은?

① 피해자, 피의자가 주장하는 모든 내용을 빠짐없이 기재하여야 한다.

② 진술자별로 기재하지 않고 쟁점이 2개 이상인 경우에는 각각의 쟁점을 명확히 밝혀 '다툼이 없는 사실-쟁점1-쟁점2-결론'의 순서를 따르는 것이 바람직하다.

③ 단순히 당사자의 주장을 나열하지 않고 수집·작성한 수사사항을 유기적으로 연결하여 입체적으로 작성한다.

④ 진술조서나 수사보고서를 인용할 때에는 어느 부분인지 명확히 밝히기 위하여 괄호로 쪽수를 표기하는 것이 바람직하다.

☞ 정답: 1번

46. 경찰관서에 유치장을 설치할 수 있는 법적근거는?

① 경찰관직무집행법

② 호송경찰관출장소근무규칙

③ 피의자유치 및 호송규칙

④ 형의 집행 및 수용자의 처우에 관한 법률

☞ 정답: 1번

47. '유치'의 근거 법규가 아닌 것은?

① 형의집행 및 수용자의 처우에 관한 법률

② 경찰관직무집행법

③ 사법경찰관리집무규칙

④ 피의자유치 및 호송규칙

☞ 정답: 3번

48. 유치인에 포함되지 않는 자는?

① 피보호감호자　② 피의자

③ 피고인　④ 의뢰입감자

☞ 정답: 1번

49. 유치장 내 신체 등의 검사에 대한 설명으로 틀린 것은?

① 유치인 보호관은 유치인의 생명 신체에 대한 위해를 방지하고, 유치장 내의 안전과 질서유지를 위해 필요하다고 인정될 때는 유치인의 신체, 의류 등을 검사할 수 있다.
② 신체검사의 종류로는 외표검사, 간이검사, 정밀검사가 있다.
③ 죄질이 경미하고 언행에 특이사항이 없으며, 위험물 등을 은닉하고 있지 않다고 판단되는 유치인에 대해서는 외표검사를 실시한다.
④ 일반적으로 유치인에 대해서는 속옷을 벗고 신체검사의로 갈아입힌 후 간이검사를 실시해야 한다.

☞ 정답: 4번

50. 다음 유치장 내 신체검사에 대한 판례의 태도 중 틀린 것은?

① 경찰서 유치장내 수용자에 대한 신체검사는 경찰청 훈령인 「피의자 유치 및 호송규칙」에 근거가 있을 뿐 법령상 근거는 없다.
② 공직선거법위반으로 경찰서 유치장에 유치된 여자피의자들에 대해 변호인 접견 후 재수용시 옷을 전부 벗긴 상태에서 앉았다 일어서기를 반복하는 방법으로 한 신체검사는 위법이다.
③ 위 방법으로 유치인들에게 모욕감과 수치심을 안겨준 행위로서 「헌법」제10조 인간의 존엄성과 가치 및 제12조 신체의 자유를 침해한 것이다.
④ 피의자가 흉기를 신체의 은밀한 부위에 은닉한 채 유치장에 입소할 가능성이 있으며, 외부로부터의 관찰 등으로는 위 물품을 도저히 찾아내기 어렵다고 볼 만한 사정이 있는 경우에는 옷을 전부 벗긴 채 행하는 정밀신체수색은 위법이라고 볼 수 없다.

☞ 정답: 1번

51. 「유치장 설계 표준 규칙」에 의거하여 일반적으로 설치할 유치장 내 시설이 아닌 것은?

① 접견실 ② 영치물품실
③ 샤워실 ④ 간이진료실

☞ 정답: 4번

52. 유치장에서 사용하는 관계부책에 대한 설명 중 틀린 것은 ?

① 유치인보호관 근무일지에는 유치인보호관의 근무상황, 감독순시 상황, 정기 점검결과, 수감자 현황, 유치인의 의뢰사항과 조치결과 등을 기재하여야 한다.

② 체포·구속인 접견부에는 유치인 및 접견신청자의 성명, 유치인과의 관계, 접견일시 등을 기재하여야 하고, 담화요지 등 대화내용은 기재하여서는 아니 된다.

③ 임치 및 급식상황표에는 임치금품의 수량과 처리상황을 기재하고 급식상황을 관·사식을 구분하여 표시하여야 한다.

④ 체포·구속인 명부에는 체포·구속 및 석방사항, 죄명, 인상착의, 범죄경력 및 가족관계 등을 기록하여야 한다.

☞ 정답: 2번

53. 유치인에 대한 변호인의 접견, 접수에 대한 설명으로 적절하지 않은 것은?

① 유치인과의 접견신청을 한 때에는 변호인이나 변호인이 되려고 하는 자에 대해 신분을 확인한다.

② 공범과의 통모 또는 변호인을 통한 증거인멸 등 수사상 부득이한 경우 변호인의 접견을 제한할 수 있다.

③ 사법경찰관은 피의자와 변호인 이외의 자와의 접견 등을 금지하려는 경우 피의자 접견 등 금지요청서를 작성하여 유치인 보호 주무자에게 요청한다.

④ 유치장의 보안상 지장이 있는 물건 등은 접수하여서는 안 된다.

☞ 정답: 2번

54. 피의자의 유치에 관한 설명으로 가장 타당하지 않은 것은?

① 형사범과 구류 처분을 받은 자, 19세 이상의 사람과 19세 미만의 사람, 신체장애인 및 사건 관련의 공범자 등은 유치실이 허용하는 범위 내에서 분리하여 수용하여야 한다.

② 여성유치인은 친권이 있는 18개월 이내의 유아에 대해 경찰서장의 허가를 받아 대동할 수 있다.

③ 유아대동 신청에 대해 유아가 질병, 부상 등의 사유로 유치장에서 생활하는 것이 부적당하더라도 친모의 요구와 유아의 인권에 유의하여 되도록 허락하

여야 한다.

④ 유치인보호관은 신규 입감 유치인에게 인권침해를 당했을 때에 「국가인권위원회법 시행령」에 따라 진정할 수 있음을 알리고, 그 방법을 안내해야 한다.

☞ 정답: 3번

55. 다음 접견교통권에 대한 설명으로 가장 맞는 것은?

① 피의자와 변호인과의 접견교통권은 「헌법」상 권리이나 다른 기본권과 마찬가지로 국가안전보장·질서유지·공공복리에 위험을 가져올 우려가 있는 경우에는 제한될 수 있다.

② 변호인의 접견교통권은 「헌법」상 권리는 아니나 피의자의 인권보장과 방어준비를 위하여 필수불가결한 권리이므로 법령·법원의 결정·수사기관의 처분 등으로 제한 할 수 없다.

③ 피의자의 비변호인과 접견교통권은 도망 또는 죄증을 인멸할 염려가 있다고 인정할 만한 상당한 이유가 있는 때에는 제한 될 수 있다.

④ 유치장에 수용된 피의자에 대한 변호인의 수진권 행사에 수사기관이 추천하는 의사의 참여를 요구하는 것은 변호인의 수진권을 침해하는 위법한 처분이다.

☞ 정답: 3번

56. 유치인의 인권보호와 관련된 설명 중 맞지 않는 것은?

① 국가인권위원회 소속 직원 등이 유치인과 면담하는 경우 자유로운 분위기에서 면담이 이루어질 수 있는 장소를 제공하고, 진술을 방해하지 않도록 하여야 한다.

② 국가인권위원회 소속 직원 등과의 면담은 변호인과의 접견, 접수에 준하도록 하여야 하므로 어떠한 경우에도 대화내용을 녹음하거나 녹취할 수 없다.

③ 유치인의 인권침해 진정권을 보장하기 위하여 진정서를 작성한다는 의사표시를 한 경우 이를 금지 및 방해하거나 작성된 진정서를 열람, 압수, 폐기하여서는 아니된다.

④ 경찰서 청문감사관은 매주 월요일 일과시작 직후 신속히 유치장 내의 진정함을 확인하여 진정서가 있을 경우 이를 국가인권위원회에 등기로 송부하여야 한다.

☞ 정답: 4번

57. 「우범자 첩보수집 등에 관한 규칙」에 규정된 우범자에 대한 설명으로 가장 옳은 것은?

① 살인, 방화, 강도, 절도, 강제추행, 마약류사범의 범죄경력이 있는 자는 모두 우범자이다.

② 범죄단체조직원 또는 불시 조직화가 우려되는 조직성폭력배 중 범죄사실 등으로 보아 죄를 범할 우려가 있는자, 방화로 실형을 받고 출소한 자 중 재범의 우려가 있는 자는 자료보관 대상자이다.

③ 첩보수집 대상자는 우범자로 편입 후, 자료를 전산입력하고 3년간 범죄관련성 여부에 대해 첩보를 입수한다.

④ 우범자로 편입된 자가 소재불명일 경우 지체없이 주소지 등에 대한 소재확인을 거친 후 보고서를 작성하고, 전산에 행불자로 입력하여야 한다.

☞ 정답: 4번

58. 다음 우범자 중 자료보관 대상자에 해당하는 사람은?

① 살인으로 실형(금고형 이상)을 받고 출소한 사람 중 재범의 우려가 있는 자

② 강간, 추행의 죄로 실형을 받고 출소한 사람 중 재범위험성이 낮은 자

③ 강도죄로 3회이상 금고형 이상의 실형을 받고 출소한 사람 중 재범의 우려가 있는 자

④ 방화로 실형을 받고 출소한 사람 중 재범의 우려가 있는 자

☞ 정답: 2번

59. 우범자 편입요령에 대한 설명으로 거리가 먼 것은?

① 경찰서장은 각종 출소 통보를 받는 경우 거주 여부 등을 파악한다.

② 우범자 편입 대상자가 소재 불명인 경우 우범자로 편입하지 않고 행방불명 처리한다.

③ 우범자 편입대상자가 타 관내 거주 사실이 확인되면 관할 경찰서로 통보한다.

④ 전입 통보 받은 경찰서장은 지체없이 소재를 확인하여 우범자로 편입한다.

☞ 정답: 2번

60. 우범자 심사위원회의 설명으로 적당하지 않은 것은?

① 3명 이상 5명 이내의 위원으로 구성한다.
② 심사위원회는 특별한 사정이 없는 한 매 반기별로 개최한다.
③ 심사위원회는 수집된 첩보 등을 기초로 첩보수집 기간의 연장, 우범자 등급의 변경, 삭제에 대한 결정을 한다.
④ 심사위원장은 결정 내용을 신속히 경찰서장에 보고한다.

☞ 정답: 2번

61. 우범자 처리 요령으로 적당하지 않은 것은?

① 관내에 소재불명 우범자 발견했을 때에는 즉시 해당 관서에 통보한다.
② 우범자가 타 관할로 전출한 것을 확인했을 때에는 우범자 전산입력카드 사본을 송부한다.
③ 주거지가 확실한 우범자는 주민등록 등재지 관할서에서 필요한 조치를 한다.
④ 각 지방경찰청장은 관할 내 소재불명 우범자 현황을 분기별 경찰청장에 보고한다.

☞ 정답: 2번

62. 우범자 첩보수집에 대한 설명중 옳은 것은 ?

① 3년이하의 실형을 받고 출소하여 우범자로 편입된 자가 10년 동안 재범을 범하지 않아 재범의 우려가 없다고 인정되면 심사위원회 의결을 거쳐 우범자에서 삭제할 수 있다.
② 우범자 심사위원회는 첩보수집 대상자를 자료보관 대상자로 변경뿐만 아니라 자료보관대상자를 첩보수집대상자로 상향 조정할 수도 있다.
③ 자료보관자에 대해 형사(수사)과 · 지구대(파출소)에 각각 담당자를 지정하여 3개월에 1회 이상 첩보를 수집한다
④ 우범자 심사위원회는 3명이상 7명 이내로 구성하고, 특별한 사정이 없는 한 매 분기별로 개최한다.

☞ 정답: 2번

63. D형사는 마약유통 사건의 증인으로 법정에서 증언한 이후 불상자들에게 납치되어 불법감금되었다가 탈출한 피해자 M으로부터 신변보호를 해달라는 요청을 받았다. 이에 관한 조치 및 설명에 관해 적당하지 않은 것은?

① 보복범죄방지 심의위원회를 개최하여 관련 절차를 갖추되, 심의위원회 위원장은 해당기능 부서장인 형사과장으로 한다.

② 「특정범죄신고자 등 보호법」에 의거하여 M은 「특정범죄가중처벌 등에 관한 법률」상 보복목적 감금죄의 피해자에 해당한다고 판단되므로 신변안전조치를 취한다.

③ 상황이 긴급하다고 판단되면 즉시 신변안전조치를 취하되 이후 신변안전조치 신청서를 서면으로 받아 관련 기록을 유지한다.

④ 신변안전조치 요청은 신고자인 M뿐아니라 그 법정대리인이나 친족 또는 동거인이 할 수 있으며, 그 밖에 밀접한 인적관계에 있는 자도 할 수 있다.

☞ 정답: 1번

64. 경찰서 과학수사팀 B경위는 사람이 죽어 있다는 신고를 접하고 현장에 도착하여 다음과 같이 조치하였다. 가장 적절치 못한 조치는?

① 범인의 침입경로에서 장갑과 장갑흔이 여러 곳에서 발견되었으나 현장지문이 나올 가능성을 배제하지 않고 계속 지문의 검출을 시도하였다.

② 현장에서 지문감식을 할 검체가 너무 많은 경우, 해당 검체를 천이나 비닐로 된 증거물 봉투에 담아 과학수사팀 사무실로 운송하였다.

③ 범죄현장에 폴리스라인을 설치하고, 강력팀과 협조하여 함부로 사람이 출입하지 못하도록 하였다.

④ 전등수위치, 누전차단기, 화장실 손잡이, 변기 레버 등 지문이 남아 있을 수 있는 곳은 빠짐없이 정밀하게 감식하였다.

☞ 정답: 2번

65. 현장지문의 증명력 확보에 관한 다음 설명으로 적절치 못한 것은?

① 현장지문은 소송법상 간접증거라고 볼 수 있다.

② 현장지문은 범인의 지문이므로 지문을 통해 신원이 확인되면 바로 용의자로

특정한다.
③ 전사판에 현장지문을 채취할 경우 뒷면에 필요한 사항을 기입하여야 한다.
④ 채취보고서를 작성하고 채취한 지문에 대해서 전부 일련번호를 매긴다.

☞ 정답: 2번

66. P 경찰서 과학수사팀 O 경사는 관내 은행에서 위조지폐를 발견했다는 신고를 받고 출동하여 위폐를 수거하였다. O 경사의 조치내용으로 잘못된 것은?
① 장갑을 착용하고 지폐를 집어 비닐봉투에 넣어 밀봉했다.
② 미리 전화로 은행관계자가 결재고무인을 찍지 못하게 했다.
③ 발견 즉시 지문전용 FAX로 송부하여 지방청으로 보고하였다.
④ 지문감식 의뢰 시 은행관계자 등 지문유류예상자의 인적사항을 파악·통보하였다.

☞ 정답: 3번

67. 과학수사팀 O 경사는 절도 범죄현장에서 범인이 피해자 주택에 침입시 만진 것으로 추정되는 창문유리조각에서 잠재지문을 채취하고자 한다. 가장 적당한 방법은 무엇인가?
① 분말법 ② 닌히드린 용액법
③ 초산은 용액법 ④ 옥도가스에 의한 채취법

☞ 정답: 1번

68. 잠재지문의 채취법 중 미세한 분말을 지문이 인상되었다고 생각되는 물체에 도포(塗布)해서 분비물에 부착시켜 검출하는 방법을 무엇이라고 하는가?
① 고체법 ② 액체법
③ 기체법 ④ 강력순간접착제법

☞ 정답: 1번

69. 고체법을 이용하여 지문을 채취시 유의사항으로 옳지 않은 것은?
① 사용하는 분말은 완전한 분말상태로 하고 굳어서 덩어리가 생기지 않도록

한다.

② 분말은 검체의 색조에 따라서 지문이 선명하게 식별되도록 반대색을 선택하여 사용한다.

③ 검체에 열이나 온기가 있는 경우 지문 검출이 용이하므로 식기 전에 신속히 채취하도록 한다.

④ 다량의 분말을 일시에 검체에 뿌리면 선명한 지문을 검출할 수 없으므로 모필에 분말을 묻힐 때는 소량의 분말을 묻히도록 한다.

☞ 정답: 3번

72. 고체법에 대한 설명으로 타당하지 않은 것은?

① 흑색, 은색, 형광분말이 주로 사용된다.

② 밝은색의 검체에는 은색분말을 사용하면 효과적이다.

③ 모필(毛筆)로 지문 융선을 따라서 가볍게 쓸면서 검출한다.

④ 과다한 분말을 일시에 도포하여 불선명한 지문이 되지 않도록 한다.

☞ 정답: 2번

73. 닌히드린(Ninhydrin) 용액법에 대한 설명으로 타당하지 않은 것은?

① 땀속에 함유된 아미노산에 닌히드린을 작용시켜 자청색 또는 보라색의 발색반응을 시키는 방법이다.

② 검체의 상태에 따라 적시거나 도포한 후 전기다리미로 10~20초간 가열시킨다.

③ 닌히드린 용액이 증발한 후 담배라이터나 성냥불로 가열시킨다.

④ 닌히드린 용액을 도포한 후 그 부분을 손으로 만져서는 안 된다.

☞ 정답: 3번

74. 요오드 증기를 사용하여 잠재지문의 지방분에 작용시켜 다갈색(茶褐色)으로 착색되어 나타나게 한 후 지문을 검출하는 방법은?

① 질산은 용액법　　② 아이오딘법

③ 초산은 용액법　　④ 오스믹산 용액법

☞ 정답: 2번

75. 분말법을 이용한 잠재지문 현출방법에 대한 설명이 올바르지 않은 것은?
① 현광분말은 일반 분말법으로 채취할 수 없는 레자, 가죽, 면이 거친 비다공성 물질(유리, 도자기, 금속류 등)의 검체에서도 사용할 수 있다.
② 형광분말은 주로 적색, 녹색, 주황색 형광분말을 사용하며, 시인성이 좋아 다양한 검체에 사용할 수 있는 만큼 육안관찰도 용이하다.
③ 자석봉과 자석분말을 이용한 방법은 가장 섬세하게 지문을 채취할 수 있는 방법으로 자석봉을 이용하면 검체에 압력의 작용이 거의 없으므로 지문의 손상도 가장 적은 방법이다.
④ 자석봉과 자석분말을 이용한 방법은 절대 철재류에는 사용해서는 안되며, 경사진 곳이나 벽면에서 지문을 채취하기에는 불편하다.

☞ 정답: 2번

76. 강력순간접착제(superglue)법에 의한 지문채취방법을 설명한 것으로 옳지 못한 것은?
① 분말법으로 지문채취 시 실패할 가능성이 많은 경우 분말말법의 전처리단계로도 이용된다.
② 강력순간접착제의 주성분인 시아노아크릴레이트 증기(蒸氣)를 이용해 염분, 지방분, 단백질 등과 화학반응을 일으켜 지문을 현출한다.
③ 잠재지문의 융선은 황색으로 나타나며 이때 사진촬영하거나 분말을 도포하여 전사한다.
④ 피혁류, 플라스틱류, 비닐류, 기타 스티로폼, 은박지, 사과, 감 등 과일류에서도 지문검출이 가능하다.

☞ 정답: 3번

77. P 경찰서 과학수사팀 O 경사는 관내 은행에서 위조지폐를 발견했다는 신고를 받고 출동하여 위폐를 수거하였다. O 경사의 조치내용으로 잘못된 것은?
① 장갑을 착용하고 지폐를 집어 비닐봉투에 넣어 밀봉했다.
② 미리 전화로 은행관계자가 결재고무인을 찍지 못하게 했다.

③ 발견 즉시 지문전용 FAX로 송부하여 지방청으로 보고하였다.
④ 지문감식 의뢰 시 은행관계자 등 지문유류예상자의 인적사항을 파악·통보하였다.

☞ 정답: 3번

78. 잠재지문 현출기법과 현출되는 색깔을 잘못 연결한 것은?

① 닌히드린용액법 - 자청색
② 옥도가스법 - 다갈색
③ 강력순간접착제법 - 백색
④ 오스믹산법 - 황색

☞ 정답: 4번

79. 다음에 대한 설명으로 잘못된 것은?

① 아미도 블랙(Amido Black)은 혈흔지문 채취용 시약이다.
② DFO는 질산은 닌히드린과 마찬가지로 지류에 대한 지문채취용 시약이다.
③ 에멀젼 블랙(사삼산화철)은 테이프 접착면에서 지문을 현출하는데 있어서 효과적이다.
④ 박스용지의 지문채취에는 질산은 용액을 사용할 수 없다.

☞ 정답: 4번

80. 지문감식법에 대한 연결로 타당하지 않은 것은?

① 닌히드린 용액법 - 자청색 - 다리미
② 초산은 용액법 - 자색 - 햇빛
③ 옥도가스법 - 다갈색 - 전사법
④ 강력순간접착제법 - 백색 - 전사법

☞ 정답: 3번

81. 지문의 분류에 관한 설명 중 옳지 못한 것은?

① 지문의 융선 모양이 활 모양 또는 파도 모양을 형성한 문형을 궁상문이라 한다.
② 중심부로부터 보아서 우수일 경우 각이 좌측에, 좌수일 경우 각이 우측에 있

는 제상문은 갑종제상문이다.

③ 지문의 중심부가 빙글빙글 돌아가는 달팽이 모양 또는 소용돌이 모양일 경우 와상문이다.

④ 궁상문, 제상문, 와상문 중 어느 문형에도 속하지 않는 지문은 변태문이다.

☞ 정답: 2번

82. 다음 그림은 P 경찰서 과학수사팀 O 순경이 살인사건 현장에서 신원불상의 변사자의 우수무지 지문을 채취한 것이다. 어떤 종류의 지문에 해당하는가?

① 와상문 ② 궁상문

③ 갑종제상문 ④ 을종제상문

☞ 정답: 4번

83. 지문의 분류기호에 관해 서로 연결한 것으로 옳지 못한 것은?

① 자상(刺傷), 화상(火傷) 등 후천적으로 손괴된 손상지문은 0에다 점을 찍어 ⊙과 같이 표시한다.

② 손가락 마디가 절단되어 지문이 없는 절단지문의 경우에는 0으로 번호를 부여한다.

③ 변태문일 경우에는 9에다 점을 찍어 표시한다.

④ 궁상문, 제상문, 와상문 중 어느 문형에도 속하지 않는 지문은 변태문이고 0으로 표시한다.

☞ 정답: 4번

84. 두 개의 지문을 대조하는 요령으로 틀린 것은?

① 지문의 종류 식별

② 지문의 중심부 형태 식별

③ 지문의 기준점 간 융선수 식별

④ 지문의 표준선 식별

☞ 정답: 4번

85. 족흔적의 보존에 대한 설명으로 틀린 것은?

① 사건 관계자나 경찰관 등의 부주의나 비바람 등에 의해 변형, 훼손되지 않도록 적절한 보호조치를 취한다.

② 신발 커버를 착용하면 유류되어 있는 족흔적을 밟더라도 훼손되지 않으므로 현장에 임장하는 경찰관은 반드시 신발커버를 착용하도록 한다.

③ 가능한 한 현장에는 통행판을 설치하여야 하나 통행판이 없을 시에는 박스나 복사용지를 깔아 최대한 잠재 족흔적을 보호하도록 한다.

④ 발견된 족흔적은 가능한 한 빨리 사진 촬영 후 채취하고, 나중에 채취할 경우에는 증거물임을 표시하는 등 보존조치를 철저히 해야 한다.

☞ 정답: 2번

86. 다음과 같은 사건에 있어서 형사 D가 족적(신발흔)채취를 위해 준비해야 하는 것으로 가장 적당한 것은?

절도범 C는 눈이 많이 내린 겨울 새벽 3시 서울 도심에 있는 부유층 주택에 사다리를 놓고 담을 넘어 신발을 벗고 맨발로 안방 창문을 통해 침입한 후 현금 2백만원, 다이아몬드 반지 등을 절취·도주하였다.

① 젤라틴 ② 석고

③ 실리콘 ④ 벤지딘 시약

☞ 정답: 2번

87. 강도범 C는 강남의 부유층 집의 가스배관을 타고 침입하여 거실을 지나 안방으로 가서 남녀를 포박하고 재물을 강취한 후 도주하였다. 이 경우 거실 바닥에 있는 족흔적 채취에 활용할 수 있는 방법은?

① 석고채취법 ② 실리콘러버법

③ 젤라틴전사법 ④ 정전기채취법

☞ 정답: 3번

88. 범죄현장의 족적을 토대로 신발 종류를 확인할 수 있는 검색시스템은?

① 지문자동검색시스템(AFIS)
② 족윤적검색시스템(FTIS)
③ 수사종합검색시스템(CRIFISS)
④ 과학적범죄분석시스템(SCAS)

☞ 정답: 2번

89. 변사사건 처리에 대한 설명 중 적당하지 않은 것은?

① 변사자는 자연사 이외의 사망으로 그 원인이 분명하지 않은 죽음을 말한다.
② 지역경찰관 또는 변사사건 담당자는 변사사건 현장에서 변사자의 위치, 상태 등이 변경되지 않도록 현장을 보존하여야 한다.
③ 둘 이상의 변사사건 발생지가 경합하는 경우, 변사자를 안치한 병원 관할 경찰서에서 변사사건을 처리한다.
④ 형사과장 등 변사사건 책임자는 현장출동, 현장조사, 수사방향 설정, 사건 종결에 이르는 전반적인 과정에 참여하거나 수사지휘를 하여야 한다.

☞ 정답: 3번

90. 변사사건 처리에 있어서 사건 관할에 대한 설명으로 바르지 않는 것은?

① 둘 이상의 변사사건 발생지가 경합하는 경우 최초 신고를 접수한 변사사건 발생지 관할 경찰서에서 변사사건을 처리한다.
② 형사소송법 관련 규정에 따른 검사의 이송지휘가 있는 경우에는 해당 지휘에 따라 사건 관할 경찰서를 결정한다.
③ 변사사건 신고 접수 이전에 범죄의심·실종 등 사유로 신고 접수 또는 수사를 진행한 경찰서가 있는 경우에는 변사사건 관할 경찰서는 즉시 해당 경찰서로 변사사건을 이송한다.
④ 변사사건 신고 접수와 동시 또는 이후에 범죄의심·실종 등 사유로 신고 접수 또는 수사를 진행한 경찰서는 변사사건 관할 경찰서로 해당 사건을 이송하고, 변사사건 관할 경찰서는 변사사건 처리 및 책임 수사한다.

☞ 정답: 3번

91. 「형사소송법」에 의거 검사가 변사체 발생현장에 임장하여 종합적으로 조사하는 것을 무엇이라 하는가?

① 검시(檢屍) ② 검시(檢視)
③ 조사(調査) ④ 검사(檢査)

☞ 정답: 2번

92. 시체 운구 및 안치 등 변사사건에 대한 사후 관리에 대한 설명으로 바르지 않은 것은?

① 현장조사가 끝난 시체는 운구 전 유족이 확인되는 경우에는 유족이 원하는 장례업소로 운구한다.
② 무연고 변사자 또는 즉각적인 유족 확인이 곤란한 경우에는 일정 권역별 소정 요건을 갖춘 장례업소에 순차적으로 운구한다.
③ 투명한 변사사건 처리를 위하여 유족이 희망하는 경우를 제외하고는 반드시 권역별 장례업소 순번에 따라 순차적으로 운구한다.
④ 변사사건을 처리하고 운구한 내역은 변사자 운구대장에 기록하여 관리한다.

☞ 정답: 3번

93. 연안 변사체에서 볼 수 있는 소견 등에 대한 설명으로 틀린 것은?

① 연안에서 발견되는 변사체는 익사체나 표류시체, 수중시체 등 다양하게 분류할 수 있으며 일단 시신의 전신이 탈의된 상태이면 타살일 가능성이 농후하고, 하의만 벗겨져 있는 경우에는 성폭행 후 유기 등 가능성을 가장 먼저 판단해야 한다.
② 연안에서 표류하는 시체에서 강한 시반이 나타나는 경우는 거의 없다. 물의 순환작용으로 인해 시반이 미약하게 핑크색을 띄거나 아니면 시반이 없는 경우가 대부분이다.
③ 현장에서 바로 사망한 익사체의 피부에서는 간혹 강하게 닭살(아피)을 발견할 수 있다. 이러한 경우 즉시성 시강(시체굳음)을 동반하거나 이물장악(손에 뭔가 물질을 쥐고 있는 것)을 보이기도 한다.
④ 표모피, 장갑성 현상은 손발바닥에 주로 나타나는 현상으로 피부가 하얗게 탈색이 되고 쭈글쭈글해진 모습인데, 이는 오랜 시간 물 속에 있었다는 의미이

지 의사의 소견으로 볼 수는 없다.

☞ 정답: 1번

94. 의사가 술을 마시고 강물에 빠져 죽은 시체를 변사의 의심이 있다고 판단 복부를 해부하여 간, 혈액 등을 채취하였다. 이것과 가장 거리가 먼 것은?

① 검시(檢視)
② 검시(檢屍)
③ 부검(剖檢)
④ 사법해부(司法解剖)

☞ 정답: 1번

95. 시체의 초기현상이 아닌 것은?

① 시체의 건조
② 시체의 부패
③ 시체의 냉각
④ 혈액침전 및 시체얼룩

☞ 정답: 2번

96. 시체의 체온하강에 대한 설명으로 타당하지 않은 것은?

① 사망하면 체내에서 열을 생산하는 화학적 현상은 정지되나 복사 및 전도 등 체열을 방산하는 물리학적 현상은 계속된다.
② 시체의 체온은 시간이 경과할수록 떨어져 결국 주위의 온도와 같아지게 된다.
③ 체온하강은 습도가 낮을수록, 통풍이 좋을수록, 수분이 빨리 증발되므로 하강의 속도는 빠르다.
④ 청장년은 어린이나 노인보다, 여자는 남자보다, 비만한 사람은 마른사람보다 냉각속도가 빠르다.

☞ 정답: 4번

97. 시체굳음현상에 대한 설명으로 잘못된 것은?

① 근육발달이 양호한 사람일수록 강하게 나타난다.
② 시체의 굳음은 평균적으로 4~6시간이면 전신근육에 미친다.
③ 시체굳음은 노인, 소아, 쇠약자는 약하게 나타나고 속히 완해된다.
④ 급사체는 굳음의 지속시간이 길다.

☞ 정답: 2번

98. 사람이 죽기 이전에 외인에 의해 나타나는 신체상의 변화인 활력반응으로 볼 수 없는 것은?

① 굳은 피 현상　　② 딱지의 형성
③ 시체얼룩형성　　④ 피부밑 출혈

☞ 정답: 3번

99. 사람이 사망하면 생리현상이 중지되고 물리현상이 진행된다. 사망 시의 현상 중에서 중력현상과 가장 밀접한 관련이 있는 현상은?

① 시체굳음　　② 혈액침전
③ 시체부패　　④ 출혈

☞ 정답: 2번

100. 시체얼룩에 대한 설명으로 틀린 것은?

① 목을 메어 죽은 목맴시체에 있어서는 주로 손, 발의 끝부분에 시체얼룩이 형성된다.
② 엎어져서 죽은 시체에 있어서는 앞가슴 및 배꼽부위에 시체얼룩이 형성된다.
③ 시체얼룩은 시간이 경과될수록 색깔이 점차 뚜렷해진다.
④ 일산화탄소 중독사의 경우에는 시체얼룩의 색깔이 암갈색을 나타낸다.

☞ 정답: 4번

101. 시체얼룩의 색깔이 타당하게 연결된 것이 아닌 것은?

① 일산화탄소 중독사 - 선홍색
② 청산가리 중독사 - 선홍색
③ 황화수소 중독사 - 암적색
④ 염소산칼륨 중독사 - 암갈색

☞ 정답: 3번

102. 시체의 후기 현상인 부패의 3대조건에 대한 설명으로 맞는 것은?
① 공기의 유통이 없을 때보다 있을 때가 부패속도가 느리다.
② 부패의 3대 조건은 공기, 온도, 습도이다.
③ 온도가 낮을수록 부패 속도가 빠르다.
④ 습도가 높을수록 부패는 잘 진행된다.

☞ 정답: 2번

103. 시체의 후기현상이 아닌 것은?
① 부패 ② 미라화
③ 시체밀랍 ④ 시체건조

☞ 정답: 4번

104. 시체의 후기현상에 대한 설명 중 적절하지 않은 것은?
① 백골화란 뼈만 남는 상태를 말하며 통상적으로 소아시체는 사후 4~5년, 성인 시체는 7~10년 후 완전 백골화된다.
② 땅에 묻힌 시체의 부패 속도는 대기 중이나 침수된 경우보다 훨씬 느리게 진행되며 땅속 환경에 따라 부패과정이 정지되어 미이라화되는 경우도 있다.
③ 부패는 세균의 산화와 환원작용으로 일어나고 공기 유통이 좋고, 온도는 20~30°, 습도는 60~66%일 때 가장 활발하게 이루어진다.
④ 화학적 분해에 의해 고체 형태의 지방산 혹은 그 화합물로 변화한 상태, 비정형적 부패 형태로 수중 또는 수분이 많은 지중(地中)에서 형성되는 현상을 '자가융해'라고 한다.

☞ 정답: 4번

105. 시체의 부패에 관한 다음 설명 중 옳지 못한 것은?
① 부패는 통상 공기 중에서 가장 빠르고 흙 속에서 가장 느리다.
② 사후 3~5일 경과하면 얼굴의 안구, 눈꺼풀, 입술 등이 부풀어 올라 사천왕현상으로 보이게 된다.
③ 부패시체에서는 황화수소와 암모니아가스 등 부패가스로 말미암아 특유한 냄새를 발산한다.

④ 온도가 높을수록 부패속도가 빠르며 30℃ 이상의 고온일 때 가장 빠르다.

☞ 정답: 4번

106. 사망경과시간을 추정함에 있어서 감안해야 할 점들에 대한 설명으로 가장 적절하지 않은 것은?

① 시체의 굳음은 턱에서부터 시작하여 손, 발로 하행성 진행한다.

② 시체얼룩의 출현은 사후 30분~1시간 정도면 나타난다. 하지만 유아나 노인, 빈혈이 있는 사람들에서는 전혀 나타나지 않는 경우도 있다. 따라서 시체얼룩을 보고 사망시간을 함부로 추정할 수 있다.

③ 위(胃)에 음식물이 남아 있고 소화가 진행되어 죽은 상태는 식후2~3시간 이내에 사망한 것으로 추정할 수 있다.

④ 통상적으로 식후 4시간이 경과하면 소화가 완전히 진행되어 시체의 위장과 십이지장에는 음식물이 남아 있지 않게 된다.

☞ 정답: 4번

107. 유류품 수사에 관한 다음 설명 중 가장 적절하지 않은 것은?

① 범인의 유류품으로 확인되었더라도 과학적인 감정을 의뢰할 수 있다.

② 범인이 유류품 및 그의 일부라고 인정할 만한 것과 동종의 물건을 소유하거나 휴대하고 있었는지 여부를 검토하는 것은 '완전성'과 관련이 있다.

③ 범인이 범행시각에 근접하여 현장 및 그 부근에 있었는지 여부를 검토하는 것은 '기회성'과 관련이 있다.

④ 살인현장의 흉기가 상해의 부위와 합치되는지 여부를 검토하는 것은 '동일성'과 관련이 있다.

☞ 정답: 2번

108. 수사서류 작성 시 적용법조 기재요령과 관련하여 가장 적절하지 않은 것은?

① 임의적 몰수, 추징, 간접정범, 교사범 등의 규정은 기재하지 않는다.

② 처벌규정과 금지규정이 별도로 있는 경우 모두 기재하되 처벌규정을 먼저 기재하고 금지규정을 나중에 기재한다.

③ 형법총칙 규정은 공범 → 상상적 경합범 → 누범 → 경합범 → 필요적 몰수의 순으로 기재한다.
④ 형법총칙 상 형의 가중 · 감경규정은 관련조항을 기재하지 않는다.

☞ 정답: 1번

109. 지문의 분류방법에 관한 다음 설명 중 가장 적절하지 않은 것은?
① 제상문은 삼각도가 1개 있으며 압날시 우수의 오른쪽, 좌수의 왼쪽에 삼각도가 있는 것을 갑종, 우수의 왼쪽, 좌수의 오른쪽에 삼각도가 있는 것을 을종으로 분류한다.
② 을종제상문은 내단과 외단 사이의 융선의 수를 기준으로 분류번호를 지정한다.
③ 와상문은 추적선의 종점과 우측표준점 사이의 융선 수를 기준으로 분류번호를 지정한다.
④ 컴퓨터 조회시 지문가치 다음에 10개의 숫자가 기록되어 있는데, 앞의 5개 번호는 우수의 분류번호이고, 다음 5개의 번호는 좌수의 분류번호이며, 10개의 번호 중 맨 뒤의 번호가 주민등록증에 날인된 지문의 분류번호이다.

☞ 정답: 4번

110. 시체의 후기현상에 관한 다음 설명 중 가장 적절하지 않은 것은?
① 화학적 분해에 의해 고체 형태의 지방산 혹은 그 화합물로 변화한 상태, 비정형적 부패 형태로 수중 또는 수분이 많은 지중(地中)에서 형성되는 현상을 '자가융해'라고 한다.
② 부패균의 작용에 의해 일어나는 질소화합물의 분해 현상을 '부패'라고 한다.
③ 고온 · 건조지대에서 시체의 건조가 부패 · 분해보다 빠를 때 생기는 현상을 '미이라화'라고 한다.
④ '백골화'란 뼈만 남은 상태를 말하며 일반적으로 소아시체는 사후 4~5년, 성인시체는 7~10년 후 완전 백골화된다.

☞ 정답: 1번

111. 「범죄피해자 보호법」에 관한 다음 설명 중 가장 적절하지 않은 것은?

① 타인의 범죄행위로 인하여 생명·신체에 피해를 받은 사람을 구조함으로써 범죄피해자의 복지 증진에 기여함을 목적으로 한다.

② 구조금은 유족구조금, 장해구조금, 중상해구조금으로 구분되고 일시금으로 지급한다.

③ 정당행위, 정당방위, 긴급피난에 따라 처벌되지 아니하는 행위는 적용대상이 아니다.

④ 구조금을 받을 권리는 그 구조결정이 해당 신청인에게 송달된 날부터 2년간 행사하지 아니하면 시효로 인하여 소멸된다.

☞ 정답: 3번

112. 수사실행의 5대 원칙에 대한 설명으로 가장 적절하지 않은 것은?

① 검증적 수사의 원칙 - 여러 가지 추측 중에서 과연 어떤 추측이 정당한 것인가를 가리기 위해서는 그들 추측 하나하나를 모든 각도에서 검토해야 한다.

② 수사자료 완전수집의 원칙 - 문제해결의 관건이 되는 자료를 누락하거나 멸실시키는 일이 없도록 전력을 다하여 자료를 수집해야 한다.

③ 적절한 추리의 원칙 - 수집된 자료를 기초로 하여 합리적인 판단을 해야 한다.

④ 사실판단 증명의 원칙 - 수사는 단순한 수사관의 검토나 판단에만 그칠 것이 아니라 과학적 지식 또는 그 시설 · 장비를 유용하게 이용해야 한다.

☞ 정답:4번

113. 「통신비밀보호법」에서 규정하고 있는 '통신사실확인자료'에 해당하지 않은 것은?

① 컴퓨터통신 또는 인터넷의 사용자가 전기통신역무를 이용한 사실에 관한 컴퓨터통신 또는 인터넷의 로그기록자료

② 발 · 착신 통신번호 등 상대방의 가입자번호

③ 인터넷 통신의 송 · 수신방해

④ 정보통신망에 접속된 정보통신기기의 위치를 확인할 수 있는 발신기지국의 위치추적자료

☞ 정답: 3번

114. 「우범자 첩보수집 등에 관한 규칙」에 대한 설명으로 가장 적절하지 않은 것은?

① 우범자 편입 대상자가 소재불명일 경우 먼저 우범자로 편입한 후 행방불명 처리하여야 한다.

② 우범자 편입 대상자가 관내 거주하지 않고 소재가 확인되었을 경우 관할 경찰서로 통보하고, 전입 통보를 받은 경찰서장은 지체 없이 소재를 확인하여 우범자로 편입하여야 한다.

③ 우범자 담당자는 첩보를 수집하는 과정에서 우범자의 인권을 최대한 배려하여 적절한 방법을 사용하고, 우범자의 명예나 신용을 부당하게 훼손하는 일이 없도록 각별히 주의하여야 한다.

④ 우범자 심사위원회는 5명 이상 10명 이내의 위원으로 구성하고, 경찰서 형사(수사)과장을 위원장으로 하며, 간사 1인을 둔다.

☞ 정답: 4번

115. 지문의 종류에 대한 설명으로 가장 적절하지 않은 것은?

① 현장지문 또는 준현장지문 중에서 피의자지문이 아닌 지문을 관계자지문이라 한다.

② 손끝에 묻은 혈액·잉크·먼지 등이 손가락에 묻은 후 피사체에 인상된 지문으로, 무인했을 때의 지문과 동일한 지문을 역지문이라 한다.

③ 현장지문 또는 준현장지문 중에서 관계자지문에 해당하지 아니하는 것으로 피의자가 유류하였다고 인정되는 지문을 유류지문이라 한다.

④ 피의자 검거를 위하여 범죄현장 이외의 장소에서 채취한 지문을 준현장지문이라 한다.

☞ 정답: 2번

116. 시체의 현상에 대한 설명으로 가장 적절하지 않은 것은?

① 부패는 공기 유통이 좋고, 온도는 20~30℃, 습도는 60~66%일 때 가장 활발하게 이루어진다.

② 시체의 굳음은 일반적으로 손가락, 발가락→팔, 다리→어깨관절→턱관절 순으로 진행한다.

③ 미라화는 고온·건조지대에서 시체의 건조가 부패·분해보다 빠를 때 생기는

현상을 말한다.

④ 백골화란 뼈만 남는 상태를 말하며 통상적으로 소아의 경우 사후 4~5년, 성인은 7~10년 후 완전 백골화 된다.

☞ 정답: 2번

117. 다음은 압수와 수색에 대해 설명한 것이다. 이에 대한 설명으로 가장 적절한 것은?

① 환부하여야 할 압수물 중 환부를 받을 자가 누구인지 알 수 없거나 그 소재가 불명한 경우로서 그 압수물의 멸실·파손·부패 또는 현저한 가치 감소의 염려가 있거나 보관하기 어려운 압수물은 폐기할 수 있다.

② 검사는 압수를 계속할 필요가 없다고 인정되는 압수물 및 증거에 사용할 압수물에 대하여 공소제기 전이라도 소유자, 소지자, 보관자 또는 제출인의 청구가 있는 때에는 환부 또는 가환부하여야 한다. 검사가 이를 거부하는 경우에는 신청인은 해당 검사의 소속 검찰청에 압수물의 환부 또는 가환부 결정을 청구할 수 있다.

③ 사법경찰관은 검사의 지휘 없이 대가보관을 할 수 있다.

④ 군사상비밀을 요하는 장소는 그 책임자의 승낙 없이는 압수 또는 수색할 수 없다. 단, 책임자는 국가의 중대한 이익을 해하는 경우를 제외하고는 승낙을 거부하지 못한다.

☞ 정답: 4번

118. 다음은 「통신비밀보호법」상 통신수사에 대해 설명한 것이다. 이에 대한 설명으로 가장 적절한 것은?

① 사법경찰관은 통신제한조치를 집행한 사건에 관해 검사로부터 공소를 제기하거나 기소중지 처분의 통보를 받은 날로부터 30일 이내에 대상자에게 서면 또는 전화로 통지하여야 한다.

② 사법경찰관에게 통신사실확인자료를 제공한 전기통신사업자는 당해 통신사실확인자료 제공사실 등 필요한 사항을 기재한 대장과 통신사실확인자료 제공요청서 등 관련 자료를 통신사실확인자료를 제공한 날부터 5년간 비치하여야 한다.

③ 우편물에 대하여 당사자의 동의 없이 이를 개봉하거나 기타의 방법으로 그 내용을 지득 또는 채록하거나 유치하는 것을 '감청'이라 한다.
④ 전기통신개시 · 종료시간, 사용도수는 통신사실확인자료에 해당한다.

☞ 정답: 4번

119. 다음은 지문채취법에 대해 설명한 것이다. 이에 대한 설명으로 가장 적절하지 않은 것은?
① 닌히드린용액법, 초산은용액법은 잠재지문 채취방법 중 액체법에 해당된다.
② 옥도가스법은 옥도가스를 사용하여 분비물의 지방분을 다갈색으로 착색시켜 지문을 검출하는 방법이다.
③ 분사법은 물체 위에 분말을 뿌린 후 물체를 기울이거나 돌리거나 하는 방법으로 분말을 물체 전면에 닿게 하여 잠재지문을 채취하는 방법이다.
④ 오스믹산용액법은 습기 있는 지류에서 지문현출이 가능하다.

☞ 정답: 3번

120. 다음은 「피의자 유치 및 호송규칙」에 대해 설명한 것이다. 이에 대한 설명으로 가장 적절한 것은?
① 유치인의 평일 접견시간은 09:00~20:00까지로 한다. 다만, 원거리에서 온 접견 희망자 등 특별한 경우에는 경찰서장의 허가를 받아 21:00까지 연장할 수 있다.
② 호송관서의 장은 호송관이 11인 이상일 때에는 경사 1인을 지휘감독관으로 지정하여야 한다.
③ 외표검사란 일반적으로 유치인에 대하여는 탈의막 안에서 속옷은 벗지 않고 신체검사의를 착용(유치인의 의사에 따른다)하도록 한 상태에서 위험물 등의 은닉여부를 검사하는 것을 말한다.
④ 경찰서장은 풍수해, 화재 기타 비상재해를 당하여 유치장 내에서 피난시킬 다른 방도가 없다고 인정될 때에는 지방검찰청 검사장의 지휘를 받아 다른 장소에 호송하여 피난시키거나 또는 일시 석방할 수 있다.

☞ 정답: 4번

121. 다음은 「우범자 첩보수집 등에 관한 규칙」에 대해 설명한 것이다. 이에 대한 설명으로 옳은 것은 모두 몇 개인가?

> ㉠ 자료보관 대상자는 우범자로 편입 후, 자료를 전산에 입력하고 2년간 범죄 관련성 여부에 대해 첩보를 입수한다.
> ㉡ 우범자 심사위원회는 3명 이상 5명 이내의 위원으로 구성하고, 경찰서장을 위원장으로 하며, 간사 1인을 둔다.
> ㉢ 지구대 · 파출소장은 직원 중 우범자 담당자를 지정한다.
> ㉣ 우범자 편입 대상자가 소재불명일 경우 먼저 우범자로 편입한 후 행방불명 처리하여야 한다.

① 0개 ② 1개
③ 2개 ④ 3개

☞ 정답: 2번

122.. 수사의 조건에 관한 설명이다. 이에 대한 설명으로 가장 적절하지 않은 것은?
① 범의유발형 함정수사는 수사의 필요성에 반하기 때문에 허용되지 않는다.
② 수사의 조건이란 수사권의 발동(개시)과 행사(실행)의 조건을 말한다.
③ 수사의 필요성은 강제수사뿐만 아니라 임의수사의 경우에도 그 조건이 되며, 수사의 필요성이 없음에도 불구하고 행하는 수사처분은 위법한 수사처분이다.
④ 피의자를 체포 · 구속할 때는 증거에 의해 뒷받침되는 객관적 혐의가 있어야 한다.

☞ 정답: 1번

123. 유류품 수사의 착안점에 관한 설명이다. 이에 대한 설명으로 가장 적절한 것은?
① 동일성 - 유류품과 범행시의 관계, 즉 유류품이 범행시와 동일한 상태로 보전되어 있는가를 검토한다.
② 기회성 - 유류품과 현장과의 관계, 즉 범인이 현장에 유류할 기회가 있었는가를 검토한다.
③ 관련성 - 유류품과 범행과의 관계, 즉 유류품이 직접 범행에 사용된 것인가를 검토한다.

④ 완전성 - 유류품과 범인과의 관계, 즉 유류품이 범인의 물건이 확실한가를 검토한다.

☞ 정답: 2번

124. 경찰에 독자적 수사권을 부여하자는 찬성 측의 논거로 가장 적절하지 않은 것은?

① 현재 국가정책적 고려를 요하는 범죄나 법률관계가 복잡한 범죄 이외에 경찰이 인지한 대부분의 일상범죄에 대한 수사개시는 사법경찰관의 독자적인 판단에 의하여 이루어지고 있다.

② 「형사소송법」상 사법경찰관이 작성한 피의자신문조서와 검사가 작성한 피의자신문조서의 증거능력 차이로 인하여 사건이 송치된 후 피의자에 대한 검찰의 불필요한 중복조사가 이루어지고 있다.

③ 경찰수사기관은 검사와 상급경찰의 이중의 지휘를 받게 됨에 따라 행정조직의 기본원리인 명령통일의 원리에 위배되고 수사행정의 효율화를 저해한다.

④ 법률전문가인 검사가 수사의 전 과정을 지휘함으로써 법률지식 미흡으로 인한 법집행의 왜곡을 막을 수 있다.

☞ 정답: 4번

125. 수사의 수단에 관한 설명이다. 이에 대한 설명으로 가장 적절하지 않은 것은?

① 추리수사는 듣는 수사와 보는 수사의 보충적 수사로 추리의 선에 따라 수사자료를 입수하는 수사수단이다.

② 횡적수사는 폭을 넓혀 가는 수사이며, 범행과 관계있는 자료의 발견·수집을 목적으로 하는 수사활동으로 현장관찰, 탐문수사가 이에 해당된다.

③ 종적수사는 깊이 파고드는 수사이며, 수집된 특정 자료의 성질, 특징 등을 깊이 통찰하여 범인에 도달하는 수사활동으로 유류품수사, 행적수사가 이에 해당된다.

④ 횡적수사는 노력과 시간에 있어 비경제적이고, 종적수사는 한정된 자료로 판단을 그르칠 가능성이 있다.

☞ 정답: 3번

126. 「통신비밀보호법」상 통신제한조치와 통신사실확인자료에 관한 설명이다. 이에 대

한 설명으로 틀린 것은 몇 개인가?

㉠ 전기통신에 대하여 당사자의 동의 없이 전자장치 등을 사용하여 통신의 음향·문언·부호·영상을 청취·공독하여 그 내용을 지득 또는 채록하거나 전기통신의 송·수신을 방해하는 것을 "검열"이라고 한다. ㉡ 범죄수사를 위한 통신사실확인자료 제공을 받은 사건에 관하여 공소를 제기하거나, 공소의 제기 또는 입건을 하지 아니하는 처분(기소중지결정은 제외)을 한 때에는 그 처분을 한 날부터 30일 이내에 통신사실확인자료 제공을 받은 사실과 제공요청기관 및 그 기간 등을 서면으로 통지하여야 한다. ㉢ 전기통신개시·종료시간, 가입자의 전기통신일시는 통신사실확인자료에 해당된다.

① 0개
② 1개
③ 2개
④ 3개

수사문제 (2)

1. DNA 증거물 채취에 대한 설명이다. 옳은 것은 모두 몇 개인가?

> 가. 현장에서 발견된 혈액이나 혈흔은 DNA 감정을 의뢰할 수 있는 좋은 시료이다.
> 나. 정액이나 정액반은 육안으로 식별이 어려우므로 성폭력사건 등의 현장에서는 정액이 검출될 가능성이 있는 증거물을 수거하여 그대로 감정의뢰하는 것이 효과적이다.
> 다. 성폭력사건 감식에 있어 정액을 채취할 때 질 내부의 경우 마른 면봉을 사용하고, 다른 신체부위는 생리식염수를 적신 면봉을 사용하되 최소 면봉 3개 이상 채취해야 한다.
> 라. 백골사체에서 시료를 채취할 때는 대퇴부 부위 4cm 정도를 절단하여 의뢰하는 것이 바람직하다.
> 마. DNA 감정물을 의뢰할 때는 가능하면 피해자와 용의자, 사건 관련자들의 혈액이나 구강세포 등 대조증거물을 의뢰하면 신속하게 구분할 수 있어 수사에 도움이 된다.
> 바. 모발을 채취할 경우에는 모근부위가 있는 모발이 바람직하다.

① 3개　　② 4개
③ 5개　　④ 6개

☞ 정답: 4

2. DNA분석을 위한 증거물 채취요령으로 타당하지 않은 것은?

① 혈흔은 생리식염수를 깨끗한 거즈에 소량 적신 다음 채취·건조시켜서 통풍이 잘되는 규격봉투에 넣어 신속히 송부해야 한다.
② 혈흔이 부패하거나 높은 열에 노출되지 않도록 각별히 주의를 요한다.
③ 혈흔 예비시험에 사용되는 루미놀 시약은 충분히 사용하여야 유전자형 분석이 용이하다.
④ 정액반 여부를 검사하는 예비시약인 SM테스트 시약은 최소량을 사용하는 것

이 바람직하다.

☞ 정답: 3

3. DNA분석법에 관한 설명으로 틀린 것은?
   ① DNA란 인체 세포의 핵 내에 들어있는 유전자 물질이다.
   ② 특정 부위의 구조가 사람마다 다르므로 DNA 지문이라고도 한다.
   ③ 혈액, 정액, 모발, 세포, 기타 각종 인체 조직편(組織片)으로 DNA 지문분석을 실시하여 완전한 개인식별이 가능하다.
   ④ DNA 지문분석은 정액과 질액이 혼합된 경우는 불가능하다.

☞ 정답: 4

4. DNA 유전자 지문에 관한 기술로 틀린 것은?
   ① DNA분석이 가능한 시료는 사람혈흔, 혈액, 정액 및 정액반, 모발, 기타 장기 조직편이다.
   ② 혈흔과 정액반을 건조된 상태에서 냉장고에 보존했다 하더라도 1~2년 경과하였다면 DNA 분석이 불가능한 것이 일반적이다.
   ③ 1개의 DNA 시료를 사용했을 때에 두 사람이 똑같을 가능성을 보일 확률은 약 3억분의 1 이하이다.
   ④ DNA는 사람마다 천차만별이나 일란성 쌍둥이만은 동일하다.

☞ 정답: 2

5. 관내 야산에 어떤 여자가 목을 매고 죽어 있다는 신고를 받고 출동한 경찰관이 현장을 관찰하여 살해 후 자살로 이장된 것으로 판단하였다면, 시체의 어떤 상황을 관찰하고 이렇게 판단하였겠는가?
   ① 목의 끈자국이 끈과 일치되고 있으며 끈자국 내에 이물이 없다.
   ② 목을 매달 때 받은 손상 이외 신체의 다른 손상흔적이 없다.
   ③ 시체의 바로 밑에 피해자의 것으로 보이는 배설물이 있다.
   ④ 눈꺼풀 결막에 점출혈이 있고 시체얼룩이 시체의 등 부위에서 발견되었다.

☞ 정답: 4

6. P 경찰서 형사팀 형사 D는 천장에 목을 매고 자살했다는 112신고를 받고 현장에 출동하여 시체를 유심히 살펴보고 타살이라는 심증을 가지게 되었다. D형사가 이렇게 판단한 이유는?
   ① 끈자국이 아래쪽이 깊고 위쪽이 얕다.
   ② 끈자국은 목 부위 주위를 평등하게 둘러싸고 있다.
   ③ 눈꺼플에 점출혈이 적고 얼굴은 창백하며 발등은 암적색을 띤다.
   ④ 끈자국의 끈매듭의 반대쪽에 있다.

☞ 정답: 2

7. 손졸림사(액사)에 있어서의 외부소견으로 볼 수 없는 것은?
   ① 사망 초기에는 손졸림자국이 잘 보이지 않는 경우도 있으므로 세밀한 관찰이 필요하다.
   ② 손톱자국이 불규칙하게 나타나는 경우가 있다.
   ③ 손끝자국은 손톱자국과 동반되거나 손톱자국이 없더라도 목 부위 및 코 주위에 손가락에 의하여 원형의 피부밑 출혈이 나타난다.
   ④ 손졸림사는 대부분 타살이나 자살인 경우에도 많이 발견된다.

☞ 정답: 4

8. 끈졸림사(교사)에 대한 설명과 관계가 먼 것은?
   ① 끈자국은 대개 목부위를 수평으로 일주한다.
   ② 점출혈이나 심한 울혈을 본다.
   ③ 압박된 부위에 출혈을 보는 경우도 있다.
   ④ 얼굴과 눈꺼풀이 창백하다.

☞ 정답: 4

9. 목맴사 현장감식에 대한 설명으로 바르지 않은 것은?
   ① 높은 나무에 매달린 경우에는 나무 기둥과 가지에 올라간 흔적이 있는지 확인하고 올라갈 방법에 대해서도 파악한다.
   ② 목맴에 이용한 끈의 매듭부분은 여러방향에서 촬영하고 정확하게 알아볼 수

있도록 접사 촬영하는 것이 바람직하다.

③ 일반적으로 완전목맴의 경우 안면부에 청색증과 일혈점, 울혈 등을 볼 수 있고 불완전 목맴의 경우 안면은 창백하고 안결마근 빈혈상을 보이는 특징이 있다.

④ 목의 끈자국이 한 줄인지 두 줄인지 면밀히 관할하여야 하고 자살의 경우에도 이중삭흔이 생길 수 있다.

☞ 정답: 3

10. 목맴에 의한 시체(의사)의 외부소견으로 타당하지 않은 것은?

① 끈이 부드럽고 폭이 넓거나 굵을수록 끈자국의 깊이가 얕아 경계가 불명확하다.

② 목 앞부위나 목 옆부위는 하부연조직이 섬세하여 끈자국이 깊고 뚜렷하게 나타난다.

③ 끈자국에서는 일반적으로 피부밑 출혈을 볼 수 있다.

④ 수건이나 스카프와 같이 부드럽고 폭이 넓은 끈을 사용하고 사망 직후 바로 끈을 제거하였다면 끈자국을 볼 수 없을 수도 있다.

☞ 정답: 3

11. 질식사체의 대표적인 징후가 아닌 것은?

① 점출혈의 출혈

② 혈액의 암적색 유동성

③ 내장의 울혈

④ 끈자국 주변의 피부 밑 출혈

☞ 정답: 4

12. 질식사에 대한 정의로서 옳지 않은 것은?

① 호흡이란 산소를 호흡기로 섭취하여 세포에 공급하고 세포에서 생긴 이산화탄소를 호흡기를 통해 외계로 배출하는 일련의 과정이다.

② 질식이란 생체가 무산소증에 빠져 세포내에 탄산과잉증이 생기는 상태 하에서 기능하기 때문에 일어나는 장애를 말한다.

③ 질식에는 외질식과 내질식으로 구분되는데 법의학에서는 내질식에 의한 사망만 질식사라고 한다.
④ 질식사는 무증상기 → 호흡곤란기 → 경련기 → 무호흡기 → 종말호흡기순의 단계를 거친다.

☞ 정답: 3

13. 손상사에 있어 자·타살의 추정에 관한 설명으로 적절하지 않은 것은?
① 찔린 상처와 벤 상처는 자·타살 모두에서 보지만 그 정도가 매우 깊거나 크다면 타살에 더 가깝다.
② 타살에서는 자기(刺器)로 찌르거나 뺄 때 상하좌우로 당겨지기 때문에 대부분 벤 상처를 동반하는 경향이 있다.
③ 손상들이 불규칙적이고, 여러 방향을 이루고 있다면 자살로 추정할 수 있다.
④ 자살에서 사용된 흉기는 통상 한 종류이며 예기인 경우가 많다.

☞ 정답: 3

14. 자살하는 사람의 망설임 때문에 가슴, 배꼽, 목 등에 비교적 경상에 가까운 흔적이 나타나는데 이를 (　　)이라고 하며, 타살의 경우 흉기로 가격할 시 본능적으로 막아서 생기는 상처를 (　　)이라고 한다. 타살에 치명이 되는 부위뿐만 아니라 팔목, 팔뚝 또는 엉덩이 등에도 이 상처가 나타나는데 가해자가 흉기로 가격하였을 때 본능적으로 막아서 발생하는 (　　)와 도망 다니면서 상해를 입은 (　　)로 구분된다. 각 (　　) 안에 순서대로 들어갈 알맞은 말은?
① 공격흔 - 방어흔 - 능동적 방어흔 - 수동적 방어흔
② 주저흔 - 공격흔 - 능동적 방어흔 - 수동적 방어흔
③ 주저흔 - 방어흔 - 수동적 방어흔 - 능동적 방어흔
④ 주저흔 - 방어흔 - 능동적 방어흔 - 수동적 방어흔

☞ 정답: 4

15. 총기사고에 있어 증거물 수집 및 보존방법에 대한 설명으로 잘못된 것은?
① 사고현장에서 발사물 수집 시 많은 인원의 공동작업을 피하고 적은 인원으로 침착하게 수집하는 것이 효과적이다.

② 소총의 방아쇠에 흙이 묻어 있을 경우 타살일 가능성이 높다.
③ 총기의 전문가에게 가져갈 때까지 여러 사람의 접촉을 피하여야 한다.
④ 총기의 분해 및 총강 내의 손질을 하여서는 안된다.

☞ 정답: 2

16. 손상사에 있어 각 상처에 대한 설명으로 적당하지 않은 것은 ?

① 타박상은 일반적으로 외력이 가하여진 부위에 발생하나 때로는 그 부위의 주변이나 멀리 떨어진 곳에서도 형성될 수 있다.
② 좌열창은 둔기로 가격을 받거나 둔체에 부딪쳐 피부가 찢어지는 손상으로서, 좌창은 찧은상처, 열창은 찢긴 상처라고 표현하기도 하며, 예기에 의한 절창(베인 상처)과는 상처 가장자리의 불규칙함이나 피부까짐이 수반되었는지 유무를 보고 구별하여야 한다.
③ 도끼나, 삽, 낫 등에 의해 생긴 상처를 자창(큰칼 상처)이라고 하는데 자창의 특징은 절단면이 깔끔하고, 외력의 힘이 크게 작용하기 때문에 상처 주변에 피하출혈이 없는 대신 직하방에 골절이 동반될 수 있다.
④ 표피박탈은 피부의 바깥층 표피가 벗겨져 나가 진피가 노출되는 손상으로 대부분 둔기의 압박, 마찰에 의해 형성될 수 있으며, 피부까짐이라고도 표현한다.

☞ 정답: 3

17. 마약류에 대한 증거물 채취요령에 대한 설명으로 타당하지 않은 것은?

① 양귀비는 줄기부분에 가장 함량이 높으므로 될 수 있으면 줄기부분을 채취하여 의뢰한다.
② 코카인분말은 분말 자체와 흡입기구, 코카엽은 엽자체와 씹는 물질을 채취한다.
③ 생아편, 모르핀, 헤로인. 페치딘의 경우 고형물, 분말, 앰플,주사기, 흡연기구, 담배필터 등을 모두 채취한다.
④ 대마엽, 대마씨앗, 대마전초 등을 채취하여 흡연하였던 담배필터, 파이프 음료수 캔, 요구르트병을 채취한다.

☞ 정답: 1

18. 필로폰 투약 혐의자에 대해서 가능하며 투약 후 수 개월 경과한 혐의자의 투약 여부에 대해서도 감정이 가능한 생체시료는?

① 소변 ② 타액
③ 모발 ④ 정액

☞ 정답: 3

19. 필로폰 투약 용의자를 증명하기 위한 증거물로 바람직한 것은?

① 대변 ② 타액
③ 혈액 ④ 뇨

☞ 정답: 4

20. 약물 남용으로 인한 죽음에서의 일반적 소견에 대한 설명이다. 알맞지 않은 것은?

① 약물의 남용으로 인한 죽음은 과다 투여 등으로 인한 급성 중독사 외에도 만성 투여로 생긴 합병증으로 인한 병사, 약물에 의한 이상행동으로 인한 사고사 등이 있다.
② 헤로인이나 코카인은 경구투여의 경우 효과가 거의 없어 코로 흡입하는 경우가 많은데, 만성 흡입 중독자의 경우 코점막 위축이나 코 중격의 천공을 보는 경우가 종종 있다.
③ 대부분 마약 중독자의 부검에서는 폐에서 부종과 울혈을 볼 수 있으며 간염이 흔하게 발견되고, 심장에서는 세균성 또는 진균성 내막을 볼 수 있다.
④ 정맥주사는 적은 양으로도 빠르고 강한 쾌감을 느낄 수 있어 만성 중독자들 대부분이 사용하므로 이들의 시체에서는 복부나, 옆구리 등에서 주사흔이나 정맥염, 반흔 등을 볼 수 있다.

☞ 정답: 4

21. 필로폰투약에 대한 설명으로 타당하지 않은 것은?

① 투약 시 20분 후부터 뇨로 배설되기 시작하여 24시간 이내에 복용량의 약 25%가, 48시간 이내에 약 75~90%가 배설된다.
② 초심자(통상 1~3회 투약한 경우)는 투약 후 약 2~3일 이내에, 중독자는 5~7일 이내에 소변채취가 행해져야 한다.

③ 필로폰의 뇨 중 배설은 복용량, 복용방법, 남용 정도에 따라 차이가 있으나 뇨 중 필로폰 검출만으로 투약 시기를 추정할 수 있다.

④ 경찰청에서 마약류 투약자 검거를 위해 1회용 소변 검사 시약(Accusign)을 전국에 배부하고 있다.

☞ 정답: 3

22. 필로폰투약자에 대한 생체시료 채취요령에 대한 설명으로 타당하지 않은 것은?

① 소변 감정의뢰 시 오염되지 않은 소변을 약 20ml가량 채취하여야 하며 소변 채취 전 음식물 섭취를 하루 정도 완전히 차단하여야 한다.

② 채취된 소변을 담는 용기는 재질이 소변과 반응하여 감정에 영향을 주는 것이어서는 안된다.

③ 모발을 가위로 절단하여 채취하는 경우 가능한 두피에 가깝게 절단하는 것이 바람직하다.

④ 모발의 감정을 통해 대략의 투약 시기 추정이 가능하다.

☞ 정답: 1

23. 화재감식에 관한 설명이다. 타당한 것은 어느 것인가?

① 화재의 원인은 정형화되어 있으므로 원인규명이 비교적 용이하다.

② 연소의 3요소는 화원(불을 붙이는 것), 가연물(타는 물질), 공기(산화제)이다.

③ 화재 현장에는 연소의 세 가지 요소에 의한 유류물이 많아 감식을 통한 혐의 입증의 가능성이 상당하다.

④ 화재감식은 그 특성상 과학의 이용이 극히 제한적이다.

☞ 정답: 2

24. 다음중 방화로 의심되는 화재 현장이라고 보기 힘든 것은?

① 출입구의 시정장치가 파손되어 있고, 촉진제를 사용한 흔적이 있다.

② 2개 이상의 독립된 발화 개소 식별된다.

③ 화재현장에서 다량의 혈흔 등 다른 범죄로 의심되는 증거가 발견되었다.

④ 발화부에 위치한 포대에서 신문과 다량의 깻묵덩어리가 발견되었다.

☞ 정답: 4

25. 연소 또는 화인(火因)의 요소로 볼 수 없는 것은?

① 화원(火源) ② 가연물
③ 공기 ④ 바람

☞ 정답: 4

26. 소훼된 방향을 추정하여 발화부를 판단하는 방법으로 알맞지 않은 것은?

① 전선의 용융흔의 개수와 단락흔의 형태를 보고 발화부를 판단할 수 있다.
② 목재의 소실형태 및 탄화심도를 이용하여 발화부를 판단할 수 있다.
③ 금속의 열 변형 및 만곡현상을 이용하여 발화부를 판단할 수 있다.
④ 샌드위치 패널의 소훼흔을 식별하여 발화부를 판단할 수 있다.

☞ 정답: 1

27. 발화부의 특징을 설명한 것으로 잘못된 것은?

① 발화부는 화재의 현장에 있어 '증거의 보고'라고 할 수 있다.
② 발화부는 일반적으로 화재가 처음 시작해서 진화될 때까지 가장 오래 타는 경우가 많다.
③ 발화부란 화재의 기점이 된 부위를 말한다.
④ 연소의 상승성으로 발화부는 출화부의 위쪽에 있는 경우가 많다.

☞ 정답: 4

28. 수사경찰관이 화재현장을 관찰함에 있어서 잘못된 태도는?

① 화원건물의 외부로부터 중심부로 관찰한다.
② 관찰장소는 소훼현장뿐만아니고, 주변건물까지 포함한다.
③ 소훼상황의 관찰은 강소부(强燒部)에서 약소부(弱燒部)로 관찰점을 이동해 간다.
④ 소화, 주수(注水)된 부분에 대하여는 전체적인 소훼상황으로 연소경로에 부합되는지 여부를 검토한다.

☞ 정답: 3

29. 일반적인 소적(燒跡)의 관찰내용으로 타당하지 않은 것은?
   ① 발화건물의 기둥, 벽, 가구류는 발화부를 향하여 사방으로부터 도괴(倒壞)되는 경향이 있다.
   ② 탄화심도는 발화부에 가까울수록 깊어지는 경향이 있다.
   ③ 목재면의 균열흔은 발화부에 가까울수록 굵어지는 경향이 있다.
   ④ 발열체가 목재면에 밀착되었을 때 그 발열체의 이면 목재면에는 훈소흔이 남는다.

☞ 정답: 3

30. 전기에 의한 화재사고와 관련하여 증거물을 채취할 경우의 설명으로 옳지 않은 것은?
   ① 전기배선에 의한 발화 여부를 감정하고자 하는 경우 분전반(차단기)만을 송부하여 의뢰하면 된다.
   ② 합선에 의한 용융흔이 있는 전선은 입력측과 부하측을 구분, 표시하여야 한다.
   ③ 합선에 의한 경우 연결된 가전제품 등 부하의 종류, 규격, 용량 등이 표시되어야 한다.
   ④ 두 전선 중 한 선에만 용융흔이 있는 경우, 못, 금속파이프 등과 같은 타 도체와의 접촉에 의한 누전가능성이 있으므로 함께 수거한다.

☞ 정답: 1

31. 문서의 감정방법과 그 특징을 설명한 것으로 타당하지 않은 것은?
   ① 불명문자(不明文字)의 경우 광학적 방법이나 화학적 검사방법을 이용하여 문자를 검출·해독할 수 있다.
   ② 개인필적의 항상성과 희소성을 전제로 자료를 대조함에 있어 필세, 필압, 배자형태, 필순, 자획구성 등에 주목하여 감정한다.
   ③ 워드문자감정에는 워드할자의 도안, 크기, 배열상태, 활자 간의 간격, 프린트 기종 등에 따른 차이점을 관찰하는 방법으로 감정한다.
   ④ 복사본도 필적의 기필부분이나 종필부분에서 나타나는 운필상의 미세한 특징을 비교함으로써 감정하는 데 적합하다.

☞ 정답: 4

32. P경찰서 형사팀장이 피해자의 집에 사랑의 편지를 계속 쓰면서 괴롭혀온 용의자를 검거하여 시필(試筆)을 작성하도록 시킨 경우 그 내용으로 틀린 것은 ?
① 필적감정을 위해서는 감정자료와 대조할 수 있는 대조자료를 수집해야 한다.
② 받아 적을 내용을 수사관이 직접 낭독해주고 용의자가 꼭 그 내용을 입으로 따라 말하도록 하면서 적도록 하여야 한다.
③ 기재조건을 변경하면 자연스러운 필적을 볼 수 없으므로 용의자에게 바른 자세로 시필을 작성하게 해야 한다.
④ 시필은 10통 이상 작성토록 하고 반드시 말미 부분에 작성일자와 자신의 서명을 쓰도록 한다.

☞ 정답: 3

33. 인장위조죄를 수사하는 조사관의 자료수집방법으로 틀린 것은?
① 대조 인영은 가능한 실인도 함께 송부한다.
② 실인 송부가 불가능할 경우 증거물과 동일한 용지에 지면조건을 달리하여 최소한 30개의 날인을 하여 그 용지를 송부하여야 한다.
③ 가능한 한 인감류는 관청에 등록된 인영을 수집한다.
④ 구태여 원본을 수집할 필요는 없다.

☞ 정답: 4

34. 성폭력범죄의 특징에 대한 설명 중 틀린 것은?
① 「형법」에는 고소가 있어야 공소를 제기할 수 있는 성폭력범죄도 있다.
② 증거자료가 부족하고 자백 등에 의존하는 경우가 많다.
③ 「성폭력범죄의 처벌 등에 관한 특례법」에는 친고죄로 규정된 범죄가 없다.
④ 「성폭력범죄의 처벌 등에 관한 특례법」에는 반의사불벌죄로 규정된 범죄가 없다.

☞ 정답: 1

35. 「성폭력범죄의 처벌 등에 관한 특례법상」영상물 촬영과 관련한 설명 중 ( ) 안에 알맞은 것은?

성폭력범죄 피해자가 (   )이거나 신체장애 또는 정신상의 장애로 사물을 변별하거나 의사를 결정할 능력이 미약한 경우에는 피해자의 진술 내용과 조사과정을 비디오 녹화기 등 영상물 녹화장치에 의하여 촬영·보존하여야 한다. 다만 (   )가 이를 원하지 않는 의사를 표시한 때에는 촬영하여서는 아니된다.

① 13세 미만 - 피해자
② 19세 미만 - 피해자
③ 13세 미만 - 피해자 또는 법정대리인
④ 19세 미만 - 피해자 또는 법정대리인

☞ 정답: 4

36. S는 W와 4년 전 재혼하여 W가 전남편과의 사이에 두었던 딸 V(21세)와 함께 살고 있다. 어느날 밤 S는 V가 있는 옆방으로 가서 V를 강간하였다. S의 죄명은?
① 강간
② 특수강간
③ 성폭력범죄의처벌등에관한특례법위반(친족관계에 의한 강간)
④ 성폭력범죄의처벌등에 관한특례법위반(특수강간 등)

☞ 정답: 3

37. 성폭력범죄의처벌등에관한특례법위반으로 처벌되는 경우가 아닌 것은?
① 13세 미만의 사람에 대하여 폭행, 협박으로 유사강간행위를 한 경우
② 13세 미만 미성년자를 간음한 경우
③ 사실상 친족을 강간한 경우
④ 수영장 탈의실에 몰래카메라를 설치하여 여자의 나체를 촬영한 경우

☞ 정답: 2

38. S는 정신적인 장애가 있는 V(20세, 여)를 폭행하여 강간하였다. 올바른 설명은?

① 장애인에 대한 강간이므로, 「형법」상 강간으로 처벌된다.
② 「성폭력범죄의처벌등에 관한특례법」상 처벌규정이 없어 「형법」상 특수강간으로 처벌된다.
③ 「성폭력범죄의처벌등에 관한특례법」상 장애인에 대한 강간규정으로 처벌된다.
④ 「성폭력범죄의처벌등에 관한특례법」상 특수강간으로 처벌된다.

☞ 정답: 3

39. 성폭력범죄의 처벌등에 관한특례법위반으로 처벌되는 경우가 아닌 것은?
① 강간의 죄를 범한 자가 살해한 경우
② 15세 소녀를 강간한 경우
③ 3인이 윤간하다 실패하고 상해를 입힌 경우
④ 타인의 집에 침입하여 강간한 경우

☞ 정답: 2

40. 피의자 얼굴 등 공개와 관련하여 「성폭력범죄의처벌등에 관한특례법」에 규정되어 있는 사유는 몇 개인가?

가. 범죄예방 나. 국민의 알권리 다. 피의자의 재범방지 라. 피의자 도주 방지 마. 피의자 증거인멸 방지

① 2개 ② 3개
③ 4개 ④ 5개

☞ 정답: 2

41. S는 야간에 물건을 절취하기 위해 V(26세, 여)의 집에 들어가 물건을 물색하던 중, 물건을 찾지 못하고 그녀를 강간하였다. S의 행위에 해당하는 죄명은?

① 주거침입, 절도미수, 강간미수

② 성폭력범죄의처벌등에 관한특례법 위반(주거침입 강간)

③ 야간주거침입절도미수, 강간미수

④ 성폭력범죄의처벌등에 관한특례법 위반(절도 강간)

☞ 정답: 4

42. 「성폭력범죄의 처벌 등에 관한 특례법」의 공소시효 기산에 관한 특례 규정 중 잘못된 것은?

① 16세 미만의 사람에 대하여 강간의 죄를 범한 경우에는 공소시효를 적용하지 아니한다.

② 특정한 성폭력 범죄의 경우 디엔에이(DNA) 증거 등 그 죄를 증명할 수 있는 과학적인 증거가 있는 때에는 공소시효가 10년 연장된다.

③ 신체적인 또는 정신적인 장애가 있는 사람에 대하여 강간의 죄를 범한 경우에는 공소시효를 적용하지 않는다.

④ 미성년자에 대한 성폭력범죄의 공소시효는 해당 성폭력범죄로 피해를 당한 미성년자가 성년에 달한 날부터 진행한다.

☞ 정답: 1

43. S는 잠을 자는 V(여)의 방에 강간을 목적으로 침입하여 피해자의 음부를 만지고 자신의 성기를 피해자의 음부에 삽입하려고 하였으나 피해자가 몸을 뒤척이고 비트는 등 잠에서 깨어 거부한 듯한 기색을 보이자 더 이상 간음행위에 나아가는 것을 포기하였다. S의 행위에 대한 죄명은 ?

① 주거침입, 강제추행

② 주거침입, 준강간미수

③ 성폭력범죄의처벌등에관한특례법위반(주거침입강간 등)

④ 성폭력범죄의처벌등에관한특례법위반(주거침입강간 미수)

☞ 정답: 3

44. 성폭력범죄를 저지른 성도착증 환자에 시행하는 약물치료의 요건으로 잘못된 것은?
① 대상자가 선택권을 행사할 수 있는 복수이 방법일 것
② 비정상적 성적충동이나 욕구를 억제하거나 완화하기 위한 것으로서 의학적으로 알려진 것일 것
③ 과도한 신체적 부작용을 초래하지 아니할 것
④ 의학적으로 알려진 방법대로 시행될 것

☞ 정답: 1

45. 「특정 범죄자에 대한 보호관찰 및 전자장치 부착 등에 관한 법률」에 따라 전자장치 부착명령 청구대상에 대한 설명으로 틀린 것은 ?
① 성폭력범죄로 징역형의 실형을 선고받은 사람이 그 집행을 종료한 후 또는 집행이 면제된 후 10년이내에 성폭력범죄를 저지른 때
② 성폭력범죄로 전자장치를 부착 받은 전력이 있는 사람이 다시 성폭력범죄를 저지른 때
③ 15세 미만이 사람에 대하여 성폭력범죄를 저지른 때
④ 신체적 또는 정신적 장애가 있는 사람에 대하여 성폭력범죄를 저지른때

☞ 정답: 3

46. 「가정폭력범죄의 처벌 등에 관한 특례법」상 가정폭력범죄에 해당하지 않은 것은?
① 아동혹사 ② 약취유인
③ 재물손괴 ④ 공갈

☞ 정답: 2

47. 「가정폭력범죄의 처벌 등에 관한 특례법」에 대한 설명 중 틀린 것은 몇 개인가?

이 법률의 목적은 가정폭력 근절을 위한 가족폭력범죄자에 대한 엄벌강화에 있다. 특정인에게는 직무를 수행하면서 가정폭력범죄를 알게 된 경우에 수사기관에 신고할 의무를 부과하고 있다.

사법경찰관리에게 피해자의 의료기관 인도 등 의무를 규정하고 있다.
피해자의 친족은 직접 피해가 없으므로 가해자를 고소할 수 없다.

① 1개 ② 2개
③ 3개 ④ 4개

☞ 정답: 2

48. 가정폭력범죄로 최초로 출동하여 가정폭력범죄가 재발할 우려가 있다고 인정하는 때에 사법경찰관이 검사에 대하여 법원에 청구하여 줄 것을 신청할 수 있는 임시조치가 아닌 것은?

① 피해자 또는 가정구성원의 주거로부터의 퇴거
② 피해자 주거에서 100m 이내의 접근금지
③ 피해자에 대한 전기통신을 이용한 접근 금지
④ 경찰관서 유치장 또는 구치소에의 유치

☞ 정답: 4

49. 경찰에서 신청할 수 있는 임시조치가 아닌 것은?

① 의료기관 기타 요양소에의 위탁
② 피해자에 대한 전기통신을 이용한 접근금지
③ 경찰관서 유치장 또는 구치소에의 유치
④ 피해자 또는 가정 구성원의 주거로부터 유치

☞ 정답: 1

50. 남편이 부인을 야간에 주먹으로 폭행한 사건이 발생하였다. 맞는 설명은?

① 「형법」상 폭행죄로 이율하여 처벌한다.
② 가정폭력범죄처벌등에관한특례법위반으로 의율, 처벌한다
③ 「폭력행위등처벌에관한법률」을 적용하여 처벌한다.
④ 부인의 고소가 있어야 처벌할 수 있다.

☞ 정답: 1

51. 「국제형사사법 공조법」상 공조절차이다. (　　) 안에 들어갈 알맞은 것은?

경찰서 → 검사 → 대검찰청 → 법무부장관 → 외교부장관 → (　　　　) → 상대국외무부장관 → 상대국 경찰기관

① 행정자치부 장관　　② 주한 상대국대사관
③ 상대국 주재 한국대사관　　④ 출입국관리소장

☞ 정답: 3

52. 출국금지 사유로 잘못된 것은?

(가) 형사재판에 계속중인 사람 (나) 징역형이나 금고형의 집행이 끝나지 아니한 사람 (다) 벌금 1천만 원 이상을 납부하지 아니한 자 (라) 추징금 1천만 원 이상을 납부하지 아니한 자 (마) 2천만 원 이상 국세·관세 또는 지방세를 체납한 자

① 1개　　② 2개
③ 3개　　④ 4개

☞ 정답: 2

53. 외교특권 향유자 관련 사건의 수사요령으로 옳지 못한 것은?
① 체포한 외국인이 외교특권 향유자라고 판명되었을 때에는 즉시 체포를 해제한다.
② '공소권 없음' 의견으로 송치한다.
③ 피의자 신문조서에 소속대사관, 국적 범죄사실 등을 명확히 기록한다.
④ 사건을 송치하지 않은 경우에 처리경과를 명확히 기록한다.

☞ 정답: 3

54. 주한미군지위협정(SOFA)의 적용대상자로 볼 수 없는 자는?
① 부모에게 경제적으로 독립한 주한미군의 21세의 자녀

② 주한 미8군 병장의 처
③ 미국 국적의 미군의 군속
④ 주한 미공군 상사

☞ 정답: 1

55. 주한미군지위협정(SOFA)에 따른 절차로서 잘못된 것은 ?

① 미국군대의 구성원, 군속 또는 가족이 아닌 현행범 피의자가 미국 군대가 사용하는 시설과 구역안에 있을 경우 한국 경찰의 체포는 불가능하다.
② 미국 군 당국은 시설이나 구역의 주변에서 동 시설이나 구역의 안전에 대한 범죄의 기수 또는 미수의 현행범을 체포할 수 있다.
③ 강간죄를 범한 미군 피의자를 부대 복귀 전에 체포한 경우 구속영장을 발부받아 계속 구금이 가능하다.
④ 절도죄를 범한 미군 피의자를 부대 복귀 전에 체포한 경우, 미군의 요청이 있으면 원칙적으로 신병을 인도하여야 한다.

☞ 정답: 1

56. 주한미군지위협정(SOFA)에 따른 피의자 조사와 관련하여 잘못된 것은?

① 합중국의 정부대표가 참여하지 아니한 때에 피의자가 한 진술은 피의자에 대한 유죄의 증거로 채택되지 아니한다.
② 미국정부대표 또는 변호인은 경우에 따라 한국 경찰의 피의자 신문에 개입할 수 있다.
③ 체포 후 계속 구금할 수 있는 범죄에 해당하는 경우 체포시부터 변호인 참여시까지 구속영장 청구시한인 48시간이 일시 정지된다.
④ 피의자가 변호인을 선임하지 않는 경우 피의자로부터 포기서에 서명을 받고 미국정부 대표에게도 피의자의 권리를 고지한 후 동 포기서에 연명으로 서명케 한다.

☞ 정답: 2

57. 「폭력행위등 처벌에 관한 법률」에서 상습적으로 범한 행위를 처벌하고자 규정하고 있는 범죄가 아닌 것은 모두 몇 개인가?

살인, 폭행, 공갈, 퇴거불응, 강요, 존속감금

① 1개 ② 2개
③ 3개 ④ 4개

☞ 정답: 1

58. 「폭력행위 등 처벌에 관한 법률」에서 규정하고 있는 '범죄단체'에 대한 설명으로 바르지 않은 것은?

① 범죄단체의 구성 또는 가입에 단체의 명칭·강령, 단체 결성식 등 특별한 절차의 존재를 필요로 한다.
② 특정 다수인에 의하여 구성된 계속적인 결합체로서 그 단체를 주도하거나 내부의 질서를 유지하는 최소한의 통솔체계를 갖추면 된다.
③ 기존의 범죄단체를 이용하여 새로운 범죄단체를 구성하였다고 하려면 그 조직이 완전히 변경되어 기존의 범죄단체와 동일성이 없는 별개의 단체로 인정될 수 있어야 한다.
④ 범죄단체 등의 수괴나 간부 등 상위 구성원으로부터 모임에 참가하라는 등의 지시나 명령을 소극적으로 받고 이에 단순히 응한 행위는 범죄단체 구성원으로서의 '활동'에 해당하지 않는다.

☞ 정답: 1

59. 「폭력행위 등 처벌에 관한 법률」제3조의 '위험한 물건을 휴대하여' 에 대한 해석이다. 가장 타당하지 않은 것은 ?

① '위험한 물건'이란 사람의 생명, 신체에 해를 가하는 데 사용할 수 있는 일체의 물건을 말한다.
② 자동차, 사주된 동물 등도 위험한 물건에 해당될 수 있다.
③ 본래 살상용·파괴용으로 만들어진 물건은 위험한 물건이다.
④ 위험한 물건을 '휴대하여'라는 말은 물건을 소지하는 것만을 의미한다.

☞ 정답: 4

60. 상해를 가할 수 있는 흉기를 휴대하고 있는 자에 대하여 의율할 수 있는 죄명은?

① 폭력행위등처벌에 관한법률위반(흉기등상해)
② 폭력행위등처벌에 관한법률위반(우범자)
③ 폭력행위등처벌에 관한법률위반(흉기등폭행)
④ 폭력행위등처벌에 관한법률위반(야간흉기등폭행)

☞ 정답: 2

61. 침입 절도사건이 발생한 후, 1개월 후 범인을 검거하고 가지고 있던 피해품을 회수하였다. 실무상 작성되는 서류 순서에 따라 나열한 것으로 바른 것은?

(가) 검거원표 (나) 절도사건 발생보고서 (다) 장물수배서 (라) 압수물 (가)환부 지휘건의

① 가-나-다-라　　② 나-다-라-가
③ 나-다-가-라　　④ 다-라-나-가

☞ 정답: 2

62. 「형법」상 특수절도의 구성요건이 아닌 것은?

① 2인 이상이 합동하여 타인의 재물을 절취한 경우
② 야간에 타인의 건조물의 일부를 손괴하고 침입하여 절취한 경우
③ 단체 또는 다중의 위력으로 절도죄를 범한 경우
④ 흉기를 휴대하고 절도죄를 범한 경우

☞ 정답: 3

63. 「학교폭력예방 및 대책에 관한 법률」의 학교폭력에 대한 정의이다. 괄호 안에 들어갈 죄명이 아닌 것은?

> '학교폭력'이란 학교 내외에서 학생 간에 발생한 ( ), 따돌림, 정보통신망을 이용한 음란·폭력 정보 등에 의하여 신체·정신 또는 재산상의 피해를 수반하는 행위를 말한다.

① 성매매 ② 명예훼손
③ 상해 ④ 성폭력

☞ 정답: 1

64. 학교폭력과 관련한 조치 사항 중 「학교폭력예방 및 대책에 관한 법률」에 의하여 처벌되는 행위는 몇 개인가?

> (가) 학교폭력을 수시로 신고받고 이에 대한 상담에 응할 수 있도록 긴급전화를 설치하지 않은 지방자치단체 A
> (나) 학교폭력의 예방 및 대책에 관련된 사항을 심의하기 위하여 학교폭력대책자치위원회를 두지 않은 교장 B의 행위
> (다) 시·도 교육청에 학교폭력의 예방과 대책을 담당하는 전담부서를 설치·운영하지 않은 교육감 C의 행위
> (라) 학교폭력의 예방 및 대책과 관련된 업무를 수행하던 중 알게 된 가해학생·피해학생과 관련된 자료를 누설한 선생님 D의 행위

① 1개 ② 2개
③ 3개 ④ 4개

☞ 정답: 1

65. 「학교폭력예방 및 대책에 관한 법률」에 규정된 가해학생에 대한 조치가 아닌 것은?

① 반성문 제출
② 학교에서의 봉사
③ 출석정지

④ 학내외 전문가에 의한 특별 교육이수 또는 심리치료

☞ 정답: 1

66. 세계보건기구(WHO)의 마약에 대한 정의 중 해당되지 않는 것은?

(가) 약물사용에 대한 욕구가 강제적일 정도의 의존성이 있을 것 (나) 약물사용의 양이 증가하는 경향이 있을 것 (다) 중단 시 금단증상이 존재할 것 (라) 위해의 정도가 개인에 한하지 않고 사회일반에도 미칠 것

① 없다. ② 1개
③ 2개 ④ 3개

☞ 정답: 1

67. 「마약류관리에 관한 법률」에서 규제하는 마약류인 마약에 해당되지 않는 것은?
① 양귀비, 아편 및 코카 잎
② 마리화나
③ 양귀비, 아편 및 코카 잎으로부터 추출되는 알카로이드로서 대통령령으로 정하는 것
④ 모르핀

☞ 정답: 2

68. 「마약류 관리에 관한 법률」상 마약으로 분류되지 않는 것은?
① 엘에스디(LSD) ② 코카엽
③ 아편 ④ 모르핀

☞ 정답: 1

69. 「마약류 관리에 관한 법률」상 다음 설명에 해당하는 물질을 무엇이라고 하는가?

마약성분은 갖고 있으나 타약품과 혼합되어 마약으로 다시 제조하거나 제제할 수 없고, 그것에 의하여 신체적 또는 정신적 의존성을 일으키지 아니하는 것으로 총리령으로 정하는 것

① 천연마약　② 반합성마약
③ 합성마약　④ 한외마약

☞ 정답: 4

70. 마약류가 아닌 물질 중 오용 또는 남용으로 인한 보건상의 위해가 우려되어 긴급히 마약류에 준하여 취급·관리할 필요가 있다고 인정할 경우 지정하는 것은 ?

① 긴급마약류　② 임시마약류
③ 예비마약류　④ 예고마약류

☞ 정답: 2

71. 다음 설명에 해당하는 신종 마약류는?

(가) 1949년 독일에서 식욕 감퇴제로 개발됨 (나) 기분이 좋아지는 약, 포옹마약, 클럽마약, 도리도리 등으로 지칭 (다) 복용자는 테크노·라이브·파티장 등에서 막대사탕을 물고 있거나 물을 자주 마시는 등의 행위를 함

① 엘에스디(LSD)　② 야바(YABA)
③ 엑스터시(MDMA)　④ GHB (일명 물뽕)

☞ 정답: 3

72. 보기와 같은 특징을 갖는 마약류는?

(가) 진해거담제로서 의사의 처방전이 있으면 약국에서 구입가능 (나) 강한 중추신경 억제성 진해작용이 있어 코데인 대용으로 널리 시판

(다) 도취감 혹은 환각작용을 맛보기 위해 사용량의 수십 배에 해당하는 20~100정을 흔히 남용

① 날부핀　　② 디아제팜
③ 덱스트로메트로판(일명 러미나)　　④ 카리소프로돌(일명 S정)

☞ 정답: 3

73. 대마의 분류상 대마초보다 지속시간이 10배 이상 강하고, 마취성이 있어 혼수상태에 빠질 수도 있는 것은?

① 마리화나　　② 해쉬쉬
③ 헤로인　　④ 앵속

☞ 정답: 2

74. 「마약류관리에 관한 법률」에서 규제대상인 대마에 대한 설명으로 잘못된 것은?

① 대마초와 그 수지를 원료로 하여 제조된 일체의 제품을 말한다.
② 일명 삼나무의 잎과 꽃을 말한다.
③ 대마에는 그 뿌리와 종자도 포함된다.
④ 사용하면 인체의 중추신경계를 흥분 또는 억제하는 역할을 한다.

☞ 정답: 3

75. 병원의 마약투약 관련 기록이 기재된 장부를 압수수색하여 열람하려 한다. 이 장부의 보존 기간은 몇 년인가?

① 2년　　② 3년
③ 5년　　④ 10년

☞ 정답: 2

76. 사기죄로 의율하여 조사할 사건이 아닌 것은?

① 금품 등을 제공할 것을 전제로 성행위를 하였으나, 성매매 대가를 지급하지 않은 사건
② 컴퓨터 게임 아이템을 팔겠다고 속여 아이템을 팔지 않고 돈만 편취한 사건

③ 아파트 임대인이 경매진행 중인 사실을 알리지 않고, 계약을 체결하여 전세금을 편취한 사건

④ 인터넷 사이트에서 타인의 신용카드 번호, 비밀번호 등을 입력하여 사용료 등 대금을 결제한 사건

☞ 정답: 4

77. 판례에 의할 때 사기죄에 관한 맞는 설명만 고른 것은?

(ㄱ) 출판사 경영자가 출고현황표를 조작하는 방법으로 실제출판부수를 속여 작가에게 인세의 일부만을 지급한 경우에는 사기죄가 성립한다. (ㄴ) 수입소고기를 사용하는 식당영업주가 한우만을 취급한다는 취지의 상호를 사용하고 식단표 등에도 한우만을 사용한다고 기재한 경우는 사기죄의 기망행위에 해당된다. (ㄷ) 중고자동차 매매에 있어서 매도인의 할부금융회사 또는 보증보험에 대한 할부금 채무는 매수인에게 당연히 승계되는 것이 아니므로 그 할부금 채무의 존재를 매수인에게 고지하지 아니한 것은 부작위에 의한 기망에 해당한다. (ㄹ) 주권을 교부한 자가 그것을 분실하였다고 허위로 공시최고신청을 하여 제권판결을 받아 확정된 경우에는 사기죄가 성립하지 않는다.

① (ㄱ), (ㄴ) ② (ㄴ), (ㄷ)

③ (ㄷ), (ㄹ) ④ (ㄱ), (ㄹ)

☞ 정답: 1

78. 컴퓨터등사용사기와 관련한 설명 중 틀린 것은?(판례에 의함)

① 손자가 할아버지 소유 은행 예금통장을 절취하여 이를 현금자동지급기에 넣고 조작하는 방법으로 예금 잔고를 자신의 거래 은행 계좌로 이채한 경우, 컴퓨터등사용사기죄의 피해자는 그 할아버지이다.

② 금융기관 직원이 전산단말기를 이용하여 다른 공범들이 지정한 특정계좌에 돈이 입금된 것처럼 허위의 정보를 입력하는 방법으로 위 계좌로 입금되도록 한 경우, 컴퓨터등사용사기죄의 기수에 해당한다.

③ 금융기관 직원이 범죄의 목적으로 전산단말기를 이용하여 특정계좌에 거액을

무자원 송금한 경우, 컴퓨터등사용사기죄에 해당한다.

④ 절취한 타인의 신용카드로 현금자동지급기에서 현금을 인출한 행위는 컴퓨터등사용사기죄에 해당하지 않는다.

☞ 정답: 1

79. 부정수표와 관련하여 수표소지인의 의사에 따라 처벌되지 않을 수 있는 경우?

(ㄱ) 가공인물의 명의로 수표를 발행한 경우 (ㄴ) 금융기관으로부터 거래정지 처분 받은 이후에 수표를 발행한 경우 (ㄷ) 과실로 금융기관과의 수표계약 없이 발행한 경우 (ㄹ) 수표를 발행한자가 수표를 발행한 후에 거래정지처분으로 인하여 제시기일에 지급되지 아니하게 한 경우

① (ㄷ), (ㄹ)
② (ㄱ), (ㄴ)
③ (ㄱ), (ㄷ)
④ (ㄴ), (ㄹ)

☞ 정답: 1

80. 피의자는 소지하고 있던 타인명의의 당좌수표의 지급일과 액면금을 임의로 변경하고 이 수표를 그 사실을 모르는 자신의 채권자에게 주어 채무금 변제에 갈음하였다. 피의자의 형사책임은?

① 유가증권위조, 부정수표단속법위반
② 유가증권변조, 부정수표단속법위반
③ 부정수표단속법위반, 위조유가증권행사
④ 부정수표단속법위반, 변조유가증권행사

☞ 정답: 1

81. 피의자가 부도수표 6장을 모두 회수하였는데 그 중 2장은 발행일자가 기재되지 않은 것이고, 또 2장은 제시 기일을 경과한 수표인 경우 종결방법으로 가장 올바른 것은?

① 모두 회수하였으므로 공소권없음을 사유로 불기소의견으로 종결한다.

② 발행 일자 미기재는 혐의없음, 나머지는 공소권 없음으로 종결한다.
③ 제시기일 경과는 혐의없음, 나머지는 공소권 없음으로 종결한다.
④ 발행일자 미기재, 제시 기일 경과는 혐의 없음, 나머지는 공소권 없음으로 종결한다.

☞ 정답: 1

82. 부정수표와 관련된 설명 중 맞는 것으로 짝지어진 것은?(판례에 의함)

(ㄱ) 백지수표의 발행도 「부정수표 단속법」의 규제를 받는다.
(ㄴ) 백지수표의 금액란이 보충권을 넘어 부당하게 보충된 경우라도 발행인은 부정수표단속법위반죄의 죄책을 진다.
(ㄷ) 유가증권위조죄의 공범 사이에서 위조유가증권 교부행위는 위조유가증권 행사죄에 해당하지 않는다.

① (ㄱ), (ㄴ)
② (ㄱ), (ㄷ)
③ (ㄴ), (ㄷ)
④ 모두 틀림

☞ 정답: 2

83. 다음 중 도박사범 수사에 대한 설명으로 가장 타당하지 않은 것은?
① 압수시 현장의 증거품과 도객을 한 곳에 모아놓고 사진촬영한다.
② 현장에 있는 피의자들을 움직이지 못하도록 하고 철저히 감시한다.
③ 도객이나 개장자가 도박에 열중하고 있을 때 현행범 검거 시기로 가장 적당한다.
④ 도박장의 파수꾼, 문지기 등은 사전제압한다.

☞ 정답: 1

84. 다음 중 도박사범 수사시 주의사항으로 맞지 않는 것은?
① 일정한 재물을 약속하는 것만으로도 도박죄가 성립하므로 반드시 현장에서 재물이 오고 갈 필요는 없다.
② 화투에 의한 도박의 경우 선을 정하기 위해 화투의 배부를 시작한 때에 기수가 된다.

③ 도박죄는 미수범처벌규정이 없으므로 기수에 이른 후에만 현행범체포가 가능하다.
④ 도박피의자를 현장에서 긴급체포한 경우 법정시한 내에 검사의 승인을 받아야 한다.

☞ 정답: 4

85. 다음 중 도박꾼들이 사용하는 은어에 대한 설명으로 옳지 않은 것은?
① 총책- 하우스장이라고 하며 도박장의 전반적인 일을 주재하는 도박개장자
② 손님- 도객을 호칭하며 지역에 따라 선수, 찍새라고 하며 여자 도객을 보살이라 함
③ 문방- 경찰단속을 피하기 위해 무전기 등을 휴대하고 수시로 연락하면서 도박장을 물색하고 장소를 선정하는 사람으로 문방장, 내방, 외방으로 나누기도 함
④ 딱지- 일명 칩, 때기라고도 하며 현금대용으로 사용하는 약정된 표

☞ 정답: 1

86. 컴퓨터 정보통신망에 접근하여 프로그램을 훼손·멸실·변경·위조하거나 그 운용을 방해하는 프로그램을 유포한 자를 처벌할 수 있는 법률 또는 「형법」죄명은?
① 정보통신망 이용촉진 및 정보보호 등에 관한 법률
② 「형법」상 컴퓨터손괴업무방해
③ 「형법」상 전자기록손괴
④ 「정보화촉진기본법」

☞ 정답: 1

87. 만 15세인 C는 인터넷 사이트에서 성인인증을 위해 아버지 M의 주민등록번호를 도용하여 회원가입을 하였고, 이러한 사실을 모르는 M은 주민등록번호가 도용되었다고 경찰서에 진정서를 제출하였다. 수사 진행사항으로 맞는 설명은?
① C는 재산상 이득을 취하기 위해 주민등록번호를 도용한 것이 아니므로 형사처벌 되지 않는다.
② C는 가족의 주민등록번호를 도용한 것이므로 형사처벌되지 않는다.

③ M의 처벌의사 유무에 따라 C는 형사처벌되지 않을 수 있다.
④ C는 어떠한 경우에도 형사처벌을 면할 수 없다.

☞ 정답: 3

88. 정보통신망 관련 설명 중 틀린 것은?(판례에 의함)
① 정보통신망으로부터 타인의 비밀을 직접 취득하지 않고, 제3자를 통해 취득한 사람도 타인의 비밀누설 행위에 대한 주체가 될 수 있다.
② 정보통신망에 의하여 처리되는 타인의 정보에는 사망한자의 정보도 포함된다.
③ 정보통신망에 의하여 처리되는 비밀의 누설 행위에는 그 방법에 제한이 없다.
④ 인터넷에 공개된 전화가입자들의 전화번호를 국회의원 선거인명부의 정보와 조합하여 입후자에게 제공한 행위는 타인의 비밀을 누설한 경우에 해당한다.

☞ 정답: 4

89. 정보통신망 등 관련 설명 중 틀린 것은?(판례에 의함)
① 야간에 버스 안에서 휴대폰 카메라로 옆 좌석에 앉은 여성(18세)의 치마 밑으로 드러난 허벅다리 부분을 촬영한 경우, 성폭력법상 ' 성적 욕망 또는 수치심을 유발 할 수 있는 타인의 신체'에 해당한다.
② 정보통신망을 이용한 명예훼손의 경우에 게시행위 후에도 독자의 접근 가능성이 기존의 매체에 비하여 높으므로 범죄의 종료 시기는 게시행위 이후 특정시점이 된다.
③ 판매대금 편취의 목적으로 자살 관련 인터넷 카페 게시판에 청산염 등 자살용 유독물의 판매광고를 한 행위는 자살방조에 해당하지 않는다.
④ 피해자가 동성애자라는 내용의 글을 인터넷사이트에 게시한 행위는 명예훼손에 해당한다.

☞ 정답: 2

90. 정보통신망 등에 관련된 설명 중 틀린 것은?(판례에 의함)
① 전화통화의 당사자 일방이 상대방과의 통화내용을 녹음하는 행위는 감청에 해당하지 않는다.
② 3인간의 대화에 있어서 그중 한사람이 그 대화를 녹음하는 경우에 감청에 해

당되지 않는다.

③ 컴퓨터에 저장된 정보는 절도죄의 객체로서 재물에 해당하지 않는다.

④ 컴퓨터에 저장된 정보를 복사하거나 출력해 간 경우 그 정보에 대한 절도죄를 구성한다.

☞ 정답: 4

91. 지적재산권에 대한 설명 중 틀린 것은?

① 저작물의 복제권자는 출판권을 설정할 수 있는데, 특약이 없는 경우 맨 처음 출판한 날부터 3년간 존속한다.

② 업무상저작물의 저작재산권은 공표한 때부터 50년간 존속한다.

③ 반도체집적회로의 배치설계권은 설정등록일로부터 10년간 존속한다.

④ 반도체집적회로의 배치설계권 침해죄는 친고죄이다.

☞ 정답: 2

92. 저작권은 저작인격권과 저작재산권 등으로 구분되는데, 저작인격권의 침해행위로 형사처벌할 수 있는 것은?

① 저작권을 침해하는 행위에 의하여 만들어진 물건을 배포하는 행위

② 약정한 저작사용료를 지불하지 않고 계속 사용하는 행위

③ 배포할 목적으로 저작권을 침해할 수 있는 물건을 수입하는 행위

④ 저작자의 명예를 훼손하는 방법으로 저작물을 이용하는 행위

☞ 정답: 4

93. 노래연습장에서 권리자의 승낙을 받지 아니하고 무인 영상반주기를 통하여 대중가요를 연주 사용한 경우 적용할 법률은?

① 음악산업진흥에 관한 법률

② 저작권법

③ 식품위생법

④ 부정경쟁방비 및 영업비밀보호에 관한 법률

☞ 정답: 2

94. 「저작권법」에 따라 타인의 컴퓨터프로그램을 일정한도 내에서 복제 사용할 수 있도록 규정하고 있는 경우가 아닌 것은?
① 재판을 위하여 필요한 경우
② 정부기관에서 공적 용도로 사용하는 경우
③ 교육기관에서 수업과정에 제공할 목적으로 사용하는 경우
④ 가정에서 개인적인 목적으로 사용하는 경우

☞ 정답: 2

95. 환경 관련 범죄에 관한 설명 중 가장 타당하지 않은 것은?
① 환경 관련 법규는 배출시설의 설치 또는 허가를 받은 자를 사업자로 지칭하여 일반적인 행위주체로 인정한다.
② 학교나 병원 등 비영리단체라도 배출시설을 설치·운영하는 경우에는 관리주체가 사업자이다.
③ 축산농장의 관리자가 업주의 지시에 따라 3명의 노무자를 데리고 축사청소 등 단순노무에 종사하고 경영문제에 관여하지 않았다 하더라도 환경범죄의 행위자로 볼 수 있다.
④ 영업자가 배출시설 및 방지시설을 양도한 경우 양수인은 사업자의 권리의무를 승계한다.

☞ 정답: 3

96. 「수질 및 수생태계 보전에 관한 법률」로 처벌할 수 없는 행위는?
① 석유화학제품 조업 중 배출된 폐유를 하수구에 버린 행위
② 돼지의 도축과정에서 나오는 내장, 분뇨 등을 길가에 투기한 행위
③ 약품공장의 폐수를 방지시설을 통하지 아니하고 방류한 경우
④ 도축장의 폐수배출 방지시설을 정상 운영하지 아니한 경우

☞ 정답: 2

97. 「수질 및 수생태계 보전에 관한 법률」에서 정하고 있는 용어의 정의에 대한 설명으로 틀린 것은?

① 점오염원이라 함은 폐수배출시설, 하수발생시설, 축사 등으로서 관거·수로 등을 통하여 일정한 지점으로 수질오염물질을 배출하는 배출원을 말한다.

② 비점오염원이라 함은 도시, 도로, 농지, 산지, 공사장 등으로서 불특정 장소에서 불특정하게 수질오염물질을 배출하는 배출원을 말한다.

③ 폐수라 함은 물에 액체성 또는 기체성의 수질오염 물질이 혼입되어 그대로 사용할 수 없는 물을 말한다.

④ 특정수질 유해물질이라 함은 사람의 건강, 재산이나 동·식물의 생육에 직접 또는 간접으로 위해를 줄 우려가 있는 수질오염물질로서 환경부령으로 정하는 것을 말한다.

☞ 정답: 3

98. 「수질 및 수생태계 보전에 관한 법률」에 따라 처벌되는 행위 중 과태료 처분 사안은?

① 업무상과실로 공공수역에 특정수질 유해물질 「폐기물관리법」에 따른 지정 폐기물을 버리는 행위

② 공공수역에 분뇨, 가축분뇨, 동물사체를 버리는 행위

③ 하천·호소에서 자동차를 세차하는 행위

④ 공공수역에 다량의 토사(土砂)를 유출하거나 버려 상수원 또는 하천·호소를 현저히 오염시키는 행위

☞ 정답: 3

99. 「대기환경보전법」에서 정하고 있는 용어의 정의를 설명한 것으로 바르지 않은 것은?

① 대기 오염물질이란 대기오염의 원인이 되는 가스·입자상 물질로 환경부령으로 정한 것을 말한다.

② 먼지란 대기 중에 떠다니거나 흩날려 내려오는 입자상 물질을 말한다.

③ 기후·생태계변화 유발물질이란 기후 온난화 등으로 생태계의 변화를 가져올 수 있는 모든 물질로서 환경부령으로 정한 것을 말한다.

④ 특정대기 유해물질이란 사람의 건강·재산이나 동식물의 생육에 직·간접으로 위해를 줄 우려가 있는 대기오염물질로서 환경부령으로 정한 것을 말한다.

☞ 정답: 3

100. 대기오염사범에 대한 설명으로 타당하지 않은 것은?

① 공장굴뚝을 통하여 배출되는 대기오염물질의 시료채취는 가스의 흐름이 안정되어 균일한 농도의 시료를 채취할 수 있는 곳으로 한다.
② 자동차 매연은 대기오염의 주요인이 된다고 할 수 있으며 자동차 매연단속은 차고지에서 회차 즉시 하는 것이 바람직하다.
③ 염소 등 화공약품 저장탱크 관리소홀로 인한 대량누출사고는 「대기환경보전법」을 적용하여 처벌한다.
④ 대기오염방지 배출시설 허가를 받은 보일러 3대 중 1대만 가동하여 온 경우 실제로 가동중인 1대에서 배출되는 오염물질을 측정하여 처벌한다.

☞ 정답: 3

101. 「소음·진동관리법」에 의한 용어의 정의에 관한 설명으로 타당하지 않은 것은?

① 소음이란 기계·기구·시설 기타 물체의 사용으로 인하여 발생하는 강한 소리이다.
② 진동이란 기계·기구·시설 기타 물체의 사용으로 인하여 발생하는 강한 흔들림이다.
③ 소음·진동배출시설이란 소음 진동을 발생하는 공장의 기계·기구·시설 기타 물체로서 환경부령으로 정한 것이다.
④ 방음시설이란 소음·진동배출시설로부터 발생하는 소음을 제거하거나 감소시키는 시설이다.

☞ 정답: 4

102. 「소음·진동관리법」의 규제 대상으로 잘못된 것은?

① 교통 소음·진동
② 공장 소음·진동
③ 생활 소음·진동

④ 항공기 소음 · 진동

☞ 정답: 4

103. 「화학물질관리법」상 용어의 정의가 잘못된 것은?

① 화학물질이란 원소 · 화합물 및 그에 인위적인 반응을 일으켜 얻어진 물질과 자연상태에서 존재하는 물질을 추출 또는 정제한 것을 말한다.

② 사고대비 물질이란 위해성이 크다고 인정되는 화학물질로서 모든 용도로의 제조, 수입, 판매, 보관 · 저장, 운반 또는 사용을 금지하기 위하여 환경부 장관이 관계 중앙행정기관장과의 협의와 화학물질평가위원회의 심의를 거쳐 고시한 것을 말한다.

③ 허가물질이란 위해성이 있다고 우려되는 화학물질로서 환경부 장관의 허가를 받아 제조, 수입, 사용하도록 환경부 장관이 관계중앙행정기관의 장과의 협의와 「화학물질의 등록 및 평가 등에 관한 법률」제7조에 따른 화학물질평가위원회의 심의를 거쳐 고시한 것을 말한다.

④ 유독물질이란 유해성이 있는 화학물질로서 대통령이 정하는 기준에 따라 환경부 장관이 정하여 고시한 것을 말한다.

☞ 정답: 2

104. 다중범죄 피의자를 체포 조사할 때의 유의사항에 대한 설명으로서 잘못된 것은?

① 체포를 담당한 경찰관은 자기가 체포한 피의자에 관한 사항을 명백히 기록해 두어 사후 조사에 지장이 없도록 하여야 한다.

② 필요한 경우 현장에서 피의자 및 압수증거와 경찰관이 사진을 촬영해 두는 등 적당한 조치를 취할 필요가 있다.

③ 조사할 때에는 경찰관 상호 간에 연락을 긴밀히 하여 사건의 전모를 명백히 하는데 유의해야 한다.

④ 다중범죄 피의자를 동시에 다수 체포한 경우는 도주할 염려가 있으므로 가급적 집중관리하여야 한다.

☞ 정답: 4

105. 시위사범을 조사할 때의 유의해야 할 사항으로 틀린 것은?
① 항상 피의자가 허위의 인적사항을 댈 가능성을 염두에 두고 지문번호 등으로 본인 여부 확인에 철저를 기한다.
② 검거한 의무경찰 명의로 '현행범인체포서'를 작성하여 서류에 첨부하는 등 관련서류 일체에 완벽을 기한다.
③ 조사할 때는 물의를 야기하는 일이 없도록 미란다원칙 고지 등 적법절차를 준수해야 하고 여자 피의자를 조사할 때에는 여경을 참여시켜야 한다.
④ 피의자 끼리는 분리조사를 하여 증거를 조작하는 일을 방지한다.

☞ 정답: 2

106. 민원인 20여 명은 P경찰서 현관에서 자신들이 단체로 진정한 사건의 처리와 관련하여 경찰서장과 면담을 요구하면서 이를 제지하는 경찰관들에게 큰소리로 욕설을 하고 행패를 부리고 있다. 판례에 의할 때 잘못된 조치는?
① 이들이 단순히 큰소리로 욕설만 할 경우, 공무집행방해가 아닌 업무방해로 입건할 수 있다.
② 이들이 단체로 공용물건을 손괴할 경우, 특수공용물건손상죄로 입건 할 수 있다.
③ 이들이 단체의 위력으로 경찰관을 폭행할 경우, 특수공무집행방해 혐의로 입건할 수 있다.
④ 이들이 위험한 물건을 소지하고 경찰관을 폭행할 경우, 특수공무집행방해 혐의로 입건할 수 있다.

☞ 정답: 1

107. 「풍속영업의 규제에 관한 법률」상 풍속영업자 및 종사자의 준수사항으로 가장 적절하지 않은 것은?
① 도박 기타 사행행위를 하게 하는 행위금지
② 성매매, 음란행위를 하게 하거나 알선 또는 제공금지
③ 음란한 물건을 반포·판매·대여하는 행위 금지
④ 19세 미만 청소년의 출입통제

☞ 정답: 4

108. 다음 중 폭파사건 발생시 임무분담에 관한 설명으로 틀린 것은?

① 정보수사반 - 피해관계의 장악
② 지연수사반 - 현장을 중심으로 한 지연·행방에 대한 탐문
③ 증거품반 - 수집증거품의 정리·보관, 증거의 분석·검토
④ 감수사반 - 사건발생장소 및 부근거주자, 폭파대상 출입자, 친족, 고용인 물색

☞ 정답: 1

109. 수사과정에 불만이 있다는 서신과 함께 폭발물이 우편물로 배달되었는데, 그 안에 유황산이든 시험관, 액즙 주입기, 콘돔식의 물건이 들어 있었다. 이런 종류의 폭발물을 무엇이라 하는가?

① 혼촉식 폭발물
② 시한장치 부착 폭발물
③ 도화선부착 폭발물
④ 기타 폭발물

☞ 정답: 1

110. 다음 중 화재현장에 대한 관찰순서로 가장 적절하게 나열된 것은?

㉠ 출화원인의 확인	㉡ 발화부·출화부의 확인
㉢ 발화원인물의 조사	㉣ 소실가옥의 관찰
㉤ 현장부근의 관찰	㉥ 화원가옥의 확인

① ㉤ → ㉣ → ㉥ → ㉡ → ㉠ → ㉢
② ㉤ → ㉣ → ㉡ → ㉥ → ㉠ → ㉢
③ ㉤ → ㉥ → ㉣ → ㉡ → ㉠ → ㉢
④ ㉤ → ㉣ → ㉥ → ㉠ → ㉡ → ㉢

☞ 정답: 1

111. 다음은 「성폭력범죄의처벌등에관한특례법」에 대한 설명이다. 가장 적절하지 않은 것은?

① 성폭력범죄에 대한 심리는 그 피해자의 사생활을 보호하기 위하여 결정으로써 공개하지 아니할 수 있다.

② 성폭력범죄에 대한 처벌절차에는 「특정강력범죄의처벌에관한특례법」제7조(증인에 대한 신변 안전조치)·제8조(출판물 게재 등으로부터의 피해자보호)·제9조(소송 진행의 협의)·제12조(간이공판절차의 결정) 및 제13조(판결 선고)를 준용한다.

③ 미성년자에 대한 성폭력범죄의 공소시효는 「형사소송법」제252조 제1항 및 「군사보호법」제249조 제1항에도 불구하고 해당 성폭력범죄로 피해를 당한 미성년자가 성년에 달한 날부터 진행한다.

④ 성폭력범죄의 피해자가 19세 이하이거나 신체적인 또는 정신적인 장애로 사물을 변별하거나 의사를 결정할 능력이 미약한 경우에는 피해자의 진술 내용과 조사 과정을 비디오녹화기 등 영상물 녹화장치로 촬영·보존하여야 한다. 단, 피해자 또는 법정대리인이 이를 원하지 아니하는 의사를 표시한 경우에는 촬영을 하여서는 아니 된다.

☞ 정답: 4

112. 다음은 「가정폭력범죄의처벌등에관한특례법」에 대한 설명이다. 가장 적절하지 않은 것은?

① 가정폭력이란 가정구성원 사이의 신체적, 정신적 또는 재산상 피해를 수반하는 행위를 말한다.

② 피해자 또는 그 법정대리인은 가정폭력행위자를 고소할 수 있다. 피해자의 법정대리인이 가정폭력행위자인 경우 또는 가정폭력행위자와 공동으로 가정폭력범죄를 범한 경우에는 피해자의 친족이 고소할 수 있다.

③ 피해자에게 고소할 법정대리인이나 친족이 없는 경우에 이해관계인이 신청하면 검사는 10일 이내에 고소할 수 있는 사람을 지정하여야 한다.

④ 폭행, 체포·감금, 약취유인, 재물손괴, 주거·신체 수색은 가정폭력범죄에 포함된다.

☞ 정답: 4

113. 다음 설명에 해당하는 마약류를 가장 적절하게 연결된 것은?

> ㉠ 미국, 유럽 등지에서 성범죄용으로 악용되어 '데이트 강간 약물'이라고도 불리는데, 무색무취로써 짠맛이 나는 액체로 소다수 등의 음료에 타서 복용하며 '물같은 히로뽕'이라는 뜻에서 '물뽕'이라고도 한다.
> ㉡ 환각제 중 가장 강력한 효과를 나타내며, 미량을 유당 · 각설탕 · 과자 · 빵 등에 첨가시켜 먹거나 우편 · 종이 등의 표면에 묻혔다가 뜯어서 입에 넣는 방법으로 복용하기도 한다.

① ㉠ - GHB ㉡ - L.S.D.
② ㉠ - 엑스터시(Ecstasy) ㉡ - L.S.D.
③ ㉠ - 야바(YABA) ㉡ - GHB
④ ㉠ - GHB ㉡ - 야바(YABA)

☞ 정답: 1

114. 다음은 「학교폭력예방및대책에관한법률」 제2조에서 규정하고 있는 용어의 정의로 가장 적절하지 않은 것은?

① '학교'란 「초 · 중등교육법」 제2조에 따른 초등학교 · 중학교 · 고등학교 · 특수학교 및 각종학교와 같은 법 제61조에 따라 운영하는 학교를 말한다.
② '따돌림'이란 학교 내외에서 3명 이상의 학생들이 특정인이나 특정집단의 학생들을 대상으로 지속적이거나 반복적으로 신체적 또는 심리적 공격을 가하여 상대방이 고통을 느끼도록 하는 일체의 행위를 말한다.
③ '학교폭력'이란 학교 내외에서 학생을 대상으로 발생한 상해, 폭행, 감금, 협박, 약취 · 유인, 명예훼손 · 모욕, 공갈, 강요 · 강제적인 심부름 및 성폭력, 따돌림, 사이버 따돌림, 정보통신망을 이용한 음란 · 폭력 정보 등에 의하여 신체 · 정신 또는 재산상의 피해를 수반하는 행위를 말한다.
④ '사이버 따돌림'이란 인터넷, 휴대전화 등 정보통신기기를 이용하여 학생들이 특정 학생들을 대상으로 지속적, 반복적으로 심리적 공격을 가하거나, 특정 학생과 관련된 개인정보 또는 허위사실을 유포하여 상대방이 고통을 느끼도록 하는 일체의 행위를 말한다.

☞ 정답: 2

115. 「인권보호를 위한 경찰관 직무규칙」에는 심야 조사가 원칙적으로 금지되어 있다. 여기서 말하는 '심야' 시간은 언제부터 언제까지인가?
① 자정부터 오전 9시까지
② 자정부터 오전 6시까지
③ 오후 9시부터 오전 9시까지
④ 오후 10시부터 오전 6시까지

☞ 정답: 2

116. 「특정 범죄자에 대한 보호관찰 및 전자장치 부착 등에 관한 법률」상 검사가 법원에 전자장치 부착명령을 청구할 수 있는 사유에 해당하지 않은 것은? (단, 성폭력범죄를 다시 범할 위험성이 있다고 전제함.)
① 신체적 또는 정신적 장애가 있는 사람에 대하여 성폭력범죄를 저지른 때
② 19세 미만의 사람에 대하여 성폭력범죄를 저지른 때
③ 성폭력범죄로 벌금형을 선고받은 사람이 그 집행을 종료한 후 또는 집행이 면제된 후 10년 이내에 성폭력범죄를 저지른 때
④ 성폭력범죄로 이 법에 따른 전자장치를 부착받은 전력이 있는 사람이 다시 성폭력범죄를 저지른 때

☞ 정답: 3

117. 「성폭력범죄자의 성충동 약물치료에 관한 법률」에 대한 설명으로 가장 적절하지 않은 것은?
① 검사는 사람에 대하여 성폭력범죄를 저지른 성도착증 환자로서, 성폭력범죄를 다시 범할 위험성이 있다고 인정되는 19세 이상의 사람에 대하여 약물치료명령을 법원에 청구할 수 있다.
② 치료명령을 받은 사람은 그 판결이 확정된 후 집행을 받지 아니하고 함께 선고된 피고사건의 형의 시효 또는 치료감호의 시효가 완성되면 그 집행이 면제된다.
③ 법원은 치료명령 청구가 이유 있다고 인정하는 때에는 15년의 범위에서 치료

기간을 정하여 판결로 치료명령을 선고하여야 한다.

④ 약물치료는 '비정상적 성적 충동이나 욕구를 억제하거나 완화하기 위한 것으로서 의학적으로 알려진 것일 것', '과도한 신체적 부작용을 초래하지 아니할 것', '의학적으로 알려진 방법대로 시행될 것', 이 세 가지 중 어느 하나만 갖추면 된다.

☞ 정답: 4

118. 「학교폭력 예방 및 대책에 관한 법률」 제2조에서 규정하고 있는 용어에 대한 정의로 가장 적절하지 않은 것은?

① '따돌림'이란 학교 내외에서 최소 5명 이상의 학생들이 특정인이나 특정집단의 학생들을 대상으로 지속적이거나 반복적으로 신체적 또는 심리적 공격을 가하여 상대방이 고통을 느끼도록 하는 일체의 행위를 말한다.

② '사이버 따돌림'이란 인터넷, 휴대전화 등 정보통신기기를 이용하여 학생들이 특정 학생들을 대상으로 지속적, 반복적으로 심리적 공격을 가하거나, 특정 학생과 관련된 개인정보 또는 허위사실을 유포하여 상대방이 고통을 느끼도록 하는 일체의 행위를 말한다.

③ '가해학생'이란 가해자 중에서 학교폭력을 행사하거나 그 행위에 가담한 학생을 말한다.

④ '학교폭력'이란 학교 내외에서 학생을 대상으로 발생한 상해, 폭행, 감금, 협박, 약취·유인, 명예훼손·모욕, 공갈, 강요·강제적인 심부름 및 성폭력, 따돌림, 사이버 따돌림, 정보통신망을 이용한 음란·폭력 정보 등에 의하여 신체·정신 또는 재산상의 피해를 수반하는 행위를 말한다.

☞ 정답: 1

119. 「마약류 관리에 관한 법률」에서 규정하고 있는 마약류 중 '마약'에 해당하지 않는 것은?

① 코카 잎　　② 양귀비

③ 대마초　　④ 아편

☞ 정답: 3

120. 「가정폭력범죄의 처벌 등에 관한 특례법」 제8조의2에 따라 사법경찰관이 할 수 있는 긴급임시조치에 해당하지 않는 것은?

① 피해자 또는 가정구성원의 주거, 직장 등에서 100미터 이내의 접근금지
② 의료기관이나 그 밖의 요양소에의 위탁
③ 피해자 또는 가정구성원의 주거 또는 점유하는 방실로부터의 퇴거 등 격리
④ 피해자 또는 가정구성원에 대한 「전기통신기본법」제2조 제1호의 전기통신을 이용한 접근금지

☞ 정답: 2

121. 「마약류 관리에 관한 법률」상 규정된 마약류에 관한 설명이다. 이에 대한 설명으로 가장 적절하지 않은 것은?

① 대마에는 대마초의 뿌리와 종자를 제외한다.
② 대마초 종자의 껍질을 흡연 또는 섭취하는 행위는 「마약류 관리에 관한 법률」의 처벌 대상이 아니다.
③ 다른 약물이나 물질과 혼합되어 다시 제조하거나 제제할 수 없고, 그것에 의하여 신체적 또는 정신적 의존성을 일으키지 아니하는 것으로서 총리령으로 정하는 것을 한외마약이라 한다.
④ 양귀비는 마약에 해당한다.

☞ 정답: 2

122. 「성폭력범죄의 처벌 등에 관한 특례법」상 규정된 설명으로 가장 적절하지 않은 것은?

① 성폭력범죄의 피해자가 19세 미만이거나 신체적인 또는 정신적인 장애로 사물을 변별하거나 의사를 결정할 능력이 미약한 경우에는 피해자의 진술 내용과 조사 과정을 비디오녹화기 등 영상물 녹화장치로 촬영・보존하여야 한다.
② 「성폭력범죄의 처벌 등에 관한 특례법」 제2조 제3호 및 제4호의 죄와 제3조부터 제9조까지의 죄는 디엔에이(DNA)증거 등 그 죄를 증명할 수 있는 과학적인 증거가 있는 때에는 공소시효가 20년 연장된다.
③ 성폭력범죄에 대하여는 자기 또는 배우자의 직계존속을 고소할 수 있다.
④ 신체적인 또는 정신적인 장애가 있는 사람에 대하여 「형법」제298조 강제추행

의 죄를 범한 경우에는 공소시효를 적용하지 아니한다.

☞ 정답: 2

123. 「학교폭력 예방 및 대책에 관한 법률」상 규정된 설명으로 가장 적절하지 않은 것은?

① 소위'왕따'인 따돌림도 학교폭력에 해당된다.
② 학교폭력 현장을 보거나 그 사실을 알게 된 자는 학교 등 관계 기관에 이를 즉시 신고하여야 한다.
③ "가해학생"이란 가해자 중에서 학교폭력을 행사하거나 그 행위에 가담한 학생을 말한다.
④ 피해학생에 대한 서면사과는 가해학생에 대한 조치에 해당하지 않는다.

☞ 정답: 4

124. 「특허법」상 특허권에 관한 설명이다. 이에 대한 설명으로 가장 적절하지 않은 것은?

① 특허권 침해행위는 친고죄이다.
② 법인 대표자의 특허권 침해행위는 대표자와 함께 양벌규정에 의해 법인도 처벌된다.
③ 특허를 허위 또는 혼동하기 쉽게 표시한 자는 「부정경쟁방지 및 영업비밀보호에 관한 법률」에 의해 처벌된다.
④ 특허권의 존속기간은 특허권을 설정등록한 날부터 특허출원일 후 20년이 되는 날까지로 한다.

☞ 정답: 3

125. 컴퓨터 바이러스의 발전단계를 순서대로 바르게 나열한 것은?

㉠ 은폐형바이러스	㉡ 암호화바이러스	㉢ 원시형바이러스
㉣ 갑옷형바이러스	㉤ 매크로바이러스	

① ㉢→㉡→㉠→㉣→㉤   ② ㉣→㉤→㉠→㉡→㉢

③ ㉢→㉠→㉡→㉣→㉤　　　　④ ㉠→㉤→㉣→㉢→㉡

☞ 정답: 1

126. 화재사건 수사에 관한 설명이다. 이에 대한 설명으로 가장 적절하지 않은 것은?
① 화인의 3요소는 화원, 가연물, 공기(특히, 산소)이다.
② 발화건물의 기둥, 벽, 가구류는 발화부를 향하여 사방으로부터 도괴된다.
③ 화원가옥은 다른 연소가옥에 비하여 소실도가 높다.
④ 출화부는 발화부의 아래쪽에 있는 경우가 많다.

☞ 정답: 4

127. 절도사건 수사에 관한 설명이다. 이에 대한 설명으로 가장 적절한 것은?
① 범인이 들를 만한 음식점 등에서 범행 전후의 행적수사는 범인중심 수사에 해당한다.
② 인상착의에 의한 수사는 현장중심 수사에 해당한다.
③ 연고감 수사는 피해자중심 수사에 해당한다.
④ 부근 거주자로부터 범죄에 관계있는 사항의 탐문은 피해자중심 수사에 해당한다.

☞ 정답: 3

128. 「출입국관리법」 및 「출입국관리법 시행령」에 따른 출국금지 사유로 가장 적절하지 않은 것은?
① 형사재판에 계속 중인 사람
② 징역형이나 금고형의 집행이 끝나지 아니한 사람
③ 벌금 1천만 원 이상을 내지 아니한 사람
④ 추징금 1천만 원 이상을 내지 아니한 사람

☞ 정답: 4

129. 다음은 「성폭력범죄의 처벌 등에 관한 특례법」에 대해 설명한 것이다. 이에 대한 설명으로 가장 적절하지 않은 것은?

① 성폭력범죄의 피해자가 19세 미만이거나 신체적인 또는 정신적인 장애로 사물을 변별하거나 의사를 결정할 능력이 미약한 경우에는 피해자의 진술 내용과 조사 과정을 비디오녹화기 등 영상물 녹화장치로 촬영·보존하여야 한다. 단, 피해자 또는 법정대리인이 이를 원하지 아니하는 의사를 표시한 경우에는 촬영을 하여서는 아니 된다.

② 16세 미만의 사람에 대하여 「형법」 제297조(강간)의 죄를 범한 경우에는 「형사소송법」 및 「군사법원법」에 규정된 공소시효를 적용하지 아니한다.

③ 미성년자에 대한 성폭력범죄의 공소시효는 해당 성폭력범죄로 피해를 당한 미성년자가 성년에 달한 날부터 진행한다.

④ 성폭력범죄에 대한 심리는 그 피해자의 사생활을 보호하기 위하여 결정으로써 공개하지 아니할 수 있다.

☞ 정답: 2

130. 다음은 「가정폭력범죄의 처벌 등에 관한 특례법」상 가정폭력에 대해 설명한 것이다. 이에 대한 설명으로 가장 적절하지 않은 것은?

① 가정폭력은 가정구성원 간의 신체적, 정신적 또는 재산상 피해를 수반하는 행위이다.

② 배우자(사실상 혼인관계에 있는 자 제외) 또는 배우자 관계였던 사람도 가정구성원에 포함된다.

③ 누구든지 가정폭력범죄를 알았을 때는 수사기관에 신고할 수 있다.

④ 피해자는 「형사소송법」 제224조에도 불구하고 가정폭력행위자가 자기 또는 배우자의 직계존속인 경우에도 고소할 수 있다.

☞ 정답: 2

131. 다음은 「국제형사사법 공조법」상 외국에 대한 수사에 관한 공조요청 절차이다. (   ) 안에 들어갈 말로 가장 적절한 것은?

경찰서 → 검사 → 대검찰청 → (   ) → 외교부장관 → 상대국 주재 한국 대사관 → 상대국 외무부장관 → 상대국 경찰기관

① 법무부장관 ② 출입국관리소장
③ 주한 상대국대사관 ④ 국방부장관

☞ 정답: 1

132. 다음은 「대기환경보전법」상 용어에 대해 설명한 것이다. 이에 대한 설명으로 가장 적절하지 않은 것은?

① 먼지 - 대기 중에 떠다니거나 흩날려 내려오는 입자상물질을 말한다.
② 매연 - 연소할 때에 생기는 유리탄소가 주가 되는 미세한 입자상물질을 말한다.
③ 대기오염물질 배출시설 - 대기오염물질을 대기에 배출하는 시설물, 기계, 기구, 그 밖의 물체로서 환경부령으로 정하는 것을 말한다.
④ 입자상물질 - 물질이 연소·합성·분해될 때에 발생하거나 물리적 성질로 인하여 발생하는 기체상물질을 말한다.

☞ 정답: 4

133. 다음 중 「학교폭력 예방 및 대책에 관한 법률」상 학교폭력의 정의에 해당하는 범죄로 가장 적절하지 않은 것은?

① 약취·유인 ② 협박
③ 절도 ④ 모욕

☞ 정답: 3

134. 다음 중 「청소년보호법」상 청소년의 출입이 가능한 업소로 가장 적절한 것은?

① 「사행행위 등 규제 및 처벌 특례법」에 따른 사행행위영업
② 「영화 및 비디오물의 진흥에 관한 법률」에 따른 비디오물소극장업
③ 「영화 및 비디오물의 진흥에 관한 법률」제 2조 제16호에 따른 비디오물감상실업
④ 「체육시설의 설치·이용에 관한 법률」에 따른 무도학원업 및 무도장업

☞ 정답: 2

135. 「성폭력범죄자의 성충동 약물치료에 관한 법률」에 관한 다음 설명 중 가장 적절하지 않은 것은?

① 검사는 사람에 대하여 성폭력범죄를 저지른 성도착증 환자로서 성폭력범죄를 다시 범할 위험성이 있다고 인정되는 18세 이상의 사람에 대하여 약물치료명령을 법원에 청구할 수 있다.

② 검사는 치료명령 청구대상자에 대하여 정신건강의학과 전문의의 진단이나 감정을 받은 후 치료명령을 청구하여야 한다.

③ 치료명령의 청구는 공소가 제기되거나 치료감호가 독립청구된 성폭력범죄사건의 항소심 변론종결 시까지 하여야 한다.

④ 피고사건에 대하여 판결의 확정 없이 공소가 제기되거나 치료감호가 독립청구된 때부터 15년이 지나면 치료명령을 청구할 수 없다.

☞ 정답: 1

136. 「부정수표단속법」상 수표소지인의 명시한 의사에 반하여 공소를 제기할 수 없는 경우는? (단, 고의범에 한함)

① 금융기관(우체국을 포함한다. 이하 같다)과의 수표계약 없이 발행하거나 금융기관으로부터 거래정지처분을 받은 후에 수표를 발행한 경우

② 수표를 발행하거나 작성한 자가 수표를 발행한 후에 예금부족, 거래정지처분이나 수표계약의 해제 또는 해지로 인하여 제시기일에 지급되지 아니하게 한 경우

③ 금융기관에 등록된 것과 다른 서명 또는 기명날인으로 수표를 발행한 경우

④ 가공인물의 명의로 수표를 발행한 경우

☞ 정답: 2

137. 「상표법」의 규정에 따른 ( ) 안의 숫자를 바르게 나열한 것은?

> 제42조(상표권의 존속기간)
> ㉠ 상표권의 존속기간은 상표권의 설정등록이 있는 날부터 ( )년으로 한다.
> ㉡ 상표권의 존속기간은 상표권의 존속기간갱신등록신청에 따라 ( )년씩 갱신할 수 있다.

① 10, 10
② 10, 15
③ 10, 20
④ 20, 20

☞ 정답: 1

찾아보기

[저자 약력]

[현]
- 백석대학교 경찰학부 전임교수,
- 전 경찰청 실종수사지도팀장
- 전 경찰청 장기실종추적팀장, 182센터장
- 경찰 교육원, 수사연수원, 중앙경찰학교 강사

[전]
- 경찰청 182센터장
- 실종자 등 이산가족 5,600명 상봉 등 처리
- KBS, MBC, SBS, MBN, OBS 등 10년간 생방송 TV 출연
- 03년도 모범공무원수상
- 10년도 청룡봉사상 수상
- 12년도 KBS 감동대상 수상
  ※ KBS-1TV 매주 금요일 생방송 "그 사람이 보고싶다" 프로 고정출연(07년도 부터 13년도까지), 현재 KBS2TV 제보자들 MC
- 13년도 미국월드레코드아카데미 실종자찾기 세계공식기록등재
- 13년도 "참나눔 실천인"으로 선발되어 청와대 방문(복지부 추천)
- 14년도 "올해의 경찰관"으로 선정

[저술부분]
- 눈부신 희망(182센터장 이건수 이야기)
- 마지막 희망(실종수사)

수사학(이론과 문제)-개정판

2020년 2월 10일 개정초판 인쇄
2020년 2월 15일 개정초판 발행

저 자 이 건 수
발행인 유 성 열
발행처 청목출판사
서울특별시 영등포구 신길로 40길 20
전화 (02) 849-6157(代)・2820 / 833-6091
FAX (02) 849-0817
등록 제318-1994-000090호

파본은 바꾸어 드립니다. 값 23,000원

http : //www.chongmok.co.kr

ISBN 978-89-5565-781-4